DUDEN

POCKET TEACHER DEUTSCH

Abi

6., aktualisierte Auflage

Peter Kohrs

Dudenverlag
Berlin

Der Autor
Peter Kohrs ist Deutschlehrer mit langjähriger Erfahrung an einem Gymnasium. Er ist Verfasser zahlreicher Lernhilfen und Schulbücher für die Sekundarstufe I und II.

Bibliografische Information der Deutschen Nationalbibliothek
Die Deutsche Nationalbibliothek verzeichnet diese Publikation in der Deutschen Nationalbibliografie; detaillierte bibliografische Daten sind im Internet über http://dnb.dnb.de abrufbar.

Bibliographisches Institut GmbH, Mecklenburgische Straße 53, 14197 Berlin

Redaktionelle Leitung: David Harvie
Herstellung: Uwe Pahnke
Umschlaggestaltung: Büroecco, Augsburg
Layout / technische Umsetzung: LemmeDESIGN, Berlin
Sachzeichnungen: Rainer J. Fischer, Berlin
Druck und Bindung: Heenemann GmbH & Co. KG
Bessemerstraße 83–91, 12103 Berlin
Printed in Germany

ISBN 978-3-411-87204-6

Inhalt

Vorwort

Liebe Leserin, lieber Leser!

Der Pocket Teacher Abi Deutsch ist der ideale Wegbegleiter durch die gesamte Oberstufe bis zum Abitur. Er hilft nicht nur beim Endspurt vor der Abschlussprüfung, sondern ebenso gut bei der Vorbereitung auf Klausuren und Tests. In kompakter Form werden die Zusammenhänge hier übersichtlich und anschaulich erklärt. Dazu tragen auch die zahlreichen Grafiken und Beispiele bei.

Eine spezielle Erweiterung in dieser Auflage sind die heraustrennbaren Karteikarten im Anhang. Diese 20 Karten stellen eine Vorauswahl an Themen dar, mit denen man zur Abiturprüfung rechnen muss. Die Rückseiten wurden freigelassen, damit Sie dort Ihre eigenen Notizen machen können.

Entsprechende Vorlagen für weitere Karteikarten gibt es auf **www.duden.de/pocket-teacher-abi** zum Herunterladen und Ausdrucken.

Der Pocket Teacher Abi Deutsch bietet kompakte Informationen zur deutschen Sprache und Literatur sowie eine Zusammenstellung der wichtigsten Arbeitstechniken und Methoden zum Sprechen und Schreiben. Basiswissen in Grammatik, Rechtschreibung und Kommasetzung lässt sich noch einmal rasch nachschlagen. Auch alle Bestandteile der Abiturprüfung werden gründlich beleuchtet, um diese letzte Hürde zu schaffen.

Schnelle Hilfe bei eigenen Problemlösungen bietet das Stichwortverzeichnis. Die farbigen Pfeile (▶) im Text verweisen auf andere Stellen im Buch, wo sich weiterführende Informationen finden.

1 Sprache, Sprechen, Kommunikation

1.1 Was ist Sprache? – Erklärungsansätze

Zu der Frage, was *menschliche Sprache* sei, gibt es eine ganze Reihe unterschiedlicher Antworten, z. B.:

- Sprache ist eine natürliche Fähigkeit, die im Kindesalter erworben und später unbewusst oder bewusst weiterentwickelt wird.
- Sprache ist ein Medium, mit dem wir alle vertraut sind und in dem wir uns in unserem Alltag verständigen.
- Sprache ist ein Mittel zur Verständigung mit anderen.
- Sprache ist das wichtigste ***Kommunikationsmittel*** des Menschen, das gekennzeichnet ist durch die Verwendung gesprochener oder geschriebener Zeichen mit einer festgelegten Bedeutung.
- Sprache ist ein Mittel zur ***Information,*** aber auch zur ***Manipulation.***
- Menschliche Sprache unterscheidet sich wesentlich von Tiersprachen.
- Gesprochene Sprache, die vom Kind auf natürliche Weise gelernt wird, ist artspezifisch für den Menschen; die geschriebene Sprache lernt der Mensch nur durch systematisches Üben.
- Sprache ist ein geordnetes Ganzes.
- Sprache kennzeichnet die Fähigkeit, Äußerungen zu erzeugen und wahrzunehmen.
- Sprache ist ein Mittel zur Organisation des Denkens, sie ist ***Werkzeug des Denkens und Handelns.***
- Sprache ist eine Form des sozialen Handelns. Mithilfe der Sprache kann man anderen Menschen etwas mitteilen und somit soziale Beziehungen knüpfen.

- Sprache hat mehrere Funktionen, mit Sprache kann man
  - Gefühle ausdrücken,
  - soziale Kontakte herstellen,
  - Neben- und Zusatzbedeutungen (***Konnotationen***) zum Ausdruck bringen,
  - auf eine Realität oder Vorstellung Bezug nehmen (Referenz),
  - poetische Aussagen machen,
  - über Sprache Aussagen machen (***Metasprache***).
- Sprachliche Entwicklung erfolgt nicht nach Naturgesetzen, sie ist das Ergebnis menschlicher Konvention. Die Entsprechung zwischen Wort und gemeintem Gegenstand ist willkürlich.
- Sprache ist kein fertiges Erzeugnis; sie wandelt sich in einem lebendigen Prozess.
- Sprache ist ein Kulturgut.
- Sprache ist Ausdruck der Mentalität und des Weltbildes einer Sprachgemeinschaft.

Sprache als künstliches System von Zeichen

Eine der wichtigsten Annahmen der modernen Sprachwissenschaft zu Beginn des 20. Jh.s ist die Theorie der ***sprachlichen Zeichen*** von Ferdinand de Saussure. Dabei wird das Zeichen als Verknüpfung eines Lautbildes mit einer Vorstellung verstanden. Damit sind zwei Bedingungen erfüllt, um mit einem Partner zu kommunizieren:

- ein akustischer Ausdruck bestimmter Qualität und Quantität/ Lautbild,
- eine Bedeutung/ein Inhalt/eine Vorstellung.

Entscheidend dabei ist, dass es keinen Grund gibt, die Vorstellung von einer bestimmten Sache mit einer ganz bestimmten Lautkette zu assoziieren. Das zeigen die Lautbilder der unterschiedlichen Sprachen, die jeweils die gleiche Sache bezeichnen.

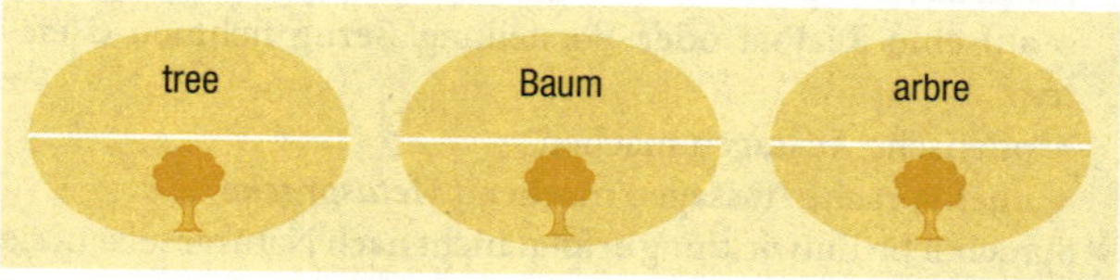

Die Zuordnung der beiden Seiten des sprachlichen Zeichens ist also ursprünglich willkürlich (arbiträr). Sie ist aber für heutige Sprachteilhaber nicht mehr ohne weiteres änderbar, weil die Zuordnung von Inhalts- und Ausdrucksseite des sprachlichen Zeichens festgelegt (konventionalisiert) ist.

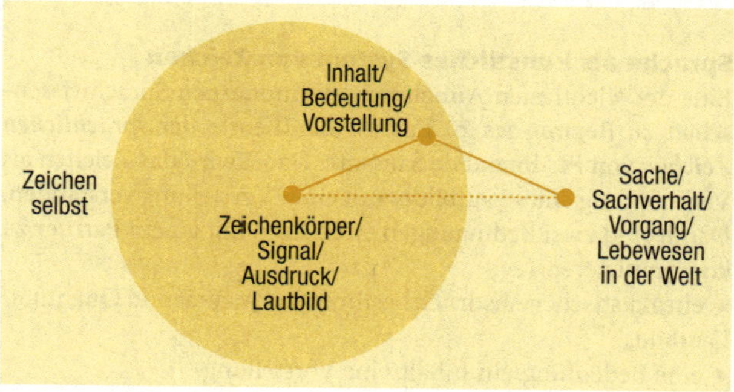

Semiotisches Dreieck
Die Relation *Lautbild/Vorstellung* ist als Zeichen beschrieben. Der Inhalt verweist auf die Sachverhalte, Ideen und Lebewesen in der Welt. Entsprechend ist die Relation *Lautbild/Sache* als unterbrochene Strecke gezeichnet.

Sprache kann als ein (symbolisches) Zeichensystem verstanden werden, als eine Menge von zeichenhaften Elementen mit Regeln zu ihrer Verknüpfung.

Für das *künstliche Zeichensystem der menschlichen Sprache* ergibt sich im Gegensatz zu natürlichen Zeichen (Tränen als Zeichen der Trauer oder Freude) Folgendes:
Mit dem Zeichensystem *Sprache* lassen sich neue Sachverhalte erfassen und neue Vorstellungen zum Ausdruck bringen. Auf der Grundlage einer begrenzten Anzahl von sprachlichen Zeichen können unendlich viele Aussagen gemacht werden.
Die Bedeutung kann man nicht erraten, man muss sie erlernen, weil es keine (von vornherein und grundsätzlich) festgelegte Verbindung zwischen Bedeutung und den Sachverhalten in der Welt gibt. Bei den Sprachzeichen stellen nur die wenigen lautmalenden Wörter (*Onomatopöien* wie Wauwau und Kuckuck) Ausnahmen dar.
Alle Zeichen, die in irgendeiner Hinsicht willkürlich und damit konventionalisiert sind (dies gilt auch für Piktogramme und Verkehrszeichen), nennt man Symbole. Sprachzeichen sind allerdings die abstraktesten Zeichen/Symbole. Sie sind, anders als die Verkehrszeichen, unabhängig von ihrer Situation, über unterschiedliche Räume und Zeiten hinweg verwendbar.

BEISPIEL Ich kann meiner Freundin aus Rom nach Deutschland eine Postkarte schreiben und darin eine Aussage über das antike Forum Romanum machen.

Zeichen sind also auch nicht mit dem bloßen Anzeichen zu verwechseln. Bei diesen besteht eine natürliche Kausalbeziehung zum außersprachlichen Bezugsobjekt.
BEISPIEL Rauch verweist auf die Ursache Feuer.

Wichtig ist der Erklärungsansatz vom sprachlichen Zeichen für das Verständnis von Texten, besonders von poetischen Texten, die man als eine Art „sprachliches Superzeichen“ betrachten kann, weil hier der Symbolcharakter des Sprachzeichens offensichtlich wird: Etwas verweist auf etwas anderes.

Sprache als Mittel der Verständigung und des sozialen Handelns

Mithilfe der Sprache kann man anderen etwas mitteilen und man kann die Wünsche und Gedanken anderer erfahren; dadurch werden Beziehungen zum anderen Menschen hergestellt. Sprache stiftet soziale Bindungen zwischen Menschen; aus diesem Grunde spricht man auch von ***Sprachgemeinschaft***. Dies wird einem insbesondere dann bewusst, wenn man in ein Land kommt, dessen Sprache man nicht kennt und dessen Schriftzeichen einem nicht vertraut sind. Dann ist man auf Bildzeichen bzw. gestische Zeichen und Zeichensprache angewiesen.

Bei der zwischenmenschlichen Verständigung spielen neben den Inhalten auch die Beziehungen zwischen den Beteiligten eine nicht minder wichtige Rolle. Grundsätzlich werden mündliche und schriftliche Texte immer auch von den Absichten, Erwartungen der Beteiligten, der Einschätzung des jeweils anderen, der jeweiligen Sachkenntnis mitbestimmt.

BEISPIEL Sie trägt ein neues Kleid. Er fragt, ob sie dies im Ausverkauf erstanden habe.
Je nach Beziehung der Beteiligten kann diese Frage Zustimmung oder Ärger hervorrufen, weil sie seine Frage als Lob („prima Schnäppchen“) oder als Kritik (minderwertig) auffassen kann.

Die besondere Eigenart sprachlicher Zeichen als Symbol begründet ihre überragende soziale Leistung für den Menschen. Mit Sprache kann er eine kommunikative Situation herstellen, in der es um den Austausch von Inhalten und um Beziehungszusammenhänge geht, er kann über Abwesende reden, er kann Aussagen über Umstände an anderen Orten und zu anderen Zeiten machen (vgl. auch ▶ S. 11).
Da die Art der Kommunikation durch Sprechen, Gebärden oder andere Zeichen für alle Menschen gleich ist, könnte grundsätzlich in jeder menschlichen Sprache der Welt jeder menschliche Gedanke vermittelt werden.

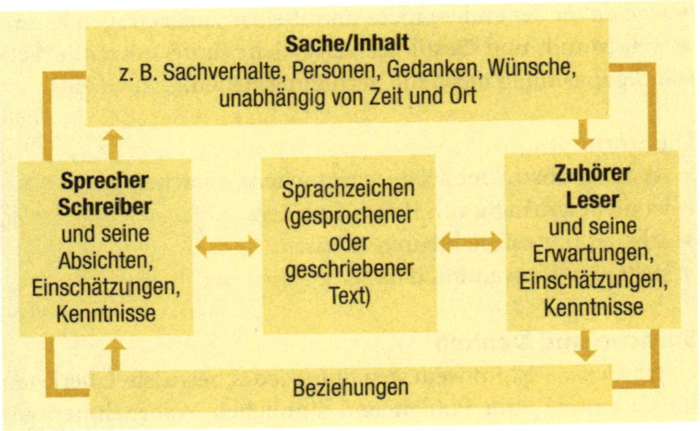

Mündliche und schriftliche Verständigung

Die *gesprochene Sprache* ist artspezifisch für den Menschen. Diese akustische, sich in Sprachlauten äußernde Dimension von Sprache ist die primäre und wichtigere, auch in der Geschichte der Sprache. Sie wird vom Kind auf natürliche Weise gelernt. Die schriftliche Kommunikation dagegen ist eine Kulturtechnik, die vor etwa 6000 Jahren entwickelt wurde. Sie veränderte das Zusammenleben der Menschen, da Wissen unabhängig vom Menschen gespeichert werden konnte. Damit hängt auch die Entwicklung von Technik und Wissenschaft zusammen. Die ***geschriebene Sprache*** lernt das Kind nur durch systematisches Üben. Der Buchdruck (▸ S. 42) hat die Schriftsprache zum Massenmedium gemacht. Auch der Computer hat die Schriftsprache verändert (vgl. z. B. den Einfluss des Angloamerikanischen ▸ S. 50).

In der *Schriftsprache* muss man sich entschieden genauer an die Regeln der Grammatik halten,
- weil die Beteiligten keine gemeinsame Kommunikationssituation haben,

- weil daher der andere nicht unmittelbar zurückfragen kann,
- weil Mimik und Gestik als zusätzliche, unterstützende Verständigungshilfen nicht zur Verfügung stehen.

Die *Schriftsprache*
- ist daher abstrakter als die gesprochene Sprache,
- ist nicht abhängig von Raum und Zeit,
- arbeitet nur mit sichtbaren Zeichen,
- stellt eine Konvention dar.

Sprache und Denken

Unter *Denken* ist im weitesten Sinne jedes bewusste Überlegen im Gegensatz zum Fühlen und sinnlichen Wahrnehmen gemeint.

Seit Menschen über ihr eigenes Sprechen nachdenken, wird auch über das ***Verhältnis von Sprache und Denken*** reflektiert. Die Thesen darüber reichen von der Unabhängigkeit beider bis zur völligen Identität. Für den griechischen Philosophen Platon (427–347 v. Chr.) ist das Denken nichts anderes als lautloses Sprechen.

Eine völlige Identität von Sprache und Denken wird heute nicht mehr vertreten; ein solches Sprachverständnis würde grundsätzlich nicht zwischen dem (gesprochenen) Wort/Satz und dem (gemeinten) Gedanken unterscheiden. Allerdings gibt es durchaus gedankenlose Formen des Sprechens, z. B. stereotype Redewendungen oder nichtssagendes Geschwätz. Debile Menschen sind manchmal sehr redegewandt, andererseits verlieren Sprachgestörte nicht automatisch ihre Denkfähigkeit.

Nicht wenige Sprach- und Denkpsychologen des 20. Jh.s sprechen von einer *Funktionssymbiose* zwischen Denken und Sprechen. Dabei wird hervorgehoben,
- dass Sprechen und Denken aufeinander bezogen und angewiesen sind,
- dass eine Identität zwischen beiden jedoch auszuschließen ist.

Man nimmt an, dass im Bereich der praktischen Intelligenz, bei der es um reflexartiges, intuitives Erfassen von Zusammenhängen geht, möglicherweise Denkabläufe existieren, die ohne sprachliches Denken ablaufen (untersprachlicher Denkbereich), wobei jedoch vorhergehende Denkbemühungen und Auseinandersetzungen auch unter Verwendung sprachlicher Begriffe abgelaufen sein dürften. Andererseits wird es Bereiche geben (z. B. spezielle Theorien der Mathematik oder Physik), die mithilfe normaler Sprache nicht mehr formuliert werden können und daher einer eigenen Symbolsprache bedürfen (übersprachlicher Denkbereich).

In abgeschwächter Form wird der *Identitätsstandpunkt* vertreten, wenn das Sprechen als lautes Denken bezeichnet wird (vgl. die Schrift von Heinrich von Kleist *Über die allmähliche Verfertigung der Gedanken beim Reden*). Eine gegenteilige Position (*dualistischer Standpunkt*) wird mit der Behauptung aufgestellt, Denken erfolge weitgehend unabhängig von Sprache, die Sprache sei nur eine Art Einkleidung des Gedankens, ein Medium, um die Gedankengänge zu bezeichnen; bei dieser Theorie werden einheitliche Denkstrukturen bei den Angehörigen aller Sprachgemeinschaften vorausgesetzt. Eingewandt wird gegen diese Ansicht, dass natürliche Sprachen widersprüchlich und zu ungenau seien, um allgemein gültige logische Strukturen zu beschreiben; eine Darstellung der Gesetze der Logik könne nur durch eine formale Wissenschaftssprache erreicht werden (vgl. auch die lange Zeit gehegte Auffassung von der lateinischen Sprache als Universalsprache für die geistigen Bereiche in Religion, Wissenschaft und Kunst).

Die Beziehung zwischen Sprache und Denken lässt sich objektiv kaum bestimmen. Der Sprache kann eine *Mittlerfunktion* zugewiesen werden: Zwischen dem Denken und der zu erkennenden Welt steht die Sprache, die unsere Art und Weise der Erkenntnis überformt oder gar lenkt. Alles, was wir über unsere Gedanken zu sagen wissen, wissen wir nur zu sagen, d.h. sprachlich zu vermitteln: Nur sprachlich gefasste Gedanken sind mitteilbar. Man kann also Sprache als Medium ansehen, mit dessen Hilfe wir miteinander kommunizieren und in Gedankenaustausch treten. Wenn man sich mithilfe der Sprache verständigt, tauscht man im Gespräch gemeinsame gedankliche Vorstellungen aus, tut man dies nicht, redet man aneinander vorbei. Der Mensch kann mithilfe der Sprache *abstrakte Begriffe* bilden, die ihm helfen, die Wirklichkeit zu beurteilen, er kann *gedankliche Hypothesen* aufstellen und *historisches Bewusstsein* entwickeln.

Auch unsere Vorstellungen und Erinnerungen sind mit sprachlichen Bedeutungen verknüpft. Mit Sprache können wir daher unsere Umwelt und Umgebung begreifen, wir können eine geplante oder erträumte Welt erfassen, die z. B. von Dichtern entworfen wird. Der Verstand muss in der Lage sein, die Bedeutung des Gesprochenen zu erfassen. Die Bedeutung ist eine mentale Größe; insofern ist die ***Bedeutung sprachlicher Zeichen*** weder gleich der Wirklichkeit, auf die sie verweist (▶ S. 10), noch ist diese bei allen Sprachteilhabern in gleicher Weise vorhanden. Dies hat z. B. auch Folgen für das Verstehen von Texten durch unterschiedliche Leser; diese können dem gleichen Text unterschiedliche Bedeutungen entnehmen (▶ S. 11).
Ein zeitgenössischer Philosoph drückt diese Zusammenhänge so aus:

ZITAT

Erst wenn man reflektiert, dass die Ordnungsmittel des Geistes, das Denken und die Sprache, nicht die Wirklichkeit ‚an sich' aufräumen, sondern Modelle sind, um die Welt nach Maßgabe der eigenen Spielregeln zu erklären, kommt man dem Menschen näher. Wer unterschiedliche Dinge wahrnimmt, der erlebt auch anders. Und wer anders erlebt, der denkt auch anders. Und wer anders denkt, der benutzt auch eine andere Sprache. *(Richard David Precht, Wer bin ich – und wenn ja, wie viele?, 2007)*

Das „linguistische Relativitätsprinzip": Sapir-Whorf-Hypothese

Das linguistische System (die Grammatik jeder Sprache) ist nach der Hypothese der Sprachforscher E. Sapir (1884–1939) und B. L. Whorf (1897–1941) nicht nur ein reproduktives Instrument zum Ausdruck von Gedanken, sondern es forme vielmehr selbst die Gedanken. Daher sei die Formulierung von Gedanken kein unabhängiger Vorgang. Die Art und Weise, wie die Natur von uns in Begriffen organisiert wird und wie wir diesen Begriffen Bedeutungen zuschreiben, sei dadurch geregelt, dass wir an einem „Abkommen" (Sprachgemeinschaft; Strukturen unserer Sprache) beteiligt sind. Kein Individuum habe so die Freiheit, die Natur unparteilich zu beschreiben, weil seine Sicht durch die Interpretationsweisen seiner Sprache beschränkt sei. Die relativ größte Freiheit hätte ein Linguist, der mit verschiedenen Sprachsystemen vertraut wäre.

Unter den europäischen Sprachen sei deshalb eine gewisse Einstimmigkeit der Grundstrukturen gegeben, weil diese als frühere „Dialekte" auf den Ursprung einer (angenommenen) indoeuropäischen Einheitssprache (▶ S. 35) zurückgingen.

Die Divergenz in der Analyse der Welt werde dann besonders deutlich, wenn unserer eigenen Sprache z. B. das Tibetanische, Chinesische, Semitische gegenübergestellt werde. Um diese Unterschiede deutlich zu machen, untersuchte Benjamin Whorf das Hopi, eine Eingeborenensprache Amerikas, die sich einige tausend Jahre unabhängig von anderen Sprachen Amerikas und von der Alten Welt entwickelt hat.

Whorf kommt so zu dem Schluss, die sprachlichen Mittel hätten wesentlichen Einfluss auf die kognitive Gliederung der Wahrnehmungsinhalte (▶ S. 11). Die Formulierung von Gedanken sei also kein unabhängiger (rationaler) Vorgang, sondern sei beeinflusst von der jeweiligen Grammatik einer Sprache; das linguistische System forme selbst die Gedanken. Diese Hypothese der beiden Sprachwissenschaftler Sapir und Whorf löste einen bis heute andauernden Meinungsstreit aus.

1.2 Leistung und kommunikative Funktion von Sprache – Erklärungsansätze

Bei der *wissenschaftlichen Untersuchung* von Sprache stehen – pauschal gesagt – vor allem zwei Aspekte im Vordergrund.

Untersuchung der Sprachstruktur

Dieser Aspekt der Sprache wird von der ***Linguistik*** untersucht. Je nach Akzentsetzung des Forschungsansatzes wird dabei Unterschiedliches erforscht, z. B.:

- strukturelle Linguistik: Sie untersucht die dreistufige Struktur der Sprache, also die Ebene der Phoneme (Laute), die Ebene der Morpheme (Wörter und wortbildende Einheiten wie Präfixe und Suffixe: *vor-, ver-, zer-/-lich, -ig, -keit, -ung*) und die Ebene der Syntax (Verbindung der Wörter zu Sätzen und Nebensätzen).
- Textlinguistik: Untersuchung des Textes
- komparative Linguistik: historisch-vergleichende Sprachwissenschaft)
- Psycholinguistik: Teildisziplin zwischen Psychologie und Linguistik
- Soziolinguistik: Teildisziplin zwischen Soziologie und Linguistik

Untersuchung des Sprachgebrauchs

An diesem Bereich zeigen sich z. B. Disziplinen interessiert, in denen es jeweils um Anwendung von Sprache geht, u. a. welche Informationen Menschen miteinander austauschen, wie sie sich dabei ausdrücken, welche sozialen Faktoren ihr Sprachverhalten bestimmen, was sie mit ihrem Sprechen und Schreiben meinen, wie sich ihr Sprachgebrauch verändert hat. Hier kommen folgende Disziplinen in Frage:

- Kommunikationswissenschaft
- Rhetorik
- Literaturwissenschaft
- Sprachgeschichte

Modelle als Erklärungsansätze sind Abstraktionen. Sie haben den Vorteil, dass die erfassten Größen anschaulich miteinander verbunden werden. Sie bergen in sich aber die Gefahr, dass vergessen wird, dass es um Abstraktionen und exemplarische Darstellungen geht. Wenn man komplexe Zusammenhänge zum Thema *Sprache* aufzeigen will, kann man aber auf Modelle als Erklärungshilfen nicht verzichten.

Sprache als Organon/Werkzeug

In diesem Erklärungsansatz (Karl Bühler, 1934), der in besonderer Weise die Leistung der Sprache betont, ist Sprache *Organon* (griech.: Mittel, Werkzeug), mit deren Hilfe Menschen einander etwas mitteilen können. Das ***Sprachzeichen*** wird in drei Relationen dargestellt und bekommt drei Funktionen zugewiesen. Als Werkzeug dient die Sprache in besonderer Weise dazu:

- die Gegenstände, Sachverhalte, Vorgänge, Personen der Umwelt darzustellen (***Darstellungsfunktion***),
- die eigene Verfassung als Sprecher zum Ausdruck zu bringen, auch gegenüber anderen (***Ausdrucksfunktion***),
- sich an andere zu wenden (***Appellfunktion***).

In jeder Mitteilung sind alle drei Sprachfunktionen enthalten, wobei jedoch oft eine der drei Funktionen dominiert; darüber entscheidet die Absicht des Sprechers.

BEISPIELE In einer Liebeserklärung dominiert die Ausdrucksfunktion, in einer Werbebotschaft die Appellfunktion, in einem Sachbericht die Darstellungsfunktion.

Anwendungsmöglichkeit

Dieses Modell lässt sich entsprechend auch für eine ***Klassifizierung*** gesprochener und geschriebener Texte nutzen:

- Texte, die in erster Linie Eindrücke, Gefühle und Überzeugungen des Sprechers/Schreibers wiedergeben (z. B. Tagebuch, Gedicht, Rezension),

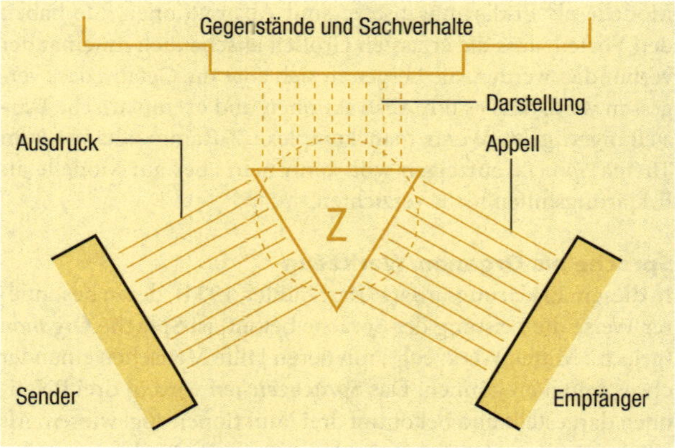

Sprache als Organon (Z = sprachliches Zeichen; die Linien deuten die unterschiedlichen Bedeutungsfunktionen an)

- Texte, die in erster Linie an andere appellieren, etwas bewirken, Handlungen auslösen sollen (z. B. politische Rede, Werbung, Aufruf),
- Texte, die in erster Linie die Wirklichkeit objektiv darstellen (z. B. Bericht, Beschreibung).

Sprache und menschliche Kommunikation

Die folgenden Erklärungsansätze haben die Kommunikationsforscher Paul Watzlawick u. a. (1969) entwickelt. Sie sind für das Verstehen menschlicher Kommunikation besonders wichtig:

Die Unmöglichkeit, nicht zu kommunizieren

Wenn man davon ausgeht, dass jede Form von Verhalten in einer zwischenmenschlichen Kommunikation Mitteilungswert hat, kann man nicht *nicht* kommunizieren. Entsprechend können Nichthandeln und Schweigen genauso gut Mitteilungswert haben wie Handeln und Sprechen.

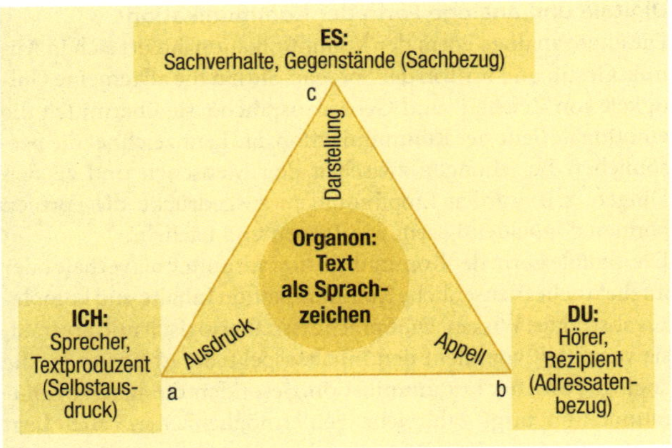

Anwendung des Organon-Modells. Klassifizierung von Texten

BEISPIEL Ein Schüler, der im Unterricht nichts sagt, zeigt damit möglicherweise sein Desinteresse, seine Angst, sich mit einer falschen Antwort zu blamieren, o. Ä.

Der Inhalts- und Beziehungsaspekt

Jede Mitteilung berücksichtigt einen Inhalt, eine Information an das sprachliche Gegenüber. Gleichzeitig aber enthält sie auch einen Hinweis darauf, wie der Sprecher diese verstanden haben möchte und wie er die Beziehung zwischen sich und dem Empfänger definiert.

Das bedeutet: Wir können also jede Äußerung, jede Mitteilung sowohl auf ihren Inhalt wie auf ihre Beziehungsaussage hin betrachten.

BEISPIEL Wenn Frau A auf Frau Bs Halskette deutet und fragt: „Sind das echte Perlen?“, so bezieht sich der Inhalt der Frage auf die Art der Perlen, gleichzeitig beschreibt sie durch die Art, wie sie fragt (Tonfall, Gesichtsausdruck) die Beziehung zu Frau B., z. B. Freundlichkeit, Neid, Bewunderung, …

Digitale und analoge Form der Kommunikation

Die ältere analoge Form der Kommunikation äußert sich in Mimik, Gestik und im Ton der Sprache. Sie hat die allgemeine Gültigkeit von Zeichen- und Gebärdensprache, sie übermittelt die emotionale Seite der Kommunikation. Sie kennzeichnet die persönlichen Beziehungen zwischen den Menschen und zu den Dingen; z.B. werden Empfindungen ausgedrückt; die Formen können doppeldeutig sein wie Tränen und Lächeln.
Die digitale Form der Kommunikation vermittelt als verbale oder intellektuelle menschliche Kommunikation Inhalte und komplexes abstraktes Wissen. Die Sprache ist dabei logisch und abstrakt; sie vermittelt vor allem den Inhaltsaspekt. Sie ist jünger als die analoge Form der Kommunikation. Besonders die analoge Kommunikation birgt zahlreiche Fehlermöglichkeiten. Hier liegt häufig der Grund für Kommunikationsstörungen, wenn z.B. Inhalts- und Beziehungsaspekte der Kommunikation (vgl. oben) nicht übereinstimmen. Als Kommunikationsteilnehmer muss man deshalb zwischen den beiden „Sprachen" übersetzen und rückübersetzen (vgl. auch Metakommunikation ▶ S. 23).

BEISPIEL Sie und er haben Probleme miteinander. Er: „Warum guckst du mich denn so vorwurfsvoll an?" – Sie: „Wie kommst du darauf, dass ich dich vorwurfsvoll anschaue?" …
(Hier ist ein Sprechen über Kommunikation notwendig.)

Symmetrische und komplementäre Interaktion

Symmetrische Beziehungen beruhen auf dem Streben nach Gleichheit zwischen den Partnern und nach Verminderung von Unterschieden.

BEISPIEL Zwei Mitschüler tauschen Informationen aus; der symmetrische Rollenstatus erlaubt keine Anweisung des einen an den andern.

Komplementäre Beziehungen beruhen auf sozialen Unterschieden zwischen den Beteiligten. In der komplementären Beziehung gibt es die unterschiedlichen Positionen der superioren/primären und der inferioren/sekundären Stellung.

BEISPIEL Der Lehrer gibt der Schülerin einen Auftrag; er erwartet, dass dieser ausgeführt wird; eine umgekehrte Konstellation wäre nicht möglich.

Metakommunikation

Kommunikationsstörungen können erst dann gelöst werden, wenn die Beteiligten in der Lage sind, sich von ihrem eingefahrenen Verhalten zu distanzieren, und darüber reden, wie sie miteinander reden.

Die vier Seiten einer Nachricht

Der Psychologe Friedemann Schulz von Thun (1981) erklärt Kommunikation als eine Nachricht/Verständigung mit vier Seiten. Er greift dabei auf die Erklärungsansätze von Karl Bühler (▶ S. 19) und Paul Watzlawick (▶ S. 20) zurück.

Der Erklärungsansatz ist von großer Bedeutung für das Funktionieren von zwischenmenschlicher Kommunikation, weil er die Erkenntnis berücksichtigt, dass ein und dieselbe Nachricht mehrere Botschaften einschließt:

- den Sachinhalt (worüber ich informiere),
- die Selbstoffenbarung (was ich von mir selbst kundtue: Ich-Botschaften, Selbstdarstellung, Selbstenthüllung),
- die Beziehung (Ich-Botschaften und Wir-Botschaften),
- den Appell (wozu ich dich veranlassen möchte).

Das Kommunizieren unter vier Aspekten gilt sowohl für den Sender (Sprecher) als auch für den Empfänger (Hörer).

BEISPIEL für eine Nachricht aus dem Alltag:

Die Frau sitzt am Steuer; der Mann sagt als Beifahrer vor einer Ampel: „Du, da vorne ist Grün."

Diese Äußerung des Mannes kann im Sinne der vier Aspekte einer Nachricht (Sachinhalt, Selbstoffenbarung, Beziehung, Appell) unterschiedliche Botschaften enthalten, die auf verschiedenen Ebenen angesiedelt sind:

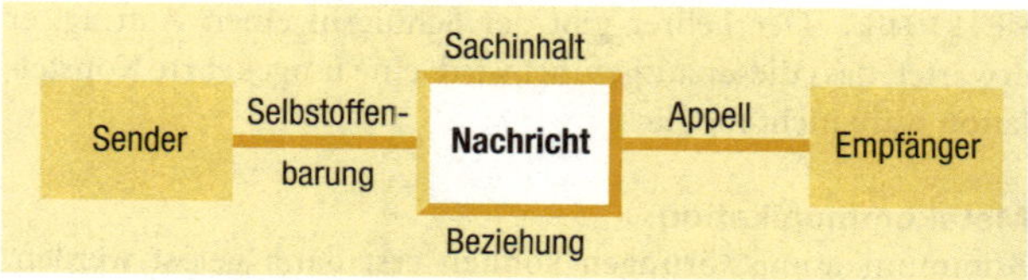

Die Frau reagiert auf den *Beziehungsteil der Botschaft* und antwortet gereizt: „Fahre ich oder fährst du?" Sie hat somit die Aussage des Mannes als Bevormundung aufgefasst.

Natürlich könnte sie auch auf eine andere Ebene der Botschaft des Mannes reagieren:

- auf die *Sachebene:* „Das habe ich gerade gesehen, danke!"
- auf die Ebene der *Selbstoffenbarung:* „Warum hast du es denn so eilig, du musst doch erst in einer halben Stunde im Büro sein."
- auf die *Appell-Ebene:* „Ich möchte nicht zu schnell fahren."

Mit der barschen Frage „Fährst du oder fahre ich?" richtet sich die Ablehnung der Frau nicht gegen den Sachinhalt, sondern gegen die Beziehungsbotschaft, die sie empfangen zu haben glaubt (Kritik an ihren Fahrkünsten).

Das Beispiel zeigt auch: Die gesendete und empfangene Nachricht können übereinstimmen; sie können aber auch der Anlass für Missverständnisse und Störungen sein; dann ist Rückfrage (Feedback) oder Metakommunikation (▶ S. 23) notwendig.

1.3 Sprachvarietäten und ihre Reichweite

Eine Sprache ist nur scheinbar ein völlig einheitliches Gefüge. In Wirklichkeit gibt es viele Sprachen in der Sprache (Sprachvarietäten), die gesellschaftlich, geografisch, kulturhistorisch, politisch, beruflich bedingt sind. So wie jeder Mensch in verschiedenen Gruppen lebt, lebt er auch in den verschiedenen Sprachen dieser Gruppen. Wir wechseln immer wieder von der einen Sprache in die andere, je nachdem, mit wem wir sprechen. Schon in der Muttersprache sind wir also mehrsprachig: Wir sprechen zu Hause eine andere Sprache als im Freundeskreis, als in der Schule oder im Beruf. Daher deckt sich der Begriff „deutsche Sprache“ nicht mit der Standardnorm. Diese ist eine ideale Verallgemeinerung und ein idealer Orientierungsmaßstab, an dem andere Sprachvarianten gemessen werden können, um deren Abweichungen zu erfassen.

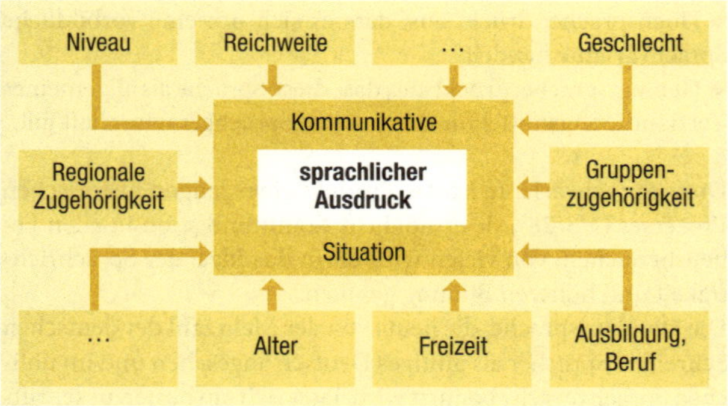

Jeder Mensch hat im Laufe seines Lebens und seiner individuellen Lebenserfahrungen auch seine eigene, individuelle Sprache ausgebildet (*Idiolekt*/Individualstil). Es gibt aber auch überindividuelle soziale Varianten des Sprachgebrauchs:

- ***Dialekt*** oder ***Mundart***, gebunden an Regionen oder Landschaften,
- ***Soziolekt***, gebunden an gesellschaftliche Gruppierungen und deren sprachliche Bedürfnisse (z. B. schnelle Verständigung; Herstellung von Gruppenzugehörigkeit durch sprachliche Übereinstimmung). Dazu gehören z. B. Berufs- und Fachsprachen, Gruppensprache der Jugendlichen, frauen- und männerspezifische Varianten des Sprachgebrauchs.

Standardsprache/Hochsprache/Gemeinsprache

Es gibt für diese am höchsten entwickelte Form der Sprache (in gesprochener Form: Sprechen nach grammatischen, lexikalischen und stilistischen Normen; Hochlautung/in geschriebener Form: Schriftsprache, die zu Beginn des 20. Jh.s ihre grammatische und orthografische Normierung gefunden hat) unterschiedliche Bezeichnungen:

- Standardsprache: drückt eher den Bezug zu anderen Sprachvarianten aus,
- Hochsprache: drückt aus, dass es sich um eine vorbildliche Sprachvariante handelt,
- Gemeinsprache: drückt aus, dass diese Sprache als allgemeines Verständigungsmittel für die gesamte Sprachgemeinschaft gilt.

Diese Sprachvariante ist das Produkt eines langen historischen Prozesses (▸ S. 28); sie ermöglicht Kommunikation in allen Lebensbereichen; von vielen wird darin das Ideal der Sprachrichtigkeit und höheren Bildung gesehen.
Die Standardsprache, die heute von der Mehrzahl der deutschen Schreiber/Sprecher als gültiges Deutsch angesehen und im üblichen Sprachverkehr benutzt wird, lässt sich am besten in schrift-

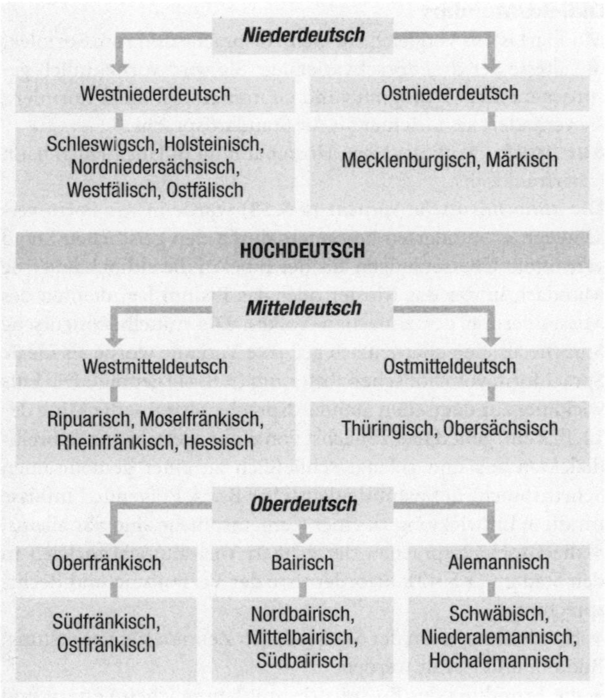

lichen Sprachäußerungen bzw. in Nachrichtensendungen von Radio und Fernsehen nachvollziehen.

Die Herausbildung einer Standardsprache entsprang politischen Notwendigkeiten. Die sich herauskristallisierenden Einheitsstaaten bedurften auch einer einheitlichen Sprache – aus, neben und über den Dialekten. Durch die Einheitssprache wurden die Dialekte zurückgedrängt, weil sie für die komplizierten Formen schriftlicher Kommunikation (Geschäftsverkehr, Wissenschaft, Dichtung) nicht mehr in Betracht kamen.

Dialekt/Mundart

Mundart ist im Vergleich zur Gemeinsprache und zum Soziolekt die älteste der drei Sprachvarietäten. Sie wird vornehmlich gesprochen; ihre Orthografie und Grammatik ist nicht normiert; sie verändert sich leichter als die Standardsprache.

BEISPIEL Wou die Hasn Hosn haßn un di Hosn Husn haßn (oberfränkisch).

Die ***althochdeutsche Sprache*** (▶ S. 38) wurde in der Form verschiedener Mundarten besonders durch den geistlichen Stand vermittelt; Übersetzungen aus der Bibel in die althochdeutsche Mundart, in der das Kloster oder das Bistum lag, dienten der Missionierung des einfachen Volkes. Die mittelhochdeutsche Sprache als eine oberdeutsch gefärbte Variante wurde als ideale Sprachform vom höfischen Rittertum (▶ S. 41) geprägt. Die Entwicklung zur deutschen Standardsprache setzt um die Mitte des 14. Jh.s ein, geht dabei zunächst von einer Vielzahl von Schreibdialekten aus und gelangt schließlich zu einer gemeinsamen Schriftsprache auf ostmitteldeutscher Basis. Prägende Einflüsse für diese Entwicklung zu einer Gemeinsprache sind vor allem:

- die Geschäftssprachen der großen Verwaltungskanzleien in den Städten (▶ S. 42); Erfordernisse der Verwaltung und Rechtsprechung,
- Handelsinteressen der Städte, die zu Zentren für Verwaltung, Bildung und Kultur werden,
- die Erfindung des Buchdrucks mit beweglichen Lettern und die Wirkungen des gedruckten Wortes (▶ S. 42),
- die Bibelübersetzung Martin Luthers (▶ S. 43).

Der Begriff ***Hochdeutsch*** hat eine doppelte Bedeutung: Einmal ist damit heute Hochsprache/Standardsprache gemeint, zum anderen wird dies im Sinne der Sprache einer bestimmten Region verstanden: als eine regional gesprochene Mundart (im mitteldeutschen Bereich) neben dem Niederdeutschen und Oberdeutschen (▶ S. 27). Später entwickelte sich diese Mundart zum überregionalen Deutsch.

Heute kann Dialekt nicht mehr als Regionalsprache im vollen Sinne aufgefasst werden, sondern es geht

- um Restbestände in Bereichen, in denen die modernen Kommunikationsanforderungen weniger gefragt sind
- um die Tatsache, dass die Sprache vieler Sprecher der Standardsprache durch den Dialekt beeinflusst wird.

1

(Regionale) Umgangssprache

Die Umgangssprache ist zwischen Gemeinsprache und Mundart anzusiedeln und meist regional gefärbt. Die Umgangssprache ist, wie die Mundart, hauptsächlich eine gesprochene Sprache. Sie ist oft überregional verständlich und aufgrund der modernen Massenmedien und der Intentionen der Werbeindustrie in überregionalem Gebrauch. Sie zeigt aber oft regionale Kennzeichnungen und Varianten, an denen man den Sprecher erkennen kann:

- Intention und Färbung der Aussprache,
- Wortschatz.

BEISPIELE

norddeutsch	**süddeutsch**
dreist	keck
Weißkohl	Weißkraut
Klöße	Knödel

Die Grenzen zwischen ***regionaler Umgangssprache*** und ***Mundart*** sind fließend. Sie kann

- dem gemeinsprachlichen Ideal nahekommen (s. auch die Beispiele zu norddeutschen und süddeutschen Varianten der Wortwahl),
- deutlich auf die jeweilige Mundart bezogen sein.

Hierbei kann man z. B. auch unterscheiden

- nach enger Bindung an die Ortsmundart,

BEISPIEL aus dem Raum Bielefeld:
Da kann ich nich chut ohne zu. (Ohne diese Sache komme ich nicht so gut zurecht.)
Der is chut dabei. (Der ist gesund.)

- nach großlandschaftlicher Geltung, z. B. schwäbische Umgangssprache, obersächsische Umgangssprache, Ruhrgebietsdeutsch (Kohlenpott).

BEISPIEL aus dem Ruhrgebiet:
Also wissense, langsam wirtet ein ja richtich zu dumm.
Seit einige Zeit binnich richtich mit mein Latein am Ende!

Gruppensprache und soziale Integration

Gruppensprachen heben durch sprachliche Mittel die Zusammengehörigkeit der jeweiligen Gruppe hervor; es handelt sich nicht um eine eigene Sprache, sondern um soziale Varietäten im Sprachgebrauch, z. B. ***Jugendsprache***, geschlechtsspezifischer Sprachgebrauch von Männern und Frauen, Sprachjargon von Fußballfans (z. B. Kasten), Sprachgebrauch von Süchtigen (z. B. Schuss).
Unter den Gruppensprachen wirken die Geheimsprachen am stärksten isolierend, vgl. z. B. das Rotwelsch als Sprache der Gauner und Vagabunden (Kaschemme = Verbrecherkneipe).
BEISPIEL Jugendsprache ist eine Variante des sozialen Sprachgebrauchs (Soziolekt). Es gibt sie nicht als homogenes Gebilde oder eigene Sprache (vgl. oben), wohl aber hat sie einen eigenen Sprachstil, der allerdings an bestimmte Gruppen bzw.

Situationen gebunden ist und sich relativ schnell ändern kann. Radikale Wertungen wie Vereinfachung, Denkfaulheit oder fehlende Sprachmoral sind einseitig. Die große Verbreitung von Jugendsprache ist vor allem auf Werbeslogans („Deine Mudda kocht!") oder Liedtexte von Popmusikern zurückzuführen – sowie auf die Offenheit der Generationengrenzen.

Allgemeine Kennzeichnung/Zusammenhang

- Schnelllebigkeit und Flexibilität
- Mediale Funktionalisierung: Jugendsprache als „Spielzeug" der Medien zur Steuerung der Massenkommunikation (Werbung, Videoclips, Musikgruppen, Comic, Spielfilm, TV-Show, Seifenoper); Massenmedien bedienen sich des Sprachmaterials, sind zugleich aber auch Sprachspender und Sprachvertreter

Sprachliche Merkmale

- radikale „Sprechsprache" mit Gesprächspartikeln (ey, hi)
- Anglizismen (chillen); Vulgarismen (Analhusten), Neologismen (Taschentiger)
- Verwendung von allgemeinen Formulierungen (irgendwie)
- spezielle Gruß- und Anredeformeln (hi; was geht, Alter?): Diese dienen der Festigung der Gruppenzugehörigkeit und der Abgrenzung gegenüber dem „normalen" Sprachgebrauch Erwachsener.
- Reduzierungen und Vereinfachungen im Vergleich zum Alltag („Alk" statt Alkohol, „türlich" statt natürlich)
- intensivierende Ausdrücke (brutal geil, total supergeil)

Fachsprache

Fachsprachen/Expertensprachen/Berufssprachen sind sachorientiert, um das jeweilige Fachgebiet exakt beschreiben zu können. Den Kern einer Fachsprache bildet die Terminologie.

BEISPIELE Medizin (Karzinom, Encephalitis), Wirtschaft (Marketing, Dax, Wachstumszyklus), Fußball (Freistoß, Abseits), Seemannssprache (Lotse, Luv).

Bei der Entstehung von Fachsprachen verbinden sich
- das Bedürfnis nach möglichst präziser und einfacher Verständigung,
- gruppenpsychologische Mechanismen (Zugehörigkeit zu einer Berufsgruppe bzw. Ausgrenzung von Menschen, die nicht dazugehören).

Der Gebrauch von ***Fachbegriffen*** kann
- sachlich notwendig und dadurch eine Erleichterung sein,

BEISPIEL Zwei Ärzte unterhalten sich in Gegenwart des Patienten über dessen Krankheit.
- als Imponiergehabe in Erscheinung treten.

BEISPIEL Die Verwendung des für Laien unverständlichen Fachbegriffes fungizid (für pilztötend) auf Etiketten von Medikamenten.

In den folgenden Texten wird mit der Fachsprache der Bürokratie und der Mathematik gespielt (hier wird die Fachsprache zum Jargon):

ZITAT

Im Kinderanfall unserer Stadtgemeinde ist eine hierorts wohnhafte, noch unbeschulte Minderjährige aktenkundig, welche durch ihre unübliche Kopfbekleidung gewohnheitsrechtlich Rotkäppchen genannt zu werden pflegt …

Es war einmal ein Mädchen, dem wurde eineindeutig eine rote Kappe zugeordnet, wodurch es als Rotkäppchen definiert wurde.

(Aus: Die Geschichte vom Rotkäppchen, Göttingen 1997)

Die folgenreichste Errungenschaft unserer Zeit ist der ***Computer***; neue Fachbegriffe aus dem Bereich der Computerindustrie stammen fast durchgängig aus dem Angloamerikanischen (browser, cyberspace, homepage, online, server, web). Der Wechsel von Wörtern aus der Fachsprache der Computerindustrie in die Standardsprache geht ständig vor sich.

BEISPIELE Das Nomen *Computer* ist heute ein Wort der Gemeinsprache, ebenso die Wörter *Internet, Hardware, Software, mailen.* Die Übernahme aus dem Englischen geht in unterschiedlicher Weise vor sich:

- Lehnübersetzungen (z. B.: Fenster auf dem Bildschirm des Computers, Druckertreiber, Grafiktablett, Speicherplatz),
- Fremdwörter als Internationalismen (z. B. aktivieren, formatieren, Option),
- Fremdwörter, die direkt aus dem Englischen übernommen sind (Scanner, Desktop, Cursor, Firewall),
- Abkürzungen, die auf unübersetzte englische Wörter zurückgehen (PC, MacPro, RAM-Disc),
- Komposita, die im Wortstamm Fremdwortteile enthalten und die nach den Regeln des Englischen gesprochen werden (z. B. Zeilendisplay, Compilersprache, Browsereinstellungen).

Weitere Varianten des Sprachgebrauchs

Geschriebene Sprache und gesprochene Sprache

Der Unterschied zwischen diesen beiden Sprachformen ist beträchtlich. Während man beim Sprechen Ausdrucksmittel wie Betonung, Mimik, Gestik einsetzen, Rückfragen stellen und Ergänzungen geben kann, muss man beim Schreiben unmissverständlich und in genau gegliederter Weise seine Absichten in Sprache fassen. Die Situation, in der geschrieben wird, ist in der Regel förmlicher als das Sprechen (▸ S. 13).

Die Schriftform einer Sprache beruht auf Konventionen und verändert sich nur sehr langsam. Die gesprochene Sprache dagegen ist dynamisch und verändert sich ständig.

Die stilistische Gliederung der Sprache – Stilarten

Die Stilebene wird wesentlich von der Wortwahl bestimmt; auch Satzbau, Klang und Rhythmus sowie unterschiedliche sprachliche Varietäten (Fachsprache, Gruppensprache, Jargon) können zum Stilniveau eines Textes beitragen.

Stilschicht	**Beispiel**
dichterisch/ poetisch	dahinscheiden
gehoben	ableben
normalsprachlich	sterben
salopp/umgangssprachlich	abkratzen
jargonhaft (oft jugendsprachlich)	Abgang machen/ Löffel abgeben
derb/vulgär	verrecken

Neben den Stilschichten gibt es im Sprachgebrauch ***Stilfärbungen***, die bestimmte Gefühle anzeigen:

BEISPIEL

vertraulich	einen lieben Gruß
scherzhaft	Adamskostüm
altertümelnd	das Weite suchen
übertrieben	unverschämt reich, unglaublich hübsch
spöttisch/ironisch	neunmalklug
wertend	aufgetakelt
beschimpfend	Esel, Schwein

Die poetische Sprache der Literatur

Diese ist eine stilistische Form der geschriebenen ***Hochsprache***. Sie zeichnet sich in der Regel durch besonders sorgfältige sprachliche Formulierungen aus (Wortwahl, Satzbau, Bildlichkeit, Symbolik, Sprachebene). Dies ist insbesondere in Gedichten der Fall, die sich durch sprachliche Konzentration, Intensität und formale Gestaltungselemente (Versmaß, Rhythmus und Reim) auszeichnen.

In der Sprach- bzw. Literaturgeschichte gab es Zeiten, in der durch Dichter eine einheitliche, als ideal angesehene schriftliche Literatursprache entwickelt wurde, sodass die Dichtung (allerdings nur für eine ganz bestimmte Gruppe von Menschen) als besonders beispielhafte Form geschriebener Sprache galt, u. a. zur Zeit des Mittelhochdeutschen (▶ S. 39) und zur Goethe-Zeit (▶ S. 122).

ZITAT

Mondnacht

Es war, als hätt der Himmel
Die Erde still geküsst,
Dass sie im Blütenschimmer
Von ihm nun träumen müsst.
(…)

(Joseph von Eichendorff, 1837)

Sprache in der Wirtschaftswerbung

Durch ihre massenhafte Verbreitung hat die Werbesprache heute einen starken Einfluss auf die Umgangssprache. (Einzelheiten ▶ S. 69–72)

1.4 Sprachgeschichte und Sprachwandel

Bei der Betrachtung der Sprache unterscheidet man im Allgemeinen als Verfahren

- die *synchrone Sprachbetrachtung:* Diese untersucht den Zustand eines funktionierenden Sprachsystems zu einem bestimmten Zeitpunkt. Sie befragt z. B. unsere Gegenwartssprache darauf hin, mit welchem Inventar von Sprachelementen und mit welchen Regeln sie funktioniert (Querschnitt).
- die *diachrone Sprachbetrachtung:* Sie untersucht die Entwicklung einer Sprache durch verschiedene Zustände und Epochen hindurch (Längsschnitt).

Man nimmt an, dass die europäischen Sprachen auf eine indoeuropäische Sprache zurückgehen. Dies wird u. a. aus Ähnlichkeiten von Sprachelementen erschlossen.

BEISPIEL das Wort *Mutter*

altindisch	matar
englisch	mother
französisch	mère
niederländisch	moeder
italienisch	madre

Eine Ursache des ***Sprachwandels*** ist die Sprachmischung. Keine unserer Sprachen ist ein autonomes, aus einem Block bestehendes System. Jeder Wandel ist insofern zu bejahen, weil er nichts als eine notwendige Anpassung an das gewandelte Sprachbewusstsein ist. So wird im heutigen Sprachgebrauch die Konjunktivform nicht selten durch eine Ersatzform mit *würde* ersetzt: *Er sagte, er würde kommen* statt *Er sagte, er komme.*
Insofern ist es kaum sinnvoll zu werten, z. B.

- die Sprache sei ursprünglich primitiv und komme im Verlaufe ihrer Entwicklung zu immer größerer Differenzierung,
- die Sprache sei ursprünglich vollkommen, würde aber zunehmend verfallen und damit flacher und primitiver.

Die Vorstellung von einer reinen Sprache ist eine Illusion: Zu jedem Zeitpunkt ihrer sprachlichen Entwicklung ist eine Sprache ihrem Zweck angemessen.
Da sich die Welt sehr schnell verändert, ändert sich mit ihr unsere Vorstellung von der Welt und mit ihr unsere Sprache. In älteren Texten entdeckt man oft Wörter, die man nicht mehr kennt, in aktuellen Texten Wörter, die man noch nicht kennt. Nicht jede sprachliche Neuerung weist bereits auf einen ***Sprachwandel*** hin; davon kann erst gesprochen werden, wenn viele Menschen über längere Zeit die gewandelte Sprachform verwenden. Urheber dieses Wandels sind nicht Einzelne, sondern die Sprachgemeinschaft (alle Sprecher und Schreiber einer Sprache). Die Sprachhistoriker decken die Ursachen, nämlich veränderte Lebensbedingungen und Interessen, auf. Jede von ihnen vorgenommene *sprachliche Periodisierung* ist künstlich, weil sich Spra-

chen nicht einheitlich entwickelt haben und daher die Übergänge zwischen den einzelnen Perioden der Entwicklung fließend sein müssen.
Die herkömmliche Einteilung der deutschen Sprachgeschichte geht auf Jacob Grimm (1785–1863) und auf die Anfänge der Germanistik zurück. Diese Einteilung legt vor allem lautliche Veränderungen zugrunde; es können auch Änderungen des Wortbestandes, des Satzbaus sowie Kriterien der Gesellschaft, der allgemeinen Geschichte und der Literaturgeschichte einbezogen werden.
Zur Zeit der großen germanischen Völkerwanderung (etwa 370–570 n. Chr.), als die Germanen (Franken, Goten, Burgunder) die ersten großen Reiche bildeten, umfasst das Germanische

- das Westgermanische (u. a. das spätere Deutsche, Englische),
- das Nordgermanische (u. a. das spätere Norwegische, Schwedische),
- das Ostgermanische (u. a. das Gotische).

Im 6.–7. Jh. entwickeln sich die einzelnen germanischen Sprachen auseinander.

Die in mundartlicher Hinsicht zu machenden Unterscheidungen zwischen ***Niederdeutsch*** und ***Hochdeutsch*** weisen über den deutschen Sprachraum hinaus. Durch die hochdeutsche Lautverschiebung, die sogenannte 2. Lautverschiebung, werden z. B. die vorhochdeutschen Wörter *ik*, *maken*, *dorp*, *da* zu *ich*, *machen*, *dorf*, *das*. Diese hochdeutsche Lautverschiebung macht das Niederdeutsche nicht mit; dies hat das Niederdeutsche mit anderen germanischen Sprachen wie dem Englischen gemeinsam (make – machen; that – das). Der englische Satz *the door is open* wird in den niederdeutschen ***Dialekten*** ähnlich gesprochen.
Die heutige deutsche Standardsprache entwickelt sich dann später auf ostmitteldeutscher (d. h. hochdeutscher) Grundlage (▶ S. 40).

Althochdeutsche Sprache (um 750–1050)

Der Begründer des Frankenreiches ist Chlodwig (König von 482–511). Im Jahre 486 besiegt er den letzten römischen Statthalter in Gallien. Weitere germanische Stämme (Alemannen, Westgoten) werden in das Reich eingegliedert. Unter Karl dem Großen (768–814) hat das Frankenreich seine größte Ausdehnung (von den Pyrenäen bis zur Nordsee, vom Atlantik bis zum heutigen Ungarn). Karl dem Großen gelingt es, die Sachsen, den letzten heidnischen Germanenstamm, zu unterwerfen und mit Gewalt zum Christentum zu bekehren. Die Enkel Karls des Großen teilen das Reich auf. Die deutschen Stämme bilden im 10. Jh. unter den Ottonen ein „deutschsprachiges" Reich.
Das Adjektiv *deutsch* hat seinen Ursprung nicht in einem Stammesnamen, es kommt etymologisch über althochdeutsch *diutisc* und mittelhochdeutsch *diutisch* vom germanischen Substantiv thiot (Volk). Es heißt also *zum Volk gehörend*. Die *Einheitssprache* des christlichen Europa blieb bis etwa 1100 die *lateinische Sprache*. Das Deutsche tritt nach der Großen Völkerwanderung nicht als einheitliche Sprache auf, sondern in der Sprache einzelner Stammesverbände bzw. Völkerschaften (z. B. das Sächsische oder Alemannische).

Merkmale im Überblick

- Etwa 2 Mio. „deutschsprachige" Menschen (zum größten Teil nicht schreibkundig) leben zu dieser Zeit.
- Der schriftliche Gebrauch des Deutschen wird besonders durch Karl den Großen gefördert.
- Schreiben und Lesen beherrschen fast nur die Geistlichen; überlieferte schriftliche Texte sind daher vor allem Texte der Geistlichen.
- Das Lateinische als Schriftsprache ist Amts-, Gelehrten- und Kirchensprache.
- Klöster sind die wichtigsten Stätten kulturellen Lebens.
- Im Dienste der Missionierung entwickeln sich unter Einfluss des Lateins aus der bislang nur gesprochenen Volkssprache eine

althochdeutsche Schreibsprache, die aber aufgrund der verschiedenen Dialekte unterschiedlich und uneinheitlich ist. Diese Schreibsprache ist notwendig zur kirchlichen und verwaltungstechnischen Eingliederung der missionierten Menschen und zur Durchführung der Mission. Bei der Übernahme germanischer Begriffe kommt es auch zu Umdeutungen.

BEISPIEL Hölle
ursprünglich: germanisches Totenreich
neue Bedeutung im christlichen Sinne: Ort der Pein und Qual für Sünder

- Ebenso kommt es zu ***Lehnwortbildungen*** aus dem Lateinischen.

BEISPIELE

papa >Papst	magister >Meister
crux >Kreuz	poenia >Pein

Die aus dieser Zeit überlieferten Texte sind in einer ostfränkischen Mundart geschrieben.

▸ S. 92: Zum althochdeutschen Schrifttum

Mittelhochdeutsch (um 1050–1350)

Gegenüber der althochdeutschen Zeit zeigt die Gesellschaft des hohen Mittelalters einen differenzierteren Aufbau. In einer mehrere Jahrhunderte dauernden Entwicklung hat sich der Feudalismus ausgebildet und gefestigt. Während das frühe Mittelalter noch geprägt ist vom starken Einfluss der Kirche, entsteht im Hochmittelalter eine neue weltlich-ritterliche Kultur mit der Dichtkunst und Literatursprache als entscheidendem Merkmal. Von großer Bedeutung ist die Entstehung des Ritterstandes; dieser ist Träger der Kultur und strenger ethischer Normen. Diese *ritterlich-höfische Kultur* ist bestimmend für die Zeit vom 11.–14. Jh., unter den Stauferkaisern erlebt sie ihren Höhepunkt.

▸ S. 95 f.: Zur Minnelyrik

Weitere Hinweise im Überblick

◆ Es ergeben sich häufige Kontakte mit anderen Ländern und Kulturen (wirtschaftlich bedingt durch Zunahme des Fernhandels, religiös bedingt durch die Kreuzzüge).

◆ Verschiedene Volkssprachen werden häufiger auch geschrieben; auch außerhalb des kirchlichen Rahmens entwickelt sich eine eigene Kultur.

◆ Der Ritterstand entwickelt die erste einheitliche schriftliche Literatursprache. Um auch an anderen Höfen verstanden zu werden, werden in dieser höfischen Dichtung des klassischen Mittelhochdeutschen (höfischer Roman, der die Wertvorstellungen und Verhaltensnormen des neuen Ritterstandes erzählerisch gestaltet, und höfische Lyrik/Minnelyrik, in der ein Gegenbild zu altadeligem Sexualverhalten gezeichnet wird) Dialektausdrücke vermieden, zumal diese auch im Widerspruch zu dem verfeinerten Formwillen der höfischen Kultur stehen: Die Texte der

Lateinische Übersetzung (des ursprünglich griechischen Neuen Testaments)
Pater noster, qui es in cœlis, sanctificetur nomen tuum. Adveniat regnum tuum.
Althochdeutsch (9. Jh.)
Fater unser, thu in himilom bist, giuuihit si namo thin. quaeme richi thin.
Mittelhochdeutsch (um 1230)
Got vater unser, dâ dû bist in dem himelrîche gewaltic alles des dir ist, geheiligt sô werde dîn nam, zuo müeze uns komen daz riche din!
Neuhochdeutsch (Martin Luther, 1520)
Vatter unßer, der du bist im hymell. Geheyliget werde dein name. Zu kome dein reych.

Die Sprachentwicklung vom Althochdeutschen zum Neuhochdeutschen machen diese Übersetzungen der Bibel deutlich.

Minnelyrik werden dem höfischen Publikum mündlich dargeboten. Im Alltag wird in Mundart gesprochen bzw. geschrieben, wahrscheinlich auch von den Rittern; die übrige Bevölkerung spricht ohnehin in Mundart.

◆ Nach dem Niedergang der höfisch-ritterlichen Kultur des Minnesangs verschwindet diese Kunstsprache und zugleich erste deutsche Gemeinsprache (mit einer allerdings sehr schmalen sozialen Basis) wieder aus der Literatur. Auch wenn diese Sprache ihre soziale Geltung verliert, fördert sie doch insgesamt den Prozess der Verschriftlichung einer Volkssprache; sie bedeutet auch eine Emanzipation vom Lateinischen, der Schriftsprache des Mittelalters schlechthin. Die sprachschöpferische Leistung dieser ersten überregionalen Schriftsprache kann man mit der Luthers (▸ S. 43) bzw. der Goethezeit (▸ S. 122) vergleichen.
An ihre Stelle treten wiederum die ***Dialekte*** einzelner Landschaften bzw. von Bürgern getragene Erscheinungsformen (z. B. die Geschäftssprachen der städtischen Kanzleien). Im Spätmittelalter erhalten die Bürger aufgrund des Aufblühens der Städte eine zunehmende Bedeutung.

◆ Die französische Kultur wird als beispielgebend angesehen; deshalb werden Wörter übernommen und eingedeutscht.

BEISPIELE Turnier, Abenteuer, Tanz

◆ Zur Zeit der Kreuzzüge kommen aus dem arabischen Orient mit begehrten Waren bestimmte Wörter nach Deutschland, die zum Teil noch heute im Gebrauch sind.

BEISPIELE Zimt, Kümmel, Safran, Kaffee, Limonade, Taft, Damast, Atlas, Mohair

BEISPIELE für eine ***Bedeutungsverschiebung*** mittelhochdeutscher Ausdrücke

	mhd.	**heute**
arebeit	Mühsal	Arbeit
hochgezît	Fest	Hochzeit
maget	Magd	Mädchen

	mhd.	heute
hoher muot	edle Gesinnung, gepaart mit hohem Selbstgefühl	Hochmut
vrouwe	Herrin (verheiratete adelige Frau)	Frau

▶ S. 93–98: Zur mittelhochdeutschen Dichtung

Frühneuhochdeutsch (um 1350–1650)

Um 1350 ist die Ostkolonisation abgeschlossen; bis zum Jahre 1945 bleibt diese östliche Sprachgrenze bestehen. In den besetzten und kolonisierten Gebieten entstehen neue Mundarten.
Zu Beginn der frühneuhochdeutschen Zeit gewinnen die großen Städte als Zentren der fürstlichen Verwaltungen (Kanzleien) für Kultur und Bildung größere Bedeutung (z. B. Köln, Straßburg, Nürnberg, Zürich). Zu Beginn der frühneuhochdeutschen Zeit kann die Masse der Bevölkerung (ca. 90 %) noch nicht lesen und schreiben.
Reformation, Bauernaufstände und Gegenreformation vertiefen die religiösen und machtpolitischen Gegensätze und führen zum Dreißigjährigen Krieg (1618–1648). Die Erfindung des Buchdrucks mit beweglichen Lettern durch Johannes Gutenberg um 1440 sorgt für eine schnelle Verbreitung von Geschriebenem. Die Ideen, die dem Bauernkrieg und der Reformation zugrunde liegen, werden in Flugblättern verbreitet und vorgelesen.

Weitere Hinweise im Überblick

- In den Städten des 14. Jh.s führt das Streben nach verwaltungstechnischer Vereinheitlichung zwischen den Dialekten zu ersten überregionalen Kanzleisprachen. Aus den Erfordernissen des Geschäfts, der Politik, der Verwaltung (z. B. Stadtchronik, Steuerlisten, Aufzeichnung des Stadtrechts) erwächst ein lebhafter Schriftverkehr zwischen den Kanzleien der Städte und der Fürstenhöfe. Dabei wirkt vor allem die ostmitteldeutsche Meißner

Kanzlei (Sachsen) als Vorbild; an der Entwicklung mehrerer Schreibsprachen hat auch der Buchdruck Anteil.

- Luther schließt sich bei seinen sprachlichen Tätigkeiten (vor allem Bibelübersetzung) den ostmitteldeutschen Schreibtraditionen an, sodass diese Schreibsprache gegenüber anderen Schreibsprachen weite Ausbreitung und besonderes Ansehen gewinnt. Luther bemüht sich zudem um einen verständlichen Stil, bei dem er sich auch an der gesprochenen Volkssprache orientiert (Metaphorik, Redensarten, Sprichwörter). Seine Sprache wirkt in einem normativen Sinn; die ***Reformation*** insgesamt stärkt die Stellung der deutschen Sprache gegenüber dem Lateinischen und trägt zur Verbreitung der ostmitteldeutschen Variante in ganz Deutschland bei.
- Es gibt in dieser Zeit keine einheitliche Rechtschreibung und keine einheitliche Beachtung grammatischer Normen. Martin Luther schreibt z. B. *war* für *wahr*, *kriegisch* für *griechisch*, *unzehliche* für *unzählige*, als Perfektform bildet er *habe troffen* für *habe getroffen*.
- Das Latein bleibt die Sprache von Schule, Wissenschaft und kirchlicher Liturgie; erst im 18. Jh. setzt sich Deutsch als Unterrichtssprache an den Universitäten durch.
- Der ***Humanismus***, eine geistige Strömung aus Italien, befestigt zunächst die Stellung des Lateins, die Anzahl der lateinischen und griechischen Fachausdrücke schwillt stark an.

BEISPIELE Autor, Exemplar, Initiale, Faksimile, Kolumne

- Aufgrund der wirtschaftlichen und wissenschaftlichen Entwicklungen im Spätmittelalter entstehen Sonderwortschätze.

BEISPIELE

Kaufmännischer Bereich: Hanse, Kaufmannschaft, Schuldner, Wechsel, verrechnen
Seefahrt: Bug, Mast, Ruder, Segel, Steven
Druck: Korrektur, Makulatur
Mathematik: multiplizieren, Produkt

▶ S. 98–102: Zur Literatur zur Zeit der Reformation

Neuhochdeutsch (um 1650–1900)

◆ In dieser Zeit wird intensiv an der Normierung der deutschen Sprache gearbeitet (vgl. die Sprachgesellschaften ▶ s. unten).

◆ Nach dem Dreißigjährigen Krieg überwiegt der französische Einfluss (Ludwig XIV.). In den gehobenen Kreisen gilt es als vornehm, Französisch zu sprechen. Eine große Anzahl französischer Lehnwörter hat sich bis heute erhalten.

BEISPIELE

Küche: Bouillon, Omelette, Ragout
Mode: Kostüm, Parfüm, Perücke
Wohnkultur: Balkon, Salon, Gardine, Büfett

◆ Im 17. Jh. verstärkt sich der Einfluss der deutschen Nationalsprache: Deutsche ***Sprachgesellschaften*** wie die „Fruchtbringende Gesellschaft“ in Weimar haben sich zum Ziel gesetzt, die Sprache zu normieren und sie von fremden Einflüssen zu „reinigen“ und damit eine deutsche Literatursprache zu schaffen (vgl. Martin Opitz ▶ S. 105). Bei dem Bemühen der Sprachgesellschaften kommt es auch zu Übertreibungen.

BEISPIELE Tageleuchter für Fenster; Dichtmeister für Poet.

Es werden damals allerdings auch Begriffe gebildet, die noch heute im Gebrauch sind.

BEISPIELE Anschrift für Adresse; Mitlaut für Konsonant; Selbstlaut für Vokal, verwirklichen für realisieren, Zerrbild für Karikatur.

◆ Im Zeitalter der ***Aufklärung*** (▶ S. 108) sind die Bemühungen zur Normierung der geschriebenen Sprache erfolgreich. Damit setzt sich die ostmitteldeutsche Variante der Schriftsprache (▶ S. 43) schneller durch, auch in Österreich und Bayern. Bedeutenden Anteil daran hat J. Chr. Gottsched (▶ S. 113).

◆ In der 2. Hälfte des 18. Jh.s wird die Dichtung von entscheidender Bedeutung für die einheitliche Entwicklung der deutschen Schriftsprache(▶ S. 122). Die Sprache der Dichter (der Aufklärung, des Sturm und Drang, der Klassik) gilt in Stil und Wortwahl als Vorbild der Hochsprache. Die geistigen Strömungen hinterlassen ihre Spuren im Wortschatz.

BEISPIELE

Aufklärung: Vernunft, Toleranz, Weltbürgertum
Pietismus: Erleuchtung, Innigkeit, durchglühen
Sturm und Drang: Genie, Volkslied, Volksseele, Wehmut
Romantik: geheimnisvoll, Schicksal

◆ Um 1800 ist die Schaffung einer deutschen Literatur- und Schriftsprache zu einem relativen Abschluss gekommen. In der Schreibweise gibt es noch keine Einheitlichkeit. Dies wird durch die damalige staatliche Zersplitterung erschwert (1815 gibt es in Deutschland 34 erbliche Monarchien und 4 freie Städte). Im Jahre 1800 sind noch etwa 4% der gedruckten Bücher in Latein abgefasst. Zum Vergleich: 1570 ca. 70%, 1780 ca. 17%.

◆ Durch die Entwicklung der Zeitungen und Zeitschriften wird allmählich ein breiteres Publikum (zumindest passiv als Leser) mit der Schriftsprache vertraut. Zum Vergleich: Im Jahre 1750 kommt ein Zeitungsexemplar auf 225 Einwohner; 1850 kommt ein Exemplar auf 30 Einwohner.

◆ Durch wirtschaftliche und politische Einflüsse sowie Übersetzungen englischer Literatur nimmt die Bedeutung englischer Lehnwörter im 19. Jh. zu.

BEISPIELE

Wirtschaft: Lokomotive, Streik
Gesellschaftliches Leben: Smoking, toasten, Klub
Sport: Match, Trainer, Tennis

◆ Wörter aus dem Bereich Wissenschaft und Technik werden aus lateinischen und griechischen Spracheinheiten gebildet und finden als Internationalismen weite Verbreitung.

BEISPIELE

Kommunismus (lat. communis = gemeinsam)
Automobil (griech. Autós = selbst; lat. mobilis = beweglich)

◆ Nach der Reichsgründung (1871) vollzieht sich ein Weg zur Vereinheitlichung von Aussprache und Orthografie (vgl. Konrad Dudens „Orthographisches Wörterbuch“, 1880). Im Jahre 1901 schließen sich die Schweiz und Österreich dem Regelwerk der deutschen Rechtschreibung an.

Besondere Entwicklungen und Tendenzen im 20. Jh.

Sprachlenkung während der nationalsozialistischen Herrschaft (1933–1945)

Von einer nationalsozialistischen Sprache kann man nicht reden. Allerdings haben die Nationalsozialisten die Gemeinsprache im Sinne ihrer Ideologie verfälscht und für ihre Interessen missbraucht. Teilweise knüpfen die Nationalsozialisten auch an nationalistischen Sprachstil der Kaiserzeit an. Auch wird „positives" Wortgut aus älterer Zeit (z. B. aus der Zeit der Romantik) in den Vordergrund gerückt und mit nationalsozialistischen Vorstellungen verbunden. Die *Ideologie* der Nationalsozialisten gewinnt in dieser Zeit einen starken Einfluss auf den Sprachgebrauch. Wichtige Ideologieaspekte zeigen sich vor allem in der Sprache.

BEISPIELE

- Rassenideologie (Judentum als Antirasse; Antisemitismus): Rassefremder, Rassegesetze, Arier, Nichtarier, Halbarier, Aufnordung, Judenausrottung, Blutschande
- Ideologie von Kampf und Gewalt: Reichsberufswettkampf, Ordensburg, ausradieren, Blitzkrieg, einsatzbereit
- Führerideologie (Führerkult, Unterordnung, Dienstbereitschaft und Gläubigkeit gegenüber dem Führer): Gefolgschaft, Fahnenschwur
- Gemeinschaftsideologie („Du bist nichts, dein Volk ist alles"): gesundes Volksempfinden

Die *Sprache* erhält insbesondere die Funktion, Emotionen zu wecken. Mithilfe der von der Ideologie durchsetzten Sprache wird die Wahrnehmung der Wirklichkeit entstellt. Die Argumentation im totalitären Kontext ist auf Lüge und Verbergen der gesellschaftlichen Wirklichkeit aufgebaut; Sprachmuster der Dialektik, des Infragestellens, der Zweidimensionalität sind nicht gefragt.

Wichtige sprachlich-rhetorische Mittel im nationalsozialistischen Sprachgebrauch, z. B. in Reden oder in der Literatur, sind:

- Häufung des Ausdrucks als rhetorisches Verstärkungsmittel: eigenstes und totales Erlebnis; Deutschtum und Deutschheit
- Übertreibungen (Superlativismus): totaler Krieg, tausendjähriges Reich, Großdeutschland
- Falsches Pathos und Schwulst: „… Heute wird das Starke, das Tröstliche, das Gläubige, das stille feste Dennoch im Mittelpunkt stehen …"
- Euphemisierung von Begriffen: *Endlösung der Judenfrage* = der Massenmord an den Juden; *Sonderbehandlung* = die systematisch geplante Tötung von Menschen, die als rassisch minderwertig angesehen werden
- Wiederholung, Worthäufung, Übermaß an rhetorischen Stilmitteln: „… Und das ist Geist von unserem Geiste, das ist unsere Entschlossenheit, unsere Härte, das ist die Repräsentation des Lebens unserer Rasse."

Im Sinne der Ideologie erhalten im Nationalsozialismus bestimmte Wörter eine neue Bedeutung.

BEISPIELE

Blutvergiftung – Verfallserscheinung in Völkern und Rassen
rücksichtslos – erhält in der Sprache des Nationalsozialismus vielfach einen positiven Sinn und bedeutet dann so viel wie *zielstrebig, energisch*. Auf die Gegner bezogen behält das Wort nach wie vor seine negative Bedeutung.
Hass – „der heldische Hass der nordischen Rasse" steht in starkem Gegensatz zum „feigen Hass des Judentums".

ZITAT

Es wird gebeten, das Wort Propaganda nicht mehr missbräuchlich zu verwenden. Propaganda ist im Sinne des neuen Staates gewissermaßen ein gesetzlich geschützter Begriff und soll nicht für abfällige Dinge Verwendung finden … kurzum – Propaganda nur dann, wenn für uns, Hetze, wenn gegen uns.

(Anweisung des Reichspropagandaministeriums an die Presse vom 28. 7. 1937)

Zum politischen Sprachgebrauch in den beiden deutschen Staaten ab 1949

Ziel des politischen Sprachgebrauchs ist es, die Menschen zu beeinflussen. Dies gilt gleichermaßen für die DDR wie für die Bundesrepublik Deutschland.

Typisch für den politischen Sprachgebrauch in der DDR ist jedoch, dass es nur *eine* offizielle ***politische Sprache*** gibt. Durch die Massenmedien mit ihrer besonderen Funktion für politische Agitation und Propaganda sowie durch die Schulbücher und Wörterbücher hat diese Sprache in der DDR einen prägenden Einfluss ausgeübt. Im Gegensatz dazu gibt und gab es in der Bundesrepublik Deutschland mehrere politische Gruppensprachen, die miteinander konkurrieren. Zwar wird auch in der Bundesrepublik durch die Massenmedien öffentlicher Sprachgebrauch verbreitet; der charakteristische Unterschied liegt aber in der Monopolisierung der einseitigen parteilichen Begriffsdefinitionen (z. B.: Arbeiter-und-Bauern-Staat).

Typische Kennzeichnungen des politischen Sprachgebrauchs in der DDR:

- ideologiegebundene neue Bedeutung (Bedeutungserweiterung/Bedeutungsverschiebung)

BEISPIELE

parteilich = im Sinne der Interessen der Arbeiterklasse
kämpfen = für das sozialistische System kämpfen
aufklären = agitieren, jemanden politisch bekämpfen

- Darstellung der sozialistischen Beziehungen von Menschen mithilfe bestimmter Begriffe

BEISPIELE

schöpferisch, kollektiv, Solidarität, Initiative, Verpflichtung, mitgestalten; vgl. auch die DDR-Devise „Plane mit – arbeite mit – regiere mit!“

- agitatorisches Vokabular (Politische Rede ▸ S. 179–182)

BEISPIELE

Positive Wertung für die eigene Politik: Friedenskampf, fortschrittlich, friedliebend, produktiv

Negative Wertung für die Gegenseite/Schimpfvokabular: Bonner Ultras, Bonner Imperialisten, faschistisch, revanchistisch, kapitalistische Profitgier
Hohes Maß an massivem Eigenlob; vgl. auch Formelhaftigkeit der Sprache (vergleichbar auch westdeutschen Texten in Zeiten des Wahlkampfs)

- häufig auftretendes marxistisches Grundvokabular

BEISPIELE
Arbeiterklasse, Proletariat, Ausbeutung, Sozialismus, Kapitalismus

- Formelhaftigkeit der Sprache (Schlagwörter, stereotype, hochtönende Formulierungen, Gebrauch von wir und unser)

BEISPIELE
Unser sozialistischer deutscher Friedensstaat; tiefgreifende Veränderungen; zielstrebige Verwirklichung; weitreichender Beschluss; millionenfache Zustimmung

- bürokratisch-machtzentrierte Sprache der SED-Spitze, z. B. aus den Stasi-Unterlagen ersichtlich

ZITAT
Am 12. Januar 1989 wurden gegen 12 Uhr 1 männliche Person und 1 weibliche Person … auf frischer Tat bei der Verbreitung von Hetzflugblättern in Leipzig – Gohlis gestellt und zugeführt …

▶ S. 179 ff.: Zum öffentlichen Deutsch und zur Sprache der Politik vgl. auch politische Reden;
vgl. S. 154–161; 162–166: Zur Literatur in der Bundesrepublik Deutschland und in der Deutschen Demokratischen Republik

Deutsch von heute – allgemeine Tendenzen

Das Deutsch von heute ist kaum auf einen einheitlichen Nenner zu bringen. Sprachliche Norm, das zeigen die Beispiele zur Sprachgeschichte (▶ S. 41), ist ein relativer Begriff. So hängt die explosionsartige Entwicklung des Wortschatzes mit vielfältigen gesellschaftlichen Veränderungen und Trends sowie historischen Ereignissen zusammen. Die Sprachentwicklungen haben auch etwas zu tun

- mit Bestrebungen zur Vereinheitlichung und Vereinfachung auf internationaler Ebene (Globalisierung),
- mit Bestrebungen zur Individualisierung und Differenzierung (spezialisierte Fachsprachen ▶ S. 31 und Gruppensprachen ▶ S. 30).

BEISPIELE für sprachliche Veränderungen im Zusammenhang mit herausragenden historischen Ereignissen und gesellschaftlichen Trends:
Zeit der „Wende" (1989 und danach): Ossi, Vorzeige-Ossi, Wessi, Mauer in den Köpfen, Entstasifizierung, Solidaritätspakt
Krieg im ehemaligen Jugoslawien: ethnische Säuberung
Ökologie: Verkehrsinfarkt, Energiesparlampe, Mülltrennung
Gesellschaft: Cyber-Mobbing, Outing, Wutbürger
Politik: Politikverdrossenheit, Protestwähler, Populismus
Medien: Lügenpresse, postfaktisch, Fake News, Selfie

Allgemeine Sprachtrends

- größere Toleranz in der Umgangssprache: meinem Vater sein Auto
- vereinfachende Tendenzen in der Orthografie bei der jüngsten Rechtschreibreform, z. B. bei den Fremdwörtern wie *Biografie*, *Delfin* und bei der ss-Schreibung wie *Kuss*, *Flüsse*
- Erfindung neuer Ausdrücke durch die Werbung (▶ S. 69): erntefrisch, Verwöhn-Aroma, Geld-zurück-Garantie (als wörtliche Übersetzung von *money-back-guarantee*)
- starker Einfluss des Angloamerikanischen seit Ende des Zweiten Weltkrieges durch neue Produkte und Moden (Aerobic, Walkman); durch Filme mit Originaltitel (The Counselor, Battle of the Year, Fack ju Göthe); durch die Computerindustrie (Gateway, Chat, Browser, Ultrabook, vgl. ▶ S. 32)
- Einfluss der Massenmedien (Talkshow, Gameshow)

Lesen, literarische Gattungen, Sachtexte

2.1 Lesen als Schlüsselkompetenz

Lesen gilt heute als Basis- und Schlüsselkompetenz moderner Gesellschaften und ist insofern eine wichtige Voraussetzung für eine gute Fach- und Allgemeinbildung, ja für die „erfolgreiche Lebensführung eines jeden Einzelnen" (Pisa-Studie).
Lesen bedeutet Teilhabe an kultureller Praxis. Die Lesekompetenz, die in der Pisa-Studie ermittelt wurde, beschreibt nicht weniger als die intellektuelle Potenz eines Landes. Sie fällt ein Urteil über die Chancen, den Wettbewerb der entstehenden Wissensgesellschaften zu bestehen. Bei der Lesekompetenz geht es in erster Linie nicht um das flüssige Ablesen vom Blatt (als Lesetechnik), sondern vor allem um das Verstehen von Sinn und Bedeutung.
Es geht also um folgende Kompetenzen:

- geschriebenen Texten unterschiedlicher Art und unterschiedlicher Komplexität die entsprechenden Informationen entnehmen, um den Inhalt zu erfassen,
- Texte, ihre Strukturen und ihre inhaltlichen und sprachlichen Eigenarten beschreiben,
- Texte verstehen und ihren Sinn ausdeuten,
- produktiv-schreibend und handlungsorientiert mit Texten umgehen,
- unterschiedliche Texte vergleichen,
- Texte bedürfnisbezogen auswählen und mit der Lektüre eigene Empfindungen oder Gefühlserlebnisse einbringen,
- sich über jeweils aktuelle Wissensbestände immer wieder neu informieren,
- sich mit anderen über das Gelesene austauschen.

2.2 Lesestrategien

Unterschiedliche Verfahrensweisen des Lesens oder Lesestrategien ergeben sich aufgrund der jeweiligen persönlichen Situation, der Erwartungen, des Vorwissens, der Erfahrungen des Lesers. Folgende Lesestrategien lassen sich unterscheiden, unabhängig davon, ob es sich um einen literarisch-poetischen Text oder um einen Sachtext handelt:

◆ ***orientierend lesen*** (vor allem bei einem längeren Text), indem man zunächst Inhaltsverzeichnis, Überschriften, Buchklappentext liest,

◆ ***überfliegend lesen***, um sich einen ersten Überblick über einen Text zu verschaffen,

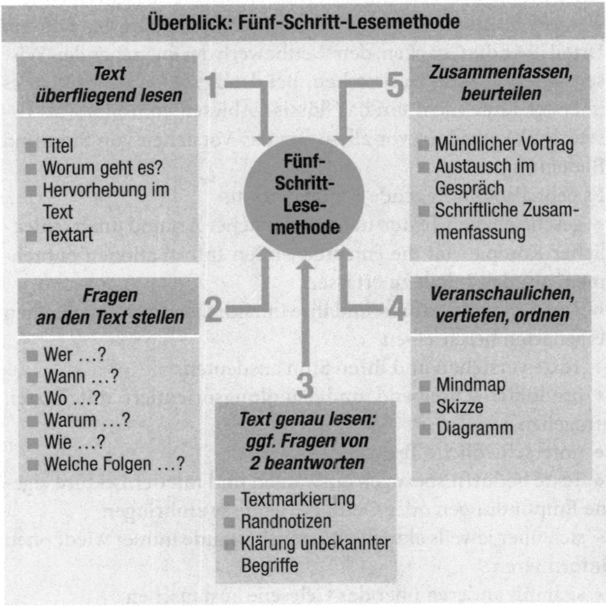

- ***selektiv lesen***, indem man mit bestimmten Absichten und unter bestimmten Zielsetzungen einzelne Abschnitte genauer liest,
- lesen, um den ***Inhalt*** des Textes zu ***sichern***, indem man W-Fragen an den Text stellt,
- ***strukturierend lesen***, indem man sich den Aufbau eines Textes klarmacht und nach Inhaltsabschnitten gliedert,
- ***markierend lesen***, indem man Signalwörter, Kernaussagen, stilistische Mittel kennzeichnet bzw. in Randnotizen festhält,
- ***kommentierend lesen***, indem man Reaktionen, Fragen, persönliche Wertungen festhält,
- ***sinngestaltend lesen***, indem man durch einen Vortrag den Text für andere sprecherisch gestaltet.

2

Beim Erschließen von Sachtexten (▶ S. 65 ff.) z. B. geht es vor allem darum, den Inhalt zu entschlüsseln, die jeweilige Textsorte (informierend, argumentierend, appellativ, normierend, Gefühle ausdrückend) zu erkennen und entsprechend die Absicht des Verfassers zu kennzeichnen. Bei argumentierenden Texten geht es darüber hinaus um ein Erschließen der Argumentationsstrategie (These(n), Argument(e), Prämisse(n), Fazit).
Zur Erschließung von Sachtexten hat sich als Lesestrategie die Fünf-Schritt-Lesemethode bewährt.

2.3 Literarische Gattungen: Epik, Dramatik, Lyrik

Die drei Grundformen der Literatur *Epik*, *Dramatik* und *Lyrik* werden auch als literarische Gattungen bezeichnet. Diese Gattungen weisen spezifische Merkmale auf und unterscheiden sich voneinander durch Stil, Wortart, Aufbau, Entstehungszusammenhang und Rezeption durch Leser. Literarisch-poetische Texte dienen nicht nur – wie Sachtexte – der praktischen Verwendung; sie haben, da sie nach künstlerischen Maßstäben gestaltet sind, einen eigenen ästhetischen Wert und verweisen auf spezifische Bedeutungszusammenhänge. Literarische Texte erfordern vom Leser besonders große Aufmerksamkeit, unter anderem auch die Fähigkeit, sich mit mehrdeutigen Aussagen auseinandersetzen zu können. Bei allen Fragen zu den Texten (Worum geht es? Welche Personen treten auf?) darf man nicht vergessen, dass es um konstruierte, fiktive Zusammenhänge geht. Zwar weisen die Texte Bezüge zur Realität auf, diese werden aber abstrahierend, typisierend oder symbolisch dargestellt.

Kennzeichen epischer Texte

(z. B. Erzählung, Novelle, Roman, Kurzgeschichte, Parabel)

Erzähler

Dieser ist eine fiktive Erzählerfigur, nicht zu verwechseln mit dem Autor; die Erzählerfigur ist vom Autor geschaffen und soll als Vermittler zwischen Autor und Stoff das Geschehen steuern; auch Standpunkte und Wertungen des Erzählers kennzeichnen seine fiktive Welt. Der Erzähler kann das Geschehen aus großer Distanz, unter eingeschränktem Blickwinkel, aus großer Nähe wahrnehmen.

Erzählformen/Erzählverhalten

- Ich-Erzähler – erzählt als Figur der Handlung, was er denkt und fühlt (auktorial oder personal).
- Er/Sie-Erzähler – handelnde und erzählende Figur sind nicht identisch (auktorial, personal oder neutral).
  - allwissender (auktorialer) Erzähler, der einen Standort außerhalb des Geschehens einnimmt und in den Erzählvorgang eingreift; Mittel: Erzählereinmischungen; Kommentare, Einblick in das Innere einer Figur, in Vergangenheit und Zukunft
  - personaler Erzähler: Das Geschehen wird aus der Sicht einer der Figuren der Handlung dargestellt; die innere Wahrneh-

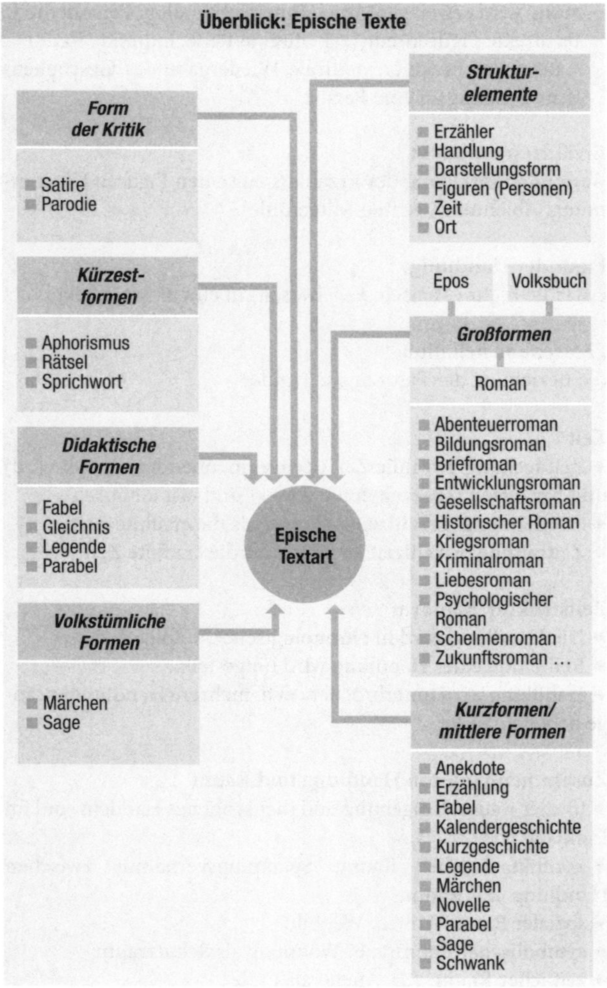
Überblick: Epische Texte
Form der Kritik
Satire
Parodie
Kürzestformen
Aphorismus
Rätsel
Sprichwort
Didaktische Formen
Fabel
Gleichnis
Legende
Parabel
Volkstümliche Formen
Märchen
Sage
Epische Textart
Strukturelemente
Erzähler
Handlung
Darstellungsform
Figuren (Personen)
Zeit
Ort
Epos
Volksbuch
Großformen
Roman
Abenteuerroman
Bildungsroman
Briefroman
Entwicklungsroman
Gesellschaftsroman
Historischer Roman
Kriegsroman
Kriminalroman
Liebesroman
Psychologischer Roman
Schelmenroman
Zukunftsroman …
Kurzformen/ mittlere Formen
Anekdote
Erzählung
Fabel
Kalendergeschichte
Kurzgeschichte
Legende
Märchen
Novelle
Parabel
Sage
Schwank

mung wird erweitert; Mittel: Innerer Monolog; Personenrede als direkte Figurenrede (z. B. direkte Rede, indirekte Rede)
- neutraler Erzähler: neutrale Wiedergabe des Geschehens ohne Bindung an eine Person

Erzählerstandpunkt
wertende Einstellung des Erzählers zu seinen Figuren (Zustimmung, Ablehnung, Kritik, Mitgefühle)

Figur der Handlung
erdachte Figur (Mensch, Fabelwesen) in einem Erzähltext

Figurenkonstellation
die Beziehung der Figuren zueinander

Zeit
- Zeitdeckung: Erzählte Zeit (Zeitraum, über den erzählt wird) und Erzählzeit (Lesezeit eines Textes) sind fast identisch
- Zeitdehnung: Erzählzeit ist länger als die erzählte Zeit
- Zeitraffung: Erzählzeit ist kürzer als die erzählte Zeit

Zeitstruktur/Bauform
- Die Handlung wird in chronologischer Abfolge erzählt
- Reihenfolge der Handlung wird umgestellt
- Handlung wird unterbrochen; evtl. mehrere Handlungsstränge nebeneinander

Zusammenhang von Handlung und Raum
- idealer Raum: Umgebung und menschliches Handeln sind im Einklang
- konfliktgeladener Raum: Spannungsverhältnis zwischen Handlung und Raum
- sozialer Raum: Milieu, Weltbild
- symbolischer Raum: z. B. Wohnung als Schutzraum
- zeitlicher Raum: z. B. Abend als Ende

Kennzeichen dramatischer Texte

Figuren

vom Autor geschaffene Personen; diese sind im Drama auf sprachliche und spielerische Ausgestaltung durch einen Schauspieler mithilfe von Kostümierung, Mimik, Gestik angelegt.

Figurenkonstellation

Beziehung zwischen den einzelnen Figuren (Hauptfigur, Nebenfiguren, Protagonist/Held, Antagonist/Gegenspieler, soziale Rolle, Interessen, Absichten, Erwartungen)

Dialog

bewirkt im Drama den Handlungsfortschritt; die Personen werden charakterisiert; Personen handeln sprachlich (sie fragen, bitten, befehlen, …) Ebenfalls wichtig sind auch:

- Gesprächssituation
- Beziehung zwischen den Redenden (komplementär, symmetrisch, aktives/passives Gesprächsverhalten, gelungene/misslungene Kommunikation ▸ S. 22)
- Beweggründe der Redenden
- Redestil und sprachliche Eigenart (Dialekt, Alltagssprache, gehobener Sprachstil ▸ S. 34)
- Einstellungen der Gesprächspartner (Menschenbild, Moralvorstellung, …)

Monolog

Selbstgespräch, in dem die Figur persönliche Einstellungen/Gefühle und Beziehungen zu anderen Figuren preisgibt.

Handlung

Die Dramenhandlung wird in größere Abschnitte (Akt/Aufzug) oder kleinere (Auftritt, Szene, Bild) gegliedert. Der klassische Aufbau eines Dramas im Sinne einer idealtypischen Verlaufsform geht zurück auf die antike Poetik des Aristoteles, die das Verhältnis von Dichtung und Wirklichkeit thematisierte.

Aristotelische Bauform des Dramas

Das moderne *offene* Drama folgt diesem Aufbau oft nicht mehr; es gliedert sich in einzelne Bilder. Oft hat es einen Prolog (Vorspiel) und einen Epilog (Nachspiel).
Es kann also (grob) zwischen folgenden Dramenformen unterschieden werden:

- aristotelische Bauform (z. B. bei G. E. Lessing; Johann Wolfgang Goethe, Friedrich Schiller): symmetrischer Handlungsgang ohne Sprünge, strenger pyramidaler Aufbau (▶ S. 123), zentraler Konflikt, dichte Verknüpfung der Handlung
- offenes Drama (z. B. bei Georg Büchner ▶ S. 129; Bertolt Brecht ▶ S. 145; Max Frisch ▶ S. 155): oft locker zusammengefügte Bilder/Szenen, verschiedene Handlungsstränge, Unterbrechung der Handlung durch Reflexionen und Kommentierungen, offener Schluss

Überblick: Dramatische Texte

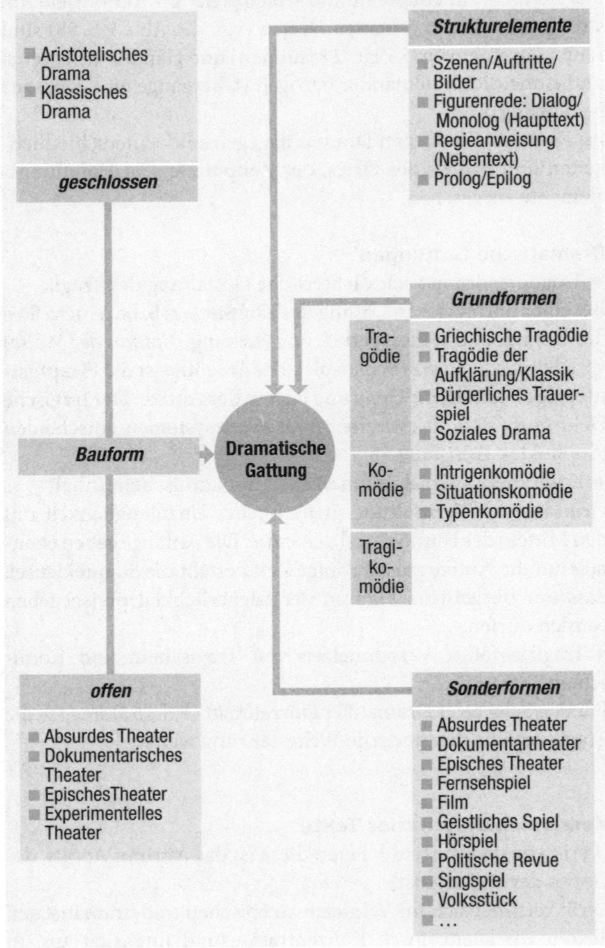

Raum/Zeit

Der Bühnenraum bildet für die Schauspieler ihr Aktionsfeld. Im streng aristotelisch gebauten Drama (vgl. die Abb. ▶ S. 58) sind Raum (an einem Ort), Zeit (24 Stunden) und Handlung begrenzt und einheitlich aufeinander bezogen (Übergänge gibt es bereits bei Lessing).

Im Konzept des offenen Dramas dagegen sind Unterschiedlichkeiten und *Brüche* des Ortes, der Zeitpunkte und Handlungselemente vorgesehen.

Dramatische Gattungen

◆ Tragödie: dramatisch-dichterische Gestaltung der Tragik

Bei einer untragischen Lösung des Konflikts, z. B. bei einem Sieg des Helden und seiner Verklärung (Lessing, *Nathan der Weise*) spricht man auch von Schauspiel. Die Tragödie ist die Hauptgattung des Dramas; ihr Ursprung liegt in der Antike: Der tragische Held muss sich oft zwischen zwei Wertesystemen entscheiden (Sophokles, *Antigone*).

◆ Komödie/Lustspiel: Bühnenstück mit komischem Inhalt

Grundthema: Verspottung menschlicher Unzulänglichkeit mit den Mitteln des Humors und der Satire. Die Anfänge gehen ebenfalls auf die Antike zurück; lange Zeit besteht die Ständeklausel, dass nur bürgerliche Figuren der Lächerlichkeit preisgegeben werden dürfen.

◆ Tragikomödie: Verschmelzen von Tragischem und Komischem

Für den Schweizer Dramatiker Dürrenmatt (▶ S. 155) spiegelt die Tragikomödie die moderne Welterfahrung wider.

Kennzeichen lyrischer Texte

(Lyrik von griech.: lyra = Leier; diese ist das Attribut Apolls, des Gottes der Dichtkunst)

Lyrik zeichnet sich im Vergleich zu epischen und dramatischen Texten vor allem durch Konzentration und Intensität aus. In

sprachlicher Hinsicht sind vor allem Symbol (Zeichen, das etwas nicht Wahrnehmbares veranschaulicht und eine tiefere Bedeutung besitzt) und sprachliche Bilder (Metapher, Vergleich, Personifikation) kennzeichnend. Daher bedarf ein Gedicht in ganz besonderer Weise der Deutung.
Traditionelle Gedichtformen wie das Sonett (▶ S. 106) unterscheiden sich sehr von modernen Gedichten, die oft auf Reim und strophische Form verzichten.

Typische Inhalts- und Formelemente

- Vielfalt von Themen und Motiven, z.B. Liebeslyrik/Naturlyrik/politische Lyrik; Stimmungslyrik/Erlebnislyrik
- Formprinzipien wie Rhythmus, Metrum, Reim, Strophik
- Symbolik und Bildlichkeit
- Kunstvoller Aufbau
- Nicht alltägliche Äußerungen, die sich einer leichten Verstehbarkeit entziehen
- Anordnung in Versen oder Verszeilen

Lyrischer Sprecher (lyrisches Ich)

Hiermit ist der vom Autor erfundene fiktive Sprecher, ein Rollen-Ich gemeint (vergleichbar dem fiktiven Erzähler in epischen Texten). Das lyrische Ich kann sich im *Ich* oder im *Wir* zu erkennen geben, es kann ein fiktives Du ansprechen, es kann aber auch im Verborgenen bleiben.
Das ***lyrische Ich*** darf mit dem realen Autor des Gedichts nicht verwechselt werden. Die dargestellten Erfahrungen sind zunächst als dichterische Fiktionen zu verstehen. Jedoch kann das lyrische Ich auch reale Erfahrungen und Zusammenhänge des autobiografischen Ichs verdeutlichen. Verlässlich angezeigt wird das lyrische Ich oft durch das Personalpronomen (ich, mir), durch Possessivpronomen (mein), ferner durch Interjektionen, Ausrufe, Wünsche, die die persönliche Anteilnahme des Ichs am Geschehen zeigen.

Vers

Alle Gedichte haben Verse oder Verszeilen. Besonderheiten:

- Zeilenstil: Satz- und Versende stimmen überein (Pause am Satzende).
- Enjambement (Zeilensprung): Der Satz überspringt das Zeilenende (keine Pause am Zeilenende).

Strophe

Metrische Einheit von gleich oder ungleich langen Versen; traditionell gebaute Gedichtformen mit Strophen sind z. B.

- das Sonett (▸ S. 106)
- das Lied

Klanggestalt (lautliche Ebene)

- Reim (z. B. Paarreim: aabb; Kreuzreim: abab; umschließender Reim: abba; Stabreim: **K**ind und **K**egel)
- Lautmalerei: Häufung von Vokalen oder Konsonanten zum Hervorrufen bestimmter Stimmungen; z. B. *plätschern*, *zischen*, *summen*
- Lautsymbolik: subjektiv empfundene Verbindung von Klangfarbe und Bedeutung: **i** als Ausdruck für Helligkeit/Freude; **u** als Ausdruck für Dunkelheit/Trauer

Sprachliche Bilder

Sie zeigen besonders die Mehrdeutigkeit poetischer Sprache; s. auch: stilistisch-rhetorische Wirkungsmittel (▸ S. 188).

- Vergleich: *ein Gesicht wie aus Erz gegossen; er brüllt wie ein Löwe*
- Metapher: bildhafte vergleichende Übertragung, z. B. *ein Gesicht aus Erz, goldene Herbstsonne, das Meer des Lebens*
- Personifikation: Begriffe, Dinge oder Tiere werden als menschliche Wesen dargestellt, z. B. *die Natur schläft; die Sonne lacht; blinder Zufall; es träumen Wald und Wiesen; der Morgen erwacht*

Rhythmus und Metrum

In jeder sprachlichen Äußerung gibt es eine Verteilung von betonten Silben (Hebung) und unbetonten Silben (Senkung). Die regelmäßige Abfolge von betonten und unbetonten Silben nennt man Metrum. Die Gliederung des Sprachflusses beim Vortrag (Rhythmus) ist in der geformten Sprache der Lyrik oft durch einen regelmäßig sich wiederholenden Takt (Metrum) festgelegt. Der Takt ist das feste Schema, nach dem im Vers betonte und unbetonte Silben aufeinanderfolgen. Man spricht dabei von Versfuß. Eine metrisch gebundene Verszeile umfasst mehrere Takte und wird damit als zwei-, drei- oder vierhebig bezeichnet. Jambus und Trochäus sind zweisilbige, Daktylus und Anapäst dreisilbige Versfüße.

Jambus – steigend, drängend, fortschreitende Bewegung

x x̄ x x̄ x x̄ x x̄ x
Zum Kampf der Wagen und Gesänge, /
Der auf Korinthus Landesenge /
Der Griechen Stämme froh vereint, /
Zog Ibykus, der Götterfreund. (F. Schiller)

Trochäus – laufend-fallende Bewegung

x̄ x x̄ x x̄ x x̄ x
In den Wald bin ich geflüchtet, / Ein zu Tod gehetztes Wild, /
Da die letzte Glut der Sonne / Längs der glatten Stämme quillt
....
(C. F. Meyer)

Daktylus – lebhaft-tänzerische Bewegung

x̄ x x x̄ x x x̄ x
Ach, wer da mitreisen könnte / In der prächtigen Sommernacht
(J. von Eichendorff)

Anapäst – feierlich-gewichtige Bewegung

x x x̄ x x x̄ x x x̄ x x x̄
Da ergreifts ihm die Seele mit Himmelsgewalt
Und es blitzt aus den Augen ihm kühn
(F. Schiller)

Je nach Anzahl und Art der Versfüße ergeben sich bestimmte Versformen, manche davon haben besondere Namensbezeichnungen:

Knittelvers	4-hebiger Jambus mit Endreim (Versmaß wird nicht immer streng eingehalten)
Blankvers	5-hebiger Jambus ohne Endreim (seit Lessing klassischer deutscher Bühnenvers)
Alexandriner	6-hebiger Jambus mit Zäsur in der Mitte (häufig im Barock verwendet)
Hexameter	6-hebiger Daktylus mit Zäsur (vgl. Distichon; antiker Vers, seit der Klassik wieder verwendet)
Pentameter	5-hebiger Daktylus mit Zäsur (vgl. Distichon, antiker Vers, seit der Klassik wieder verwendet)
Distichon	Verspaar, das aus Hexameter und Pentameter besteht (in der Klassik vor allem von Goethe und Schiller verwendet)

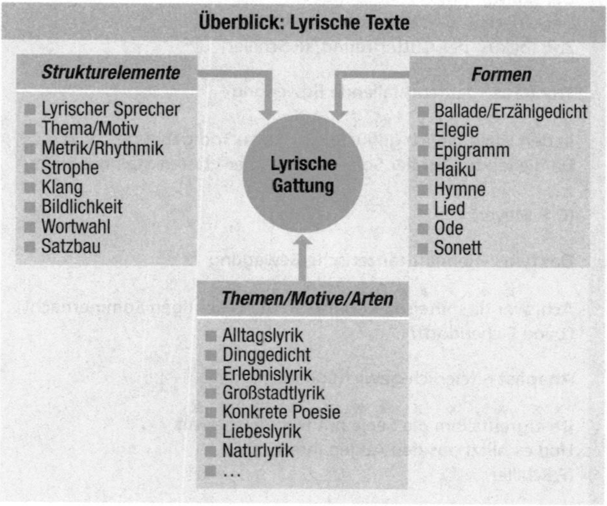

2.4 Sachtexte

Für *Sachtexte* sind auch folgende Bezeichnungen üblich:
- Gebrauchstexte
- expositorische Texte
- nichtfiktionale Texte
- nichtpoetische Texte

Im Vergleich zu poetischen Texten stehen bei Sachtexten vor allem der Gebrauchs- und Informationswert, der pragmatische Kommunikationszusammenhang (die Frage nach der Absicht des Verfassers und der Wirkung beim Adressaten) im Vordergrund.
Man wird also bei Sachtexten u. a. zunächst die folgenden Fragen stellen: *Wer* sagt *wem was warum mit welcher Absicht*? Ähnlich wie bei poetischen Texten werden danach Gesichtspunkte wie Thema/Inhalt, Aufbau, Textsorte, sprachlich-rhetorische Wirkungsmittel einbezogen.

In Sachtexten geht es vor allem um folgende Schwerpunkte und Absichten:
- Darstellung von Wirklichkeit (Bericht, Beschreibung, Protokoll, Inhaltswiedergabe),
- Wiedergabe persönlicher Eindrücke, Gefühle und Überzeugungen (Brief, Tagebuch, Essay),
- Kommentierung, Erklärung, Begründung von Sachverhalten (Kommentar, Erörterung, Leserbrief, Glosse, Essay),
- Beeinflussung, Werbung (Werbetext, Werbespot, politische Rede, Aufruf),
- Normierung (Gebrauchsanleitung, Gesetzestext, Schulordnung).

Eine besondere Form eines Sachtextes stellt die Rede (▶ S. 178) als ursprünglich mündliche Form dar.
Sie ist im Vergleich zu dialogischen Formen (Gespräch, Diskus-

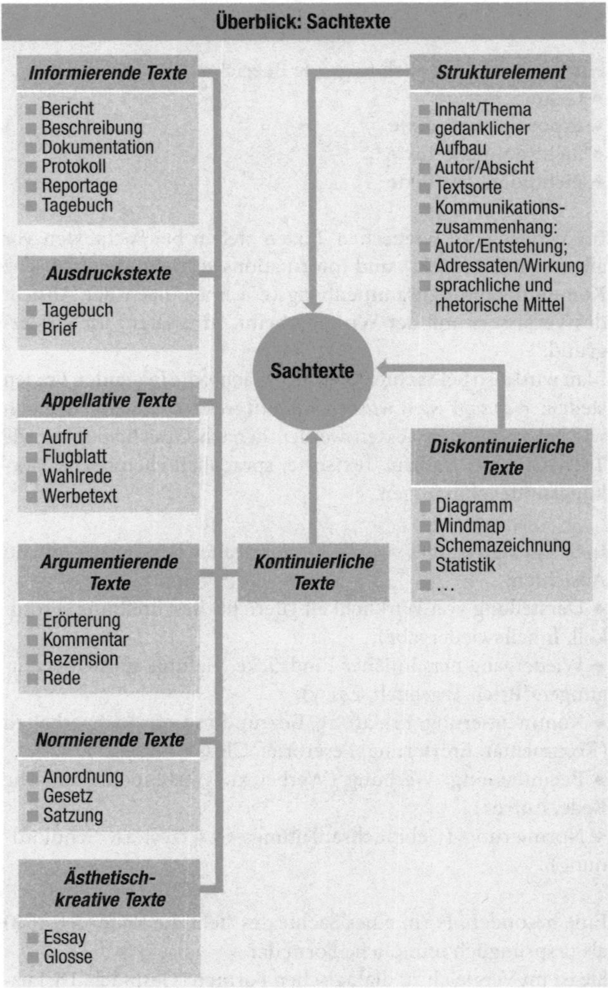
Überblick: Sachtexte
Informierende Texte
Bericht
Beschreibung
Dokumentation
Protokoll
Reportage
Tagebuch
Ausdruckstexte
Tagebuch
Brief
Appellative Texte
Aufruf
Flugblatt
Wahlrede
Werbetext
Argumentierende Texte
Erörterung
Kommentar
Rezension
Rede
Normierende Texte
Anordnung
Gesetz
Satzung
Ästhetisch-kreative Texte
Essay
Glosse
Kontinuierliche Texte
Sachtexte
Strukturelement
Inhalt/Thema
gedanklicher Aufbau
Autor/Absicht
Textsorte
Kommunikations-zusammenhang:
Autor/Entstehung;
Adressaten/Wirkung
sprachliche und rhetorische Mittel
Diskontinuierliche Texte
Diagramm
Mindmap
Schemazeichnung
Statistik
…

sion) eine monologische Form. Im Sinne des Kommunikationsmodells von Bühler (▶ S. 19) kann man mit einer Rede unterschiedliche Absichten verfolgen:

- informieren,
- persönliche Gefühle zum Ausdruck bringen,
- appellieren,
- argumentieren.

Kennzeichen von Sachtexten

Thema, Inhalt und Aufbau

- Welcher Sachverhalt, welches Thema, welches Problem wird behandelt?
- Kommt das Thema in der Überschrift deutlich genug zum Ausdruck?
- An welcher Stelle wird es sonst deutlich?
- Wie ist der Text gegliedert (Gedankenfolge, Argumentationsaufbau)?
- Mit welchen Überschriften lässt sich die Struktur kennzeichnen?
- In welcher Weise lässt sich der Aufbau in einem Diagramm/einer Skizze verdeutlichen?

Textsorte

- Welche Textsorte repräsentiert der Text; welche sprachlichen und inhaltlichen Einzelheiten deuten darauf hin (▶ S. 66)?
- Gibt er Tatsachen wieder?
- Gibt er den Ausdruck von Gefühlen wieder?
- Will er für etwas werben?
- Handelt es sich um einen argumentativen Text, der Hypothesen aufstellt?
- Geht es um einen erklärenden oder belehrenden Text für eine bestimmte Adressatengruppe?
- Geht es um einen Text, in dem für eine bestimmte Gruppe von Menschen Nomen formuliert sind?

Sprachlich-stilistische Form

- Welche Sprache, Sprach- und Stilebene verwendet der Verfasser: Standardsprache? – Umgangssprache? – Gruppensprache? – Dialekt? – Fachsprache?
- Ist in der Wortwahl und im Satzbau etwas besonders auffällig, z. B. Häufigkeit von Aussage-, Frage- und Ausrufesätzen, hypotaktische (Satzgefüge) und parataktische Konstruktionen (Satzreihe)?
- Welche rhetorischen Mittel (▸ S. 188) verwendet der Text, wie werden sie eingesetzt?
- Wie lässt sich der Stil des Textes als Ganzes kennzeichnen (Verständlichkeit, Sprachebene, Auffälligkeiten im Wortschatz wie Modewörter, Fremdwörter, Schlagwörter, bestimmte Wortarten in ungewöhnlicher Häufung)?

Kommunikationszusammenhang: Produktion und Rezeption

- Wer hat den Text verfasst?
- Wo ist er (im Original) zu finden?
- In welcher Zeit/unter welchen Bedingungen ist der Text entstanden?
- Welchen Zweck verfolgt der Verfasser?
- Wird diese Absicht ausdrücklich formuliert oder steht sie zwischen den Zeilen?
- An welches Publikum wendet sich der Verfasser aufgrund von Inhalt und Sprachstil?
- Spricht er einzelne Leser oder ein Massenpublikum an?
- Wendet sich der Verfasser eher an den Verstand, an das Gefühl, an das moralische Gewissen?
- Wozu soll der Leser beeinflusst werden (vgl. auch Fragen zur Textsorte)?

Fragen zu übergeordneten textexternen Gesichtspunkten

- Welchen Stellenwert hat der Text im Werk- und Publikationszusammenhang des Autors?

- Lässt er sich einer bestimmten Zeit/Epoche/Stilrichtung/Weltanschauung zuordnen?
- Kennen Sie andere ähnliche Standpunkte?

Beurteilung

- Ist der Text für die Adressaten geeignet?
- Was gefällt mir am Text, was gefällt mir nicht am Text (z. B. verwaschenes Ergebnis, unklare Begrifflichkeit, sprachlich-stilistische Mängel bzw. Vorzüge)?
- Was interessiert mich persönlich am Text? Welche Denkanstöße, Anregungen, Erkenntnisse vermittelt er mir?
- Ziehe ich Folgerungen aus dem Text?
- Kann mir der Text nützen?
- Wie stehe ich zu der Aussage und zu den Intentionen des Verfassers?

Appellierende Sachtexte

Eine typische Form appellierender Sachtexte stellen Werbetexte dar.

Kennzeichnung

Die Werbung lässt sich als kommunikativer Prozess kennzeichnen (vgl. das Modell von Karl Bühler ▶ S. 19): In der Werbung für Konsumgüter wird die Sprache kaum als „reines" Informationsmittel, sondern auch zur Steuerung unseres Verhaltens eingesetzt (um zum gewünschten wirtschaftlichen Verhalten in der Konsumgesellschaft zu überreden). Damit ist die Sprache in der Werbung als intentional und handlungsanweisend (zielgruppenbezogener Sprachstil) zu kennzeichnen:

- Die Sprache wendet sich nicht an den kritischen Verstand, sondern an die Gefühle und die unterschwelligen Erwartungen und Bedürfnisse im Triebbereich.
- Die in der Werbung eingesetzten sprachlichen Mittel sind abhängig von der Eigenart der Textsorte (Werbebrief, Prospekt, Zeitschriftenanzeige).

- Oft steht in der Werbung das Bild (mit manchmal sexuell getönter Werbeaussage) oder die Musik im Vordergrund; es gibt Werbung, die völlig ohne gesprochene Sprache auskommt.
- Die Werbung orientiert sich oft an aktuellen Prestigewerten bzw. appelliert an bestimmte Leitbilder wie z. B.: Kennerschaft („Kenner kaufen …“); Jugend („Jung sein ist Trumpf …“); Ökologie („ … der Umwelt zuliebe!“). Damit werden „Gegenstände“, die verkauft werden sollen, verherrlicht bzw. „poetisiert“. Anzunehmen ist, dass dabei auch gesellschaftliche Klischees verbreitet und verstärkt werden.
- Slogans können so einprägsam sein, dass sie in den alltäglichen Sprachgebrauch übergehen.

Aufbau von Werbebotschaften – die AIDA-Formel

A Attention: Weckung von Aufmerksamkeit
I Interest: Aufbau von Interessen für das Produkt
D Desire: Wunsch, dieses Produkt zu besitzen
A Action: Kauf

Da die übliche Werbung in der Regel nur mit einer flüchtigen Aufmerksamkeit rechnen kann, müssen die Texte kurz und einfach sein. Oft steht der Zwang zum immer wieder Neuartigen und Auffälligen im Vordergrund; hervorzuheben ist ihr artifizieller Charakter. Da es sich bei der Werbung um intentionalen Sprachgebrauch handelt (vgl. oben ▸ S. 69), müssen alle sprachlichen Wirkungs- und Stilmittel ausgenutzt werden (vgl. auch die Mittel der Rhetorik ▸ S. 188 ff.). Aufgrund ihrer massenhaften Verbreitung hat die Werbesprache einen starken Einfluss auf die Umgangssprache, einen höheren als z. B. die Poesie.

Sprachlich-rhetorische Wirkungsmittel

Exemplarisch im Folgenden einige sprachlich-rhetorische Wirkungsmittel, die das Produkt semantisch aufwerten, in ein positives Licht rücken, die Werbebotschaft rhetorisch verstärken und in den Interessenhorizont des potentiellen Käufers rücken:

Typische Aufteilung von Werbeanzeigen (Einführungswerbung)	
Aufbau	***Funktion***
1. Schlagzeile („*headline*“) – den Inhalt der Anzeige kennzeichnende Überschrift, die die Aufmerksamkeit des Lesers wecken soll (z. B. eine Frage oder kurze Aufforderung)	anlocken, einschmeicheln
2. Haupttext („*body copy*“) – Dieser Teil soll die in der Schlagzeile aufgeworfene Frage „erläutern“ bzw. nähere Informationen zum Produkt geben	bekannt machen
3. Formelhafte kurze Textzeile, die das Produkt/den Produktnamen einprägen soll in Form eines Urteils/Appells („*signature line*“). Dabei sind der Klang oder bestimmte positiv konnotierte Eigenschaften oder ethische Werte besonders wichtig (Exklusivität, Gesundheit). Dieser Teil besteht oft auch nur aus dem Slogan (Leitspruch) oder enthält ihn.	appellieren, antreiben, zusammenfassen

- Mittel der Steigerung und Übertreibung: Anpreisung im Superlativ („von höchster Reinheit“); absoluter Komparativ („fahr lieber …“); Substantivsteigerung (Spitzenkraft, Superhit); steigernde Beiwörter; Hochwertwörter (extra, super, klasse); positiv konnotierte neuartige Substantiv- und Adjektivkomposita (serienmäßig mit verstellbarem Adrenalinspiegel)
- Fremdwortbildungen („das fashionable Jerseykleid“)
- höflicher Imperativ („Gönnen Sie sich …!“)
- Satz ohne Prädikat/Satzellipse; Einwortsätze, Unterdrückung der Konjunktion („elegant, korrekt, bequem: …“)
- Wiederholung, Parallelismus, Anaphorik („Man kann sich an Maßstäben orientieren. Oder Maßstäbe setzen.“)
- Alliteration (Food & Fun)
- Anklang an bekannte Redensarten, Sprichwörter, Lieder („Der Klügere trinkt Tee!“; „Ich bin doch nicht blöd.“)

- Mittel des Sprachspiels („Da werden Ihre Füße aber Augen machen!")
- emphatische Umstellung („Die Gesundheitskasse bin ich" statt „Ich bin …")
- Personifizierung („Autos lieben …")
- Rhythmisierung („Viel Vergnügen in der Sonne. Wann immer Sie nach Ägypten reisen.")
- Dreiergruppen (quantitativ abnehmende und zunehmende Glieder; z. B. abnehmend: „Vielseitig, sicher, schnell: …")
- Doppelpunkttechnik (Zeigevorgang verdeutlichen)
- Technik des „under-sell" (kokettes Eingestehen scheinbarer Schwächen: „Niemand ist perfekt …")

Da Werbetexte ähnlichen Zwecken dienen wie politische Reden, gibt es auch Übereinstimmungen in der Verwendung der Mittel (▸ S. 188 ff.).

Platzierung von Werbebotschaften
Wichtig ist auch die Situation, in der Werbung platziert wird. So treten z. B. in Filmen und TV-Serien Autos, Konsumgüter und Markennamen beiläufig in Erscheinung. In Unterhaltungsshows, aber auch in Filmen werden Produkte ganz bewusst platziert (Productplacement). Dies dient nur einem Zweck: das Produkt in Szene zu setzen und zum Kauf zu animieren. Im Deutschen ist dafür der Begriff *Schleichwerbung* üblich.

2.5 Analyse/Interpretation von Texten

Die Begriffe Analyse und Interpretation werden oft synonym gebraucht; es gibt jedoch geringfügige Bedeutungsunterschiede. Während es beim Analysieren – bei gezielten Fragestellungen – eher um die Herausarbeitung von spezifischen Elementen, Strukturmerkmalen und anderen Zusammenhängen geht, meint Interpretieren eher eine Gesamtdeutung von textimmanenten und

textexternen Gesichtspunkten im Sinne eines kritisch-hermeneutischen Verstehensprozesses.
Bei literarischen Texten geht es beim Analysieren/Interpretieren vor allem um
- Texterfassung,
- Textbeschreibung,
- Textdeutung als Wechselbezug von Textstruktur, sprachlich-stilistischen und rhetorischen Elementen sowie ihrer Funktion und Wirkung,
- Beurteilung/Wertung.

Bei der Analyse von Sachtexten geht es vor allem um
- Texterfassung,
- Textbeschreibung,
- Textuntersuchung (Wechselbezug und Zusammenhang von Textstruktur und Beurteilung der Intention und Wirkung im Rahmen historischer bzw. aktueller Zusammenhänge).

Insgesamt werden beim Analysieren/Interpretieren folgende allgemeine Leistungen erwartet:
- bekanntes Wissen reproduzieren, z. B. Fachbegriffe, Textart, historischer Zusammenhang,
- sprachliche und rhetorische Mittel erkennen, erlernte Techniken anwenden,
- Zusammenwirken und Wechselbeziehung einzelner Textelemente darstellen,
- ein selbstständiges Urteil formulieren und begründen,
- den Bezug auf den Text durch Zitate belegen und das Verstehen des Textes durch eine angemessene schriftliche Darstellung dokumentieren.

Analyse/Interpretation literarischer Texte

Wenn es bei der Analyse/Interpretation um die Deutung des gesamten Textes geht, könnte eine entsprechende Aufgabe lauten: Interpretieren Sie den Text von Wolfgang Borcherts Kurzgeschichte *Die drei dunklen Könige*. In der Regel wird aber die Bearbeitung eines bestimmten Gesichtspunktes gefordert. Dann ist es wichtig, nicht den gesamten Text zu deuten, sondern exakt auf die Aufgabenstellung einzugehen.

BEISPIEL Interpretieren Sie Wolfgang Borcherts Kurzgeschichte *Die drei dunklen Könige*. Verdeutlichen Sie dabei vor allem inhaltliche und sprachliche Kennzeichnungen der drei „Dunklen" in ihrer Beziehung zu der jungen Familie.

Interpretiert wird im Wechsel von beschreibenden und deutenden Teilen. Der Interpretierende hält sich möglichst eng an das im Text gegebene Beweisbare, darf sich aber, wenn es um die Deutungsebene geht, damit nicht begnügen. Wichtig ist, dass der Interpret dem Leser darüber Rechenschaft gibt, wie er zu seinen Einsichten und Deutungen gekommen ist.

Deutungshypothesen in der Einleitung müssen später durch eine genauere Untersuchung des Textes entweder als richtig herausgestellt, korrigiert und/oder entsprechend ergänzt werden.

Bei der Erschließung/Deutung eines poetischen (fiktionalen) Textes muss auf jeden Fall Schematismus vermieden werden. Literarische Texte bieten dem Interpretierenden selbst die Chance, über Möglichkeiten und Grenzen der eigenen Existenz und am Beispiel der fiktiv angelegten Figuren über eigene Verhaltens- und Denkweisen zu reflektieren (ästhetische Wahrnehmungsfähigkeit). Die Deutung muss sich am konkreten literarischen Text orientieren; es kann daher kein formalisierbares Verfahren geben. Daraus ergibt sich auch eine gewisse Offenheit für das Vorgehen. Die folgenden vorgeschlagenen Arbeitsschritte sollen verdeutlichen, dass nur allgemeine Hilfen gegeben werden können.

TIPPS für mögliche Arbeitsschritte

Für alle literarischen Texte (unabhängig davon, ob es sich um einen epischen, dramatischen oder lyrischen Text handelt) kann für den Arbeitsprozess der folgende Raster von Arbeitsschritten genutzt werden. Dieser muss allerdings für jede Textart, für jeden individuellen Text und für jede spezifische Aufgabenstellung angepasst bzw. entsprechend gefüllt werden. In besonderer Weise gilt dies für den Schritt 2, indem auf die besondere Eigenart des Textes einzugehen ist (Was steht im Text?). So müssen zum Beispiel bei der Analyse/Interpretation eines literarisch-poetischen Textes der Textgattung Epik, Dramatik oder Lyrik die Merkmale der jeweiligen Textart berücksichtigt werden (vgl. dazu die Hinweise zu den einzelnen literarischen Gattungen ▶ S. 53 ff.). In gleicher Weise gilt dies auch für die Eigenart von Filmen (▶ S. 78).

1. Schritt:
Was hat mir der Text zu sagen?
Aufgabenstellung klären: Wollen/ Sollen Sie den gesamten Text analysieren/ interpretieren oder nur bestimmte Aspekte bearbeiten?
Text zunächst überfliegend lesen; erste Eindrücke festhalten; nach nochmaligem vertieften Lesen ersten Verstehensansatz (Deutungshypothese) festhalten.

2. Schritt :
Was steht im Text?
Text durch ggf. wiederholtes und markierendes Lesen erschließen. Wichtig sind folgende Tätigkeiten:

- unterstreichen bzw. markieren im Text, Auffälligkeiten am Rand markieren
- Randzeichen, z. B.:

! = wichtig
? = fraglich/unklar
+ = besonders guter, einprägsamer Gedanke
1., 2. … = Nummerierung (z. B. von Abschnitten)

- Markierungen im Text z. B.:

Unterstreichen: wichtige Begriffe, wichtige Textstelle
Unterschlängeln: strittige, gegensätzliche Position
Einkreisen: Textstelle, die die Position/Weltanschauung des Verfassers besonders verdeutlicht

Verbindungslinie: Zusammenhänge werden betont, z. B. Anfangs- und Schlussteil als Rahmen

- weitere Kommentare am Rand, z. B.:

Ein. = Einleitung; Haupt. = Hauptteil; Schl. = Schluss;
Kern. = Kernstelle; T = These; Arg. = Argument; Bsp. = Beispiel;
Faz. = Fazit; s. o. = siehe oben; vgl. Z. 5 = vergleiche Zeile 5

- den Text genau beschreiben

Worum geht es (Thema)? – Was passiert (knappe Inhaltsangabe)? Welche sprachlichen Auffälligkeiten gibt es, welche Funktion und Wirkung haben diese? Je nach literarischer Textart sind die spezifischen Besonderheiten zu beschreiben:

epischer Text: z. B. Erzähler, Erzählformen, Figuren, Zeit, … (▶ S. 54 ff.)

dramatischer Text: z. B. Figuren, Figurenkonstellation, Dialog, Monolog, … (▶ S. 57 ff.)

lyrischer Text: z. B. lyrischer Sprecher, Vers, Strophe, Klanggestalt, sprachliche Bilder, … (▶ S. 60 ff.)

3. Schritt:
Welchen Sinn hat der Text? Welche Aussage macht er?

Deutungshypothese (s. Schritt 1) überprüfen; aktuelle lebenspraktische Bedeutung des Textes erschließen; Deutung durch Kontextuierung (Biografie des Verfassers/Literaturgeschichte) absichern.

4. Schritt:
Wie stelle ich meine Arbeitsergebnisse dar? – Schreibplan und Gliederung

Das folgende Schema dient zur Orientierung. Ein für alle literarischen Textarten allgemeingültiges Schema kann es nicht geben. Je nach literarischer Textart und je nach spezieller Eigenart des einzelnen Textes ist im Hauptteil zu differenzieren.

Einleitung

Text situieren in Bezug auf Entstehungszusammenhang, Leben des Autors, zeithistorischen Hintergrund; danach ersten individuellen Eindruck des Textes formulieren; vorläufigen Deutungsansatz (Deutungshypothese) nennen.

Hauptteil

a) Text beschreiben, z. B. Thema, Inhalt, Aufbau, Personen, literarische Textart, sprachlich-rhetorische Auffälligkeiten

b) Aussage/Sinn/Bedeutung des Textes klären/Text deuten, z. B. inhaltliche und sprachliche Einzelheiten aufeinander beziehen, gfs. mehrere Deutungsmöglichkeiten nennen, die Kernaussage benennen, Deutung durch textexterne Einzelheiten (Verfasser, Entstehungszeit, literarische Epoche) absichern.

In einem Rückbezug auf die Einleitung wird auf die Deutungshypothese Bezug genommen und diese in begründeter Weise bestätigt, korrigiert, verändert oder verworfen.

Schlussteil

Fazit ziehen und das Ergebnis der Analyse/Interpretation auf den Punkt bringen; gfs. ein begründetes Werturteil zum Text abgeben.

5. Schritt:
Wie formuliere ich und wie überarbeite ich meine Analyse/ Interpretation?

Wenn genügend Zeit zur Verfügung steht: Ergebnisse stichwortartig auf Konzeptpapier schreiben und anschließend ausformulieren; wenn wenig Zeit gegeben ist (in der Regel bei Klausuren) am besten sofort mit der Reinschrift beginnen, dabei Schreibplan/Gliederung nutzen sowie Markierungen und stichwortartige Notizen; Textnähe mithilfe von Zitaten belegen; sprachliche Konnektoren einbauen, z. B. zur Ergänzung/Reihung (außerdem, darüber hinaus, …), Erläuterung (und zwar, das heißt, nämlich), Hervorhebung (im Besonderen, ganz besonders); Lesehilfen einbauen (Ich fasse zusammen…, Ich komme jetzt zum nächsten Punkt …, Als Nächstes möchte ich ….); auf unterschiedliche Deutungsmöglichkeiten hinweisen (Dies könnte man auch so sehen …, nicht auszuschließen ist auch, dass …; eine weitere Deutungsebene …).

Zur Analyse von Filmen/Filmausschnitten

Da auch ein Spielfilm ein fiktives Geschehen darstellt, kann er unter ähnlichen Kriterien bearbeitet werden wie ein literarischer Text (▸ S. 74 ff.), wobei besonders zu beachten ist, dass der Film ein spezifischer, besonders komplexer „Text“ ist, in dem unterschiedliche Teile zusammenwirken, zum Beispiel: Handlung, Sprache/Ton, Bewegung, Musik, Farbe.

Besonders im Schritt 2 der Arbeitsschritte zur Analyse/Interpretation (Was zeigt der Film/Filmausschnitt? ▸ S. 75) kommt es darauf an, spezifische Fragestellungen des Mediums Film mit einzubeziehen, z. B.:

- Darstellung von Personen und Gegenständen,
- Kameraeinstellungen/Schärfenbereiche der Kamera,
- Kameraperspektive, ihre Funktionen und Wirkungen,
- Darstellung von Handlungsraum sowie Zeit/Zeitablauf,
- Gestaltung des Tons (musikalisches Leitmotiv, Erzähler im „Off“),
- Einsatz von Lichteffekten,
- technische Effekte.

Die schriftliche Darstellung: linear oder aspektorientiert?

Man unterscheidet zwei Möglichkeiten, die Analyse/Interpretation eines literarischen Textes (oder eines Spielfilms/Spielfilmausschnittes) im Hauptteil zu gliedern.

Lineares Verfahren

Man interpretiert Schritt für Schritt an den Abschnitten des Textes entlang; dazu muss man eine sinnvolle Gliederung des Textes (Sinneinheiten) finden oder aus dem Text übernehmen.

Beschreibung und Deutung des jeweiligen Abschnittes müssen deutlich getrennt, es muss von der Sprachebene zur Bedeutungsebene abstrahiert werden, sonst wird die Interpretation zur reinen Inhaltswiedergabe (Paraphrase).

Die Gesamtdeutung folgt dem Lesegang; dieser ist die Leitlinie der Interpretation. Der Verfasser darf nicht an Einzelheiten hängenbleiben und die Gesamtdeutung nicht aus dem Auge verlieren; bei jedem Schritt wird auch die Deutung sprachlicher Besonderheiten einbezogen.

Aspektorientiertes Verfahren
Man geht von übergeordneten Deutungsgesichtspunkten bzw. Deutungshypothesen aus; diese müssen zunächst aus dem vorläufigen Verständnis des Gesamtzusammenhangs heraus gesetzt werden. Diese Deutungsgesichtspunkte sind Wegweiser oder Leitaspekte für die Niederschrift. Jeweils einen der unterschiedlichen Aspekte verfolgt man dann nacheinander durch den gesamten Text (Längsschnitt), betrachtet also zu einem Aspekt mehrere Textstellen und bezieht auch die sprachliche Gestaltung mit ein.

Vergleichende Analyse/Interpretation zweier Texte
In aller Regel werden die beiden zu vergleichenden Texte thematisch miteinander verwandt sein. Häufig enthält die Arbeitsaufgabe einen einschränkenden bzw. akzentuierenden Aspekt.
BEISPIEL Vergleich der beiden Goethe-Gedichte *Prometheus* und *Grenzen der Menschheit*: Fertigen Sie eine vergleichende Gedichtinterpretation an; arbeiten Sie inhaltlich und sprachlich vor allem die Unterschiede des Menschen- und Gottesbildes heraus und berücksichtigen Sie dabei die literarische Strömung bzw. Epoche *Sturm und Drang* bzw. *Weimarer Klassik*.
Der Vergleich der beiden Texte setzt die Interpretation beider Texte voraus, wenngleich diese nicht so intensiv sein kann wie bei einer Einzelanalyse. Es ist also davon auszugehen, dass die beiden zu vergleichenden Texte
- etwas gemeinsam haben (z. B. Thema, Textart, Autor, Epoche),
- sich in einzelnen Aspekten deutlich unterscheiden.

Für einen ***Textvergleich*** werden die folgenden beiden Möglichkeiten vorgeschlagen:

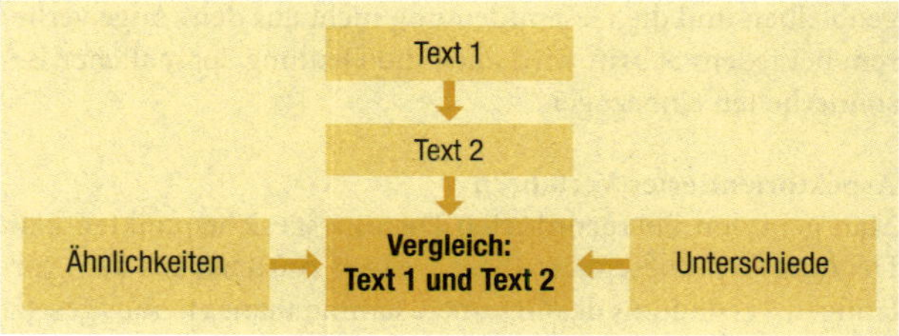

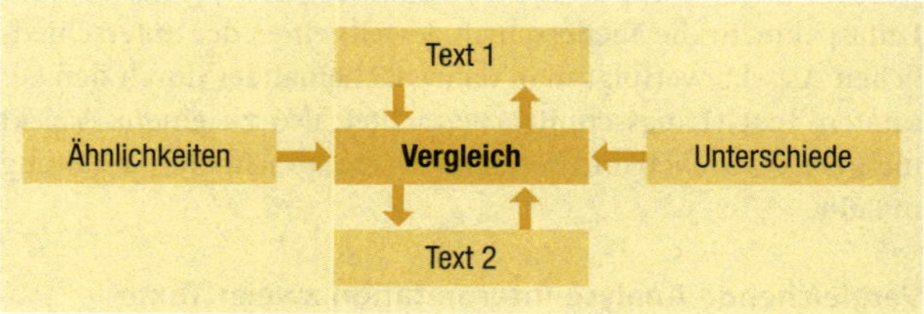

- Man deutet die beiden Texte in straffer Form nacheinander und beschränkt sich dabei jeweils auf die zentralen Aspekte der Aufgabenstellungen. Danach schließt man einen dritten Teil an, in dem die beiden Texte systematisch miteinander verglichen werden. Dabei werden die Ergebnisse der beiden Einzelinterpretationen gebündelt und unter übergeordneten Gesichtspunkten miteinander verglichen (in Bezug auf das oben genannte Beispiel etwa: Menschenbild, Vorstellung von Gott; Sprache/Stil und Funktion; Epochenzusammenhang).
Vorteile: Eigenart der jeweiligen Einzeltexte wird deutlich; roter Faden ist vorgegeben; mögliche Nachteile: Gefahr der Wiederholung; im Vergleichsteil bleiben die Ausführungen zu allgemein.
- Zunächst wird einer der beiden Texte interpretiert (man beginnt am besten mit dem Text, der einem am meisten zu sagen hat). An die Deutung des ersten Textes schließt sich die des zweiten an, die jedoch in unmittelbarem Rückgriff auf den ersten erfolgt; bereits während der Deutung des zweiten Textes werden

die einzelnen Aspekte des Vergleichs in die Darstellung einbezogen. Den roten Faden für die Gliederung bilden also die Vergleichsgesichtspunkte.
Vorteile: Vergleich steht im Vordergrund; Gemeinsamkeiten und Unterschiede werden deutlich; mögliche Nachteile: Einzelne Gesichtspunkte des jeweiligen Textes bleiben unberücksichtigt; Unübersichtlichkeit; der zweite Text kann zu kurz kommen.

Texterschließung im Zusammenhang: textimmanent und textübergreifend

Bei der ***textimmanenten Deutungsmethode*** kommt es zunächst darauf an, sich auf die Details des Textes einzulassen. Der Ausgangstext ist die Grundlage aller Deutungen. Hierbei werden alle Gesichtspunkte berücksichtigt, die den Text selbst, seinen Sinn und seine Aussage erklären können (vgl. z. B. ▸ S. 76):

- Inhalt
- Thema/Motiv
- Textart
- Personenkonstellation
- Aufbau
- Sprachlich-rhetorische Mittel und ihre Funktion

Die komplexe Bedeutung eines Textes erschließt sich oft erst, wenn man neben den textimmanenten Aspekten auf ***textübergreifende Deutungsaspekte*** zurückgreift, also z. B. zusätzliche, über den konkreten Text hinausgehende Kenntnisse, Materialien, Quellen:

- Biografie des Autors

BEISPIEL Für das Verständnis eines Brecht-Gedichtes zum Thema *Emigration* ist es wichtig zu wissen, dass Brecht selbst emigrieren musste.

- Geistesgeschichtliche Zusammenhänge der Zeit

BEISPIEL Lessings Drama *Nathan der Weise* ist nur ganz zu verstehen, wenn man es vor dem Hintergrund der Zeit der Aufklärung liest.

- Soziologie (Berücksichtigung politischer, gesellschaftlicher, wirtschaftlicher Zusammenhänge, z. B. bei politischer Lyrik)
- Wirkungs- und Rezeptionsgeschichte (z. B. Unterschiede in der Rezeption von Goethes Briefroman *Die Leiden des jungen Werthers* zur Zeit der Erstveröffentlichung und heute)

Mit der Erkenntnis dieser Mehrdeutigkeit kann auch der heutige Leser seinen Verstehenshorizont erweitern.

- ***Produktionsorientierte Deutung***: Dabei wird der Ausgangstext durch Umschreiben oder Neuschreiben gedeutet (z. B.: Fortsetzung des Textes schreiben, Gegentext verfassen, Erzählperspektive verändern, Monolog oder Dialog verfassen, Figurenbrief oder Tagebucheintrag schreiben, Textartenwechsel vornehmen. Man spricht auch von handlungsorientierten, textproduktiven oder operativen Verfahren. Die produktiven Ausgestaltungen haben keinen Selbstzweck. Sie dienen dem Verstehen des Ausgangs textes; die eigenen Schreibprodukte werden immer in Bezug gesetzt zum Ausgangstext, um diesen auszudeuten.

BEISPIEL Die Kernaussage von Max Frischs Drama *Andorra* wird von einem Schüler in ein kurzes modernes Gedicht mit freien Versen gefasst (▸ S. 83).

ZITAT

Schwarz-weiß
Andorra, weißes Andorra,
ruhig und unberührt liegst du da.
Höchstes Ansehen genießt du überall.
Bewohnt und geleitet von weisen Männern:
Fehlerloses Handeln, Ehrlichkeit.
Aufgeschlossen, unvoreingenommen sind deine
Weißen Bürger.
Schwarze gibt es nicht.
Nein – Schwarze Schafe werden nicht geduldet.
Aufrecht, ehrlich lebt ihr gesetzestreuen Andorraner.
Einer für alle, alle für einen, alles für Andorra:
Uneinnehmbar!
Das Schlechte wird abgehalten,
Die Schwarzen bleiben draußen.
Alle mögen, alle beneiden dich.
Andorra, schwarzes Andorra.
(Schülerarbeit)

Überblick: Schwerpunkte und Verfahren der Textanalyse

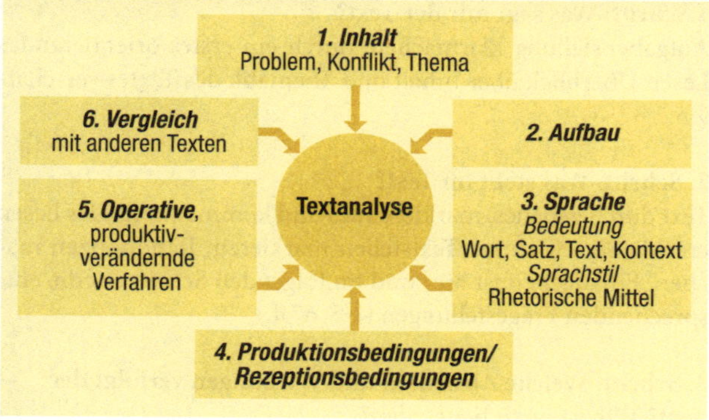

Analyse von Sachtexten

Da es sich bei Sachtexten im Vergleich zu literarischen Texten der Gattungen *Epik*, *Dramatik* und *Lyrik*, deren besondere Kennzeichen Fiktionalität, Mehrdeutigkeit und Bildlichkeit sind, eher um den pragmatischen Aspekt der Kommunikation zwischen Schreiber und Leser handelt, muss bei der Analyse entsprechend der Schwerpunkt auf den Gebrauchswert des Textes gelegt werden. Die Analyse eines Sachtextes kann nach den gleichen Arbeitsschritten erfolgen wie die Analyse eines literarischen Textes oder eines Spielfilms. Bei der folgenden Schrittfolge ist zweierlei zu beachten:

- Die Fragestellungen sind im idealtypischen Sinne formuliert. Nicht alle Fragen treffen auf jeden Sachtext zu.
- In Klausuren wird es sich in den meisten Fällen nicht um eine reine Sachtextanalyse handeln, sondern um eine Analyse mit weiterführendem Schreibauftrag oder um eine vergleichende Analyse zwischen zwei Sachtexten oder einem Sachtext und einem literarischen Text. (Zum Textvergleich ▶ S. 79). Es ist also besonders wichtig, sich zu Beginn der Arbeit die Aufgabenstellung klarzumachen (s. Schritt 1).

TIPPS für mögliche Arbeitsschritte

1.Schritt: Was sagt mir der Text?

Aufgabenstellung klarmachen; durch ein erstes orientierendes Lesen Überblick über Inhalt und Thematik des Textes verschaffen.

2. Schritt: Was steht im Text?

Text durch genaues, markierendes und kommentierendes Lesen erschließen; wichtige Textstellen markieren, Randnotizen machen. Einzugehen ist hier und im folgenden Schritt auf die entsprechenden Fragestellungen (▶ S. 67 ff.).

3. Schritt: Welche Absichten und Wirkungen verfolgt der Text? Wie ist er zu beurteilen?

4. Schritt: Wie stelle ich meine Arbeitsergebnisse dar? – Schreibplan und Gliederung

Einleitung

Ersten Eindruck des Textes formulieren
oder
Knappe Informationen zu Inhalt/Thema, Verfasser, Textsorte, Absicht oder
Text situieren in Bezug auf Entstehungszusammenhang, Aktualität, Verfasser

Hauptteil

a) Knappe Inhaltsangabe und Beschreibung von Thema, Struktur, sprachlich-rhetorischer Machart wie Argumentationsweise, Wortschatz, Satzbau, Sprachstil, Stilebene (s. Schritt 2)
b) Analyse der Absicht und Wirkung (s. Schritt 3)
c) Bewertung des Textes: Beurteilung der möglichen Wirkung, Schlüssigkeit der Gedankenführung (s. Schritt 3)

Schluss

Zusammenfassung der wichtigsten Ergebnisse
oder
Einordnung in Publikationszusammenhang des Verfassers
oder
Einordnung in die Zeitsituation

5. Schritt: Wie überarbeite ich den eigenen Text?
(▶ S. 77)

Analyse von Redetexten

Bei der Analyse von Reden sind in Schritt 2 und Schritt 3 die besondere Kommunikationssituation und die Stilmittel einer Rede zu beachten (▶ S. 186 ff.). Eine politische Rede ist – im Vergleich zu anderen Reden – durch besondere Redeweisen gekennzeichnet (▶ S. 181). Bei appellativen Reden sind auch die sprachlich-rhetorischen Wirkungsmittel zu beachten, die vor allem in werbenden Texten genutzt werden (▶ S. 69 ff.).

Erörterung von Sachtexten – textgebundene Erörterung

Beim Erörtern geht es darum, sich schriftlich mit einem strittigen Thema (▶ S. 215) oder einem Meinungstext auseinanderzusetzen. Der Schreiber muss das Problem erkennen, nach Lösungen suchen und seine eigene Meinung in einer schlüssigen Beurteilung vertreten. Dabei sind auch unterschiedliche Positionen zu dem Problem aufzuzeigen und Argumente abzuwägen.
Erörterungen im Zusammenhang mit fachspezifischen Meinungstexten enthalten Elemente des argumentierenden Schreibens und der Analyse von Sachtexten. In einer textgebundenen Erörterung lernt man im Umgang mit Argumenten anderer neue Gedanken kennen, aber auch Schwächen gedanklicher Logik durchschauen.

BEISPIEL für eine Aufgabenstellung:
Klären sie die Argumentationsstruktur des Textes; setzen Sie sich danach kritisch-wertend mit den Thesen und Argumenten auseinander und legen Sie Ihren eigenen Standpunkt dar.

Es geht also bei dieser Aufgabenart darum,
- Grundposition und argumentativen Gedankengang des Textes zu klären,
- die Argumentation kritisch zu überprüfen,
- den eigenen Standpunkt im Hinblick auf die Thesen und Argumente des Verfassers zu klären.

Voraussetzungen für die kritische Texterörterung

Die Beziehung zwischen Ihren eigenen Ansichten und denen des Verfassers der Erörterung kann unterschiedlich sein. Entsprechend den folgenden Grundtypen müssen Sie eine besondere Strategie für Ihre Texterörterung wählen.

a) Die Ansichten des Verfassers und Ihre Ansichten stimmen überhaupt nicht überein, sie *unterscheiden sich völlig*. Dann können Sie

- die Prämissen des Textes überprüfen und infrage stellen,
- die argumentative Schlüssigkeit des gesamten Textes überprüfen,
- die Geltung einzelner Thesen einschränken,
- einzelne Argumente des Textes entkräften.

b) Die Ansichten des Verfassers und Ihre eigenen Ansichten *stimmen teilweise überein* (dies ist bei Texterörterungen am häufigsten der Fall); dann begründen Sie,

- warum Sie mit einigen Thesen/Argumenten übereinstimmen; Sie nennen zusätzliche Pro-Argumente, die die Argumentation des Verfassers stützen.
- warum Sie mit anderen Thesen/Argumenten nicht übereinstimmen; Sie nennen Gegenargumente, die die Argumentation des Verfassers infrage stellen.

c) Die Ansichten des Verfassers und Ihre eigenen Ansichten *stimmen überein*. Eine kritische Auseinandersetzung ist in diesem Falle schwierig. Es geht bei einem solchen Text deshalb darum, dass Sie die Position des Textautors einnehmen und dabei entsprechend

- die vorgegebene Argumentation mit weiteren eigenen Argumenten abstützen und
- mögliche Gegenpositionen entkräften.

TIPPS für mögliche Arbeitsschritte

Eine textgebundene Erörterung kann in ähnlicher Schrittfolge bearbeitet werden wie die Analyse von Sachtexten (▶ S. 84) oder die Analyse/Interpretation von literarischen Texten (▶ S. 75).

1. Schritt: Was sagt mir der Text?
Aufgabenstellung klarmachen; ersten Zugang und Überblick verschaffen durch überfliegendes Lesen; Kernproblem erkennen und benennen (Stichpunkte notieren).

2. Schritt: Was steht im Text?
Text genau, möglicherweise wiederholt lesen; Text markieren und kommentieren (Randnotizen); Argumentationsansatz- und

-aufbau der Vorlage herausarbeiten. Folgende Fragestellungen können helfen:

- Um welches zentrale Problem geht es?
- Welche Absicht verfolgt der Verfasser ? Welche Meinung vertritt er? Wie lautet/n seine Kernthese/en?
- Mit welchen Argumenten begründet der Verfasser seinen Standpunkt? Mit welchen Beispielen stützt er seine Behauptung?
- Welche Form haben die Argumente (▶ S. 214)?
- Welche rhetorischen Mittel (▶ S. 188 ff.) verwendet der Verfasser?
- Wie versucht er den Leser für seine Meinung einzunehmen?
- Welche wichtigen Aspekte der Problematik werden nicht angesprochen?
- An welchen Stellen wird unzulässig verallgemeinert oder verkürzt?

3. Schritt: Welche Meinung vertrete ich selbst bei dem im Text angesprochenen Problem?

Eigene Einstellung gegenüber Thesen/Argumenten des Verfassers verdeutlichen: Welche Meinung vertrete ich selbst zu den Problemen?

- Will ich den Ansichten des Verfassers widersprechen?
- Welche Kernthesen und -argumente sind für mich nicht überzeugend? Wie lassen sie sich entkräften? Welche Prämissen lehne ich ab? Welche Schwächen im Argumentationsaufbau sind für mich augenfällig? Mit welchen Gegenargumenten lässt sich die Argumentation des Verfassers entkräften?
- Stimme ich teilweise mit dem Verfasser überein? Hier geht es dann entsprechend darum, an einzelnen Argumenten Kritik zu üben und anderen zuzustimmen.
- Stimme ich weitgehend mit den Ansichten des Verfassers überein? Mit welchen weiteren Argumenten kann ich die Argumentation des Verfassers stützen? Mit welchen Argumenten kann ich mögliche Gegenpositionen entkräften?

4. Schritt: Wie kann ich meine eigene Darstellung gliedern?
Schreibplan anlegen; gliedern nach Einleitung, Hauptteil und Schluss.

Einleitung
Verfasser, Titel und thematischen Schwerpunkt des Textes nennen; Inhalt knapp zusammenfassen.

Hauptteil
a) Argumentationsanalyse des Ausgangstextes: zentrale Problemstellung; Kernthesen und ihre inhaltlichen und gedanklichen Zusammenhänge (siehe Schritt 2)
b) Kritische Auseinandersetzung mit den Positionen des Verfassers; eigene Einstellung verdeutlichen: Ablehnung, Zustimmung, eingeschränkte Zustimmung (s. Schritt 3)
Für die Anlage des Hauptteils gibt es zwei Möglichkeiten:
den analytischen und den kritisch-erörternden Teil getrennt anlegen oder
die argumentative Struktur des Textes fortlaufend (chronologisch) analysieren und an geeigneten Stellen die eigene kritische Stellungnahme einfügen.

Schluss
Eigene Positionen zusammenfassen oder weitere Problematisierungen anbieten (Ausblick geben).

5. Schritt: Wie überarbeite ich meinen Text? (▸ S. 77)

Erörterung von Texten im Abitur

In aller Regel sind Erörterungs- bzw. Argumentationsaufgaben im Abitur text- bzw. materialgestützt. Dies betrifft z. B. mediale, politische oder gesellschaftskritische Themen in Sachtexten. Erörterungen zu literarischen Themen stützen sich auf die in der Qualifikationsphase (11/12 bzw, 12/13) verbindlich zu bearbeitenden epischen oder dramatischen Großformen (Roman, Drama). Eine Erörterung zu einem Sachthema oder literarischen Thema erkennen Sie z. B. an Operatoren wie: Beurteilen Sie …, Erörtern Sie …, Nehmen Sie Stellung …, Diskutieren Sie …

TIPPS für das Verfassen

- Den Schwerpunkt der Aufgabenstellung beachten.
- Den Text zunächst gründlich untersuchen, bevor er beurteilt wird.
- Bei der Textwiedergabe Präsens verwenden.
- Zitate (▶ S. 204) sinnvoll in den eigenen Satzbau integrieren.
- Deutlich trennen zwischen der Beschreibung/Analyse der vorliegenden Argumentation und eigenen kritisch-wertenden Gedanken.
- Hauptprobleme und Kernstellen des Textes beachten und nicht bei Nebensächlichkeiten stehenbleiben.

TIPPS für das Vermeiden von Fehlern

- Die Darstellung darf sich nicht auf eine inhaltliche Umschreibung des Textes (Paraphrase) beschränken.
- Es sollte nicht krampfhaft eine Gegenposition zum vorliegenden Text eingenommen werden; eine sinnvolle und angemessene Gegenposition ergibt sich leicht, wenn man folgende Fragestellungen an die Vorlage richtet:
  - Ich bestreite die Richtigkeit der Thesen pauschal oder teilweise.
  - Ich bezweifle den Zusammenhang von Ursache und Wirkung.
  - Ich unterscheide im Einzelnen genauer.
  - Ich wehre mich gegen Verallgemeinerungen, wenn aus einem Einzelfall eine allgemeine Schlussfolgerung gezogen wird.
- Die Darstellung darf sich nicht auf eine inhaltliche Umschreibung des Textes (Paraphrase) beschränken.
- Die Darstellung der eigenen Argumente ist zu knapp. Die Lektüre der Vorlage ist zu ungenau; die Auswahl der zu kritisierenden Teile ist beliebig, einseitig, polemisch.
- Weitere mögliche Mängel:
  - Die Darstellung der eigenen Argumente ist zu knapp.
  - Die Auswahl der zu kritisierenden Teile ist beliebig, einseitig, pauschalisierend oder polemisch.
  - Der Darstellung fehlt es an Beispielen und Belegen.

Epochen und literarische Strömungen der deutschen Literatur

3.1 Einführung

Ein literarisches Kunstwerk enthält nicht nur überzeitliche Wahrheiten, es ist auch ein geschichtliches Phänomen und muss aus der Zeit heraus verstanden werden.

Eine Periodisierung ist daher sinnvoll. Bei der Kennzeichnung einer literarischen Epoche werden typische gemeinsame Stiltendenzen, Inhalte und die Vorliebe für einen bestimmten Sprachgebrauch sowie häufig vorkommende ästhetische Merkmale, Textformen und ethische Vorstellungen der Zeit zusammengefasst.

Epochenübergänge sind fließend, manche Merkmale sind übergreifend. Die Gesichtspunkte, nach denen Epochen geordnet sind (europäische Epoche/deutsche Bewegung; politische Bezeichnung/Stilbezeichnung für Architektur oder Malerei) werden von den Literaturhistorikern nachträglich erarbeitet; ihre Gültigkeit ist relativ, weil auch die Gesichtspunkte, nach denen ausgewählt und zugeordnet wird, dem historischen Wandel unterliegen. Vor diesem Hintergrund betrachtet stellen auch literarische Epochen und Bewegungen wegen der vielen Überschneidungen, individuellen Sonderformen und Verflechtungen keine nahtlose lineare Abfolge dar, sondern die Grenzen sind oft fließend. Besonders bei den Epochenumbrüchen vom 18. zum 19., vom 19. zum 20. Jh. und vom 20. zum 21. Jh. herrscht die Gleichzeitigkeit des Verschiedenen.

BEISPIELE: Das üblicherweise der literarischen Epoche Aufklärung zugeordnete Schauspiel von G. E. Lessing *Nathan der Weise* ist im gleichen Jahr erschienen wie die Prosafassung des

Schauspiels von J. W. Goethe *Iphigenie auf Tauris*, das bekannterweise in seiner Kernaussage den Höhepunkt der Weimarer Klassik darstellt.
Die großen Schriftsteller Friedrich Hölderlin, Jean Paul, Heinrich von Kleist und Franz Kafka sind mit ihren jeweiligen individuellen Sonderformen kaum unter einem einheitlichen „Epochendach" unterzubringen.

3.2 Althochdeutsche Dichtung (um 750–1050)

Die althochdeutsche Epoche wird vor allem bestimmt durch die Auseinandersetzung zwischen Heidentum und Christentum. Es geht in diesem Prozess um

- Aneignung christlicher und antiker Zusammenhänge,
- Umwandlung und Unterdrückung heidnischer Vorstellungen.

Die schriftlichen Fixierungen in dieser Zeit sind gebunden an die damaligen zentralen Kulturstätten: die Klöster. Die im 10. und 11. Jh. entstandenen Dichtungen sind fast ausschließlich in Latein gehalten und für den Gottesdienst bestimmt. Zur deutschsprachigen Literatur zählen die Übersetzungen lateinischer Psalmen und Gebete; diese werden in die Sprache eines Volksstamms oder Dialekts übertragen. Die in deutscher Sprache schreibenden Autoren entstammen weithin der geistlichen Schicht. Der Zweck ihres Schreibens ist zumeist die Missionierung.
BEISPIEL Der *Heliand* stellt den Versuch des Autors, eines niedersächsischen Geistlichen, dar, das Evangelium der Liebe der Gedankenwelt der Germanen anzupassen: Obwohl das Christentum Fuß gefasst hat, sind die alten heidnischen Vorstellungen noch vorhanden. Um das Interesse der kampfgeübten Germanen zu gewinnen, stehen kriegerische Auseinandersetzungen im Mittelpunkt der Handlung. Petrus erscheint als tapferer Gefolgsmann, Christus als Fürst und Dienstherr. Der Verfasser schreibt das Epos im Auftrag Ludwigs des Frommen in altniederdeutscher Sprache und Form (Stabreim und Langzeile):

ZITAT

… da erboste sich
Der schnelle Schwertdegen Simon Petrus:
Ihm wallte wild der Mut, kein Wort mocht' er sprechen
So härmt' es ihn im Herzen, als sie den Herrn ihm da
Zu greifen begehrten.
(Auszug aus einer Übertragung ins Neuhochdeutsche von Karl Simrock)

Auswahl wichtiger Werke

Merseburger Zaubersprüche (vor 750)
Wessobrunner Gebet (erhalten in einer Handschrift aus dem Kloster Wessobrunn zwischen 770 und 790)
Hildebrandslied (um 800)
Muspilli (um 800)
Der Heliand (um 830)
Edda (um 1250–1300)

▸ S. 38: Zur althochdeutschen Sprache

3.3 Mittelhochdeutsche Dichtung (um 1050–1350)

Allgemeine Hinweise

Die literarische Epoche hat – sprachlich betrachtet – drei Abschnitte:

- Frühmittelhochdeutsche Zeit (um 1050–1180)
- Mittelhochdeutsche Blütezeit (um 1180–1250/Tod des Staufers Friedrich II.)
- Spätmittelhochdeutsche Zeit (etwa bis 1350)

Die Literatur des Mittelalters ist Dichtung im europäischen Zusammenhang; sie ist ohne das Vorbild der französischen Adelskultur nicht denkbar und wird – bei vielen Überschneidungen – in der Frühphase vor allem von der geistlichen Schicht, in der staufischen Klassik von der ritterlich-höfischen Schicht und in der Spätphase vor allem von der bürgerlichen Schicht geprägt. Für die höfische Gesellschaft der Blütezeit ist sie Sprachrohr und Medium, sich selbst darzustellen.

Der Dualismus des mittelalterlichen Lebensgefühls von Diesseits (Weltliches/Trieb/Sinnlichkeit) und Jenseits (Göttliches/Geist/Intellekt) findet seinen Niederschlag auch in der Literatur. Das Streben nach Harmonie (Wie kann man zugleich Gott dienen und sich in der Welt bewähren?) wird zum Leitmotiv der ritterlich-höfischen Dichtung. Der Begriff *Ritter* (ursprünglich zu Pferde kämpfender gepanzerter Krieger) erweitert in der 2. Hälfte des 11. Jh.s seinen Bedeutungsinhalt: Er umfasst alle Adligen (Hochadel und Dienstadel). Die Ritterdichtung ist Standesdichtung; am Hof entwickelt die Adelsgesellschaft eine neue Standeskultur und unterwirft sich dabei einem Tugendkatalog:

- *mâze* und *zuht* – Anstand, Mäßigung, Wohlerzogenheit, Selbstzucht und Selbstbildung. Diese verlangen unablässige *arebeit* (Anstrengung).
- *froide* und *hoher muot* – Hochgestimmtsein, Freude (darüber, zum Stand der Ritter zu gehören)
- *êre* – Ansehen, Geltung, Würde
- *hövescheit* – Beherrschung wichtiger Umgangsformen
- *triuwe, staete* – Beständigkeit, Verlässlichkeit
- *milte* – Großzügigkeit
- *minne* – Verehrung der *frouwe* (dieses Wort hat im Mittelhochdeutschen die Bedeutung *Herrin*, gemeint ist die adelige verheiratete Dame); es geht bei der Minne um die sehnsuchtsvolle Verehrung einer Frau und ihres Idealbildes; wesentlich ist die Unterwerfung unter die Idee eines Höheren; es geht dabei nicht um Erfüllung und Erfolg, um äußeren Einfluss, um Steigerung von äußerer Macht, Reputation, Einkommen, sondern um die Mühsal des Weges: In diesem Prozess soll der Mann seelische Steigerung und ethische Vervollkommnung erfahren (vgl. unten).

Herausragende Gattungen der mittelhochdeutschen Literatur sind Roman (Epos) und Lyrik (Minnesang).

Zum höfischen Roman (Epos)

Der höfische Roman gestaltet erzählerisch die Wertvorstellungen und Verhaltensnormen des Ritterstandes. Das Epos bezeichnet eine Großform erzählender Dichtung in gleichartig gebauten Versen oder Strophen; es enthält in der Regel mehrere Teile (Gesänge oder Aventiuren).

Der umfangreichste Versroman der mittelhochdeutschen Zeit ist *Parzival* (Wolfram von Eschenbach). Parzival durchläuft in zahlreichen Abenteuern den Weg vom unerfahrenen Knaben (*tumber tor*) über den christlich-höfischen Artusritter zum Gralskönig (Gral bezeichnet ein mystisches Dingsymbol). Es geht in diesem Reifungsprozess um Werte der *staete*, des *muotes*, der *triuwe*. Zum Gralskönigtum führen nicht ritterliche âventiuren, sondern die Fähigkeit, sich erbarmen zu können, Demut zu zeigen, die eigene Schuld zu erkennen.

3

Zum Minnesang der mittelhochdeutschen Blütezeit

- Zur zweiten großen literarischen Schöpfung der mittelhochdeutschen Zeit gehört der Minnesang (hohe Minne). Die Dichter sind in aller Regel Mitglieder des adligen Ritterstandes; ihre Kunst, ein Lied zu dichten, es in Musik (gebräuchlichste Instrumente sind Harfe und Fidel) zu setzen und es einem höfischen Publikum vorzutragen, ist ein Teil der höfischen Erziehung.
- Zwischen Dichter, Auftraggeber und Publikum kann in der mittelhochdeutschen Dichtung deutlich unterschieden werden. Politisch wichtige Höfe (Mäzenaten) werden zu Kulturzentren; hier finden die Dichter im Kreis der Adeligen ihr Publikum (z. B. Regensburg, Thüringen, Meißen, Wien).
- Was wir heute von der Minnelyrik kennen, ist vor allem der Züricher Ratsherrenfamilie Manesse zu danken, die um 1300 die ihnen bekannten Lieder zusammenstellte (*Manessische Liederhandschrift* oder *Große Heidelberger Liederhandschrift*).

◆ Minnesang und Minnedienst gehören zum Habitus des gesellschaftlichen Verhaltens der Aristokratie.
Aus dem Widerspruch zur Realität zieht das höfische Publikum seinen Reiz. In der Realität der aristokratischen Lebenswelt gibt es die illegitime Liebesbeziehung (für den Mann!), viele Ehen des Adels sind politisch motiviert, die Triebunterdrückung in der Ehe ist u. a. durch die strenge kirchliche Morallehre bedingt.
◆ Die Inhalte der ritterlich-höfischen Dichtung sind (wie alle Dichtung) kein naturgetreues Spiegelbild der Wirklichkeit; in der Minnelyrik wird das Selbstverständnis des Rittertums überhöht zu einem zeitlosen Idealbild. Es wird ein fiktives Dienstverhältnis zu einer Frau gestaltet; dabei ist das lyrische Ich keine bestimmte Person; der lyrische Text wendet sich nicht an eine individuelle Frau. Das Wort *frouwe* (▶ S. 94) meint den Inbegriff des Weiblichen, eine Personifikation der ethischen Werte und der höfischen Gesellschaft.
◆ Der kulturell führenden Schicht der höfischen Ritter geht es im Minnesang um Unterwerfung unter eine höhere Idee, um sittliche Läuterung mithilfe der ästhetischen Mittel der Literatur. Ziel und Ideal der staufischen Klassik ist die innere Steigerung des Menschen (der vollendete Mensch). Dieses Ziel erfordert unablässige Anstrengung. Die triebhaften Seiten der Liebe müssen gebändigt werden, damit sich die sittlichen Kräfte entfalten können. Es ist ohne Beispiel in der Geschichte der Literatur, dass sich die europäische gehobene Gesellschaft der höfischen Ritter diesem Erziehungs- und Verhaltensideal unterwirft.

ZITAT

frouwe, daz ir saelic sît!	Herrin, mögt ihr glücklich sein!
lânt mit hulden	Lasset huldvoll
mich den gruoz verschuoden	mich den Gruß verdienen,
der an friundes herzen lît.	der Eure Zuneigung kundtut.

Der Minnesänger Walther von der Vogelweide stellt die Hochstilisierung des Frauenbildes und die spiritualisierte Form der *hohen Minne* zunehmend infrage, für ihn ist sie sozial ungleichgewichtig. Er entwickelt eine neue Form der Minne (*herzeliebe*), in der die Frau als Partnerin (*wîp*) oder in der Rolle des *frouwelîn* oder der *maget* auftritt, wobei inhaltlich auch die Liebesvereinigung thematisiert wird. In seinen Mädchenliedern entwirft Walther von der Vogelweide ein Gegenmodell: In ihnen geht es um eine echte „Ich-Du-Beziehung", den Gegensatz zwischen Trieb und Geist in der Hohen Minne will er auflösen.

3

ZITAT

Under der linden an der heide dâ unser zweier bette was, Dâ mugt ir vinden schône beide gebrochen bluomen unde gras. Vor dem walde in einem tal tandaradei, schône sanc diu nahtegal.	Unter der Linde Auf der Heide, wo unser beider Lager war, da kann man sehn Liebevoll gebrochen Blumen und Gras. Vor dem Wald in einem Tal tandaradei sang schön die Nachtigall.

(Übertragen von Peter Wapnewski, 1977)

Verfall und Ende der klassischen mittelhochdeutschen Dichtung

Das Spätmittelalter ist u. a. gekennzeichnet durch politische, soziale und kulturelle Umgestaltungen:

- Auf den Tod des Staufers Friedrich II. (1250) folgt eine mehr als 60-jährige kaiserlose Zeit.
- Das Rittertum verliert allmählich seine militärische Bedeutung, entsprechend sinkt auch sein politischer Einfluss.
- Die Städte gewinnen gegenüber dem Land an Einfluss als kulturelle und wirtschaftliche Zentren.

BEISPIEL Das Werk *Meier Helmbrecht* von Wernher der Gartenaere markiert als eine Dorfgeschichte mit tragischem Ausgang das Ende der mittelalterlichen Dichtung. Dieses Werk stellt als Zeitsatire den Konflikt zwischen Rittertum, das zum Raubrittertum geworden ist, und Bauernstand dar. Die ursprünglich hoch geschätzten Werte haben sich ins Gegenteil verkehrt; Lebensform und Ideal des höfischen Rittertums sind zur bloßen Fassade geworden. Das Werk zeigt das für das Mittelalter noch bestimmende Weltbild: Helmbrecht setzt sich über die von Gott gewollte Standesordnung hinweg; sein Verhalten ist Gotteslästerung; die Abkehr vom eigenen Stand verdeutlicht die Ursünde des Hochmuts. Entsprechend wird er dafür bestraft und muss sein Unrecht bitter büßen: Er wird geblendet und vom väterlichen Hof verwiesen.

▸ S. 39–42: Zur mittelhochdeutschen Sprache

Auswahl wichtiger Autoren und Werke

Nibelungenlied (etwa 1150–1200)
WOLFRAM VON ESCHENBACH (1170–1225)
Parzival
GOTTFRIED VON STRASSBURG (1170–1216)
Tristan und Isolde
WALTHER VON DER VOGELWEIDE (1170–1230)
Minnelieder
WERNHER DER GARTENAERE (zweite Hälfte des 13. Jh.s)
Meier Helmbrecht

3.4 Renaissance, Humanismus, Reformation (um 1350–1600)

Historische Zusammenhänge

Soziale, wirtschaftliche und geistig-kulturelle Umwälzungen kennzeichnen diese Zeit des Übergangs:

- Kaisertum und Papsttum verlieren ihre beherrschende Stellung; durch den Verfall des Kaisertums steigt der Einfluss der Fürstenhöfe.

◆ Die folgenreichste Veränderung des Spätmittelalters stellen die Städtegründungen dar. In der Stadt wohnen auf engstem Raum (unabhängig vom Landesherrn) unterschiedliche soziale Gruppen zusammen: das Patriziat aus Adligen, Unternehmern, Kaufleuten; Handwerker, die sich zu Zünften zusammenschließen; Geistliche; Ackerbauern; Tagelöhner; Bettler.

Zur Literatur

Während im Mittelalter das kostbare Pergament einziges Material zum Schreiben darstellt (Handschriften), kommt das preiswerte Papier (erste Papiermühle im Jahre 1390) dem großen Bedarf an Schriften, Flugblättern, Büchern entgegen. In den Städten werden Schreibstuben eingerichtet; neben die klösterlichen Bibliotheken treten fürstliche und städtische.

Aus dem Mittelalter werden die bekannten literarischen Gattungen übernommen. Neu sind insbesondere:

◆ Kirchenlied, Satire, Drama,

◆ Tendenz- und Streitdichtung (diese intentionale Publizistik erhält im Zusammenhang mit dem Buchdruck einen kommunikativen Status),

◆ Volksbuch (Lieblingslektüre bürgerlicher Kreise),

◆ Volkslied (verbürgerlichte Form der Minnelieder),

◆ Fastnachtsspiel,

◆ Städtischer Meistersang (bürgerliches Gegenstück zum höfischen Minnesang).

Mit dem Ende der höfischen Kultur verliert die erste gemeinsame (überregionale) deutsche Schriftsprache des Mittelhochdeutschen (mit einer allerdings sehr schmalen sozialen Basis) ihre Bedeutung; für die weitere sprachliche Entwicklung normierend wirken vor allem Luthers Bibelübersetzung, die kaiserlichen und fürstlichen Kanzleien und die Erfindung des Buchdrucks.

▶ S. 42–43: Zur Sprachgeschichte

Renaissance

Die Begriffe *Renaissance*, *Humanismus* und *Reformation* bezeichnen historische Bewegungen, die sich gegenseitig bedingen und zum Teil überschneiden.
Renaissance (frz. Wiedergeburt) meint die Wiederentdeckung der römischen Antike; im Gegensatz zum Mittelalter glaubt man in den klassischen Werken das neue Menschenbild (Weltbejahung und Zugewandtheit statt Weltverneinung) am deutlichsten vorgebildet.
Betont wird die Autonomie des Menschlichen.
Renaissance ist im Vergleich zu den anderen beiden Begriffen der umfassendere. Er kommt gegen Ende des Mittelalters, von Italien ausgehend, auf und betont als Sammelbegriff die kulturelle Lockerung aus mittelalterlichen Bindungen.

Humanismus

Humanismus (von lat.: humanum = das Menschliche) kennzeichnet das Ziel dieser Bewegung. Die humanistischen Gelehrten stellen ständische Vorrechte und das Bildungsprivileg des Klerus, damit auch das religiös gebundene Denken des Mittelalters, infrage. Im Mittelpunkt ihrer Beobachtungen steht der einzelne Mensch, diesen stellen sie ins Zentrum ihres Denkens. Die Beschäftigung der Gelehrten mit antiker Philosophie fordert die erneute Hinwendung zu alten Sprachen. Latein wird die Weltsprache der Gebildeten (bedeutendster Gelehrter: Erasmus von Rotterdam).
Die neue Weltsicht verlangt eine Neugestaltung von Staat, Kirche, Wissenschaft und Kunst, die freie Persönlichkeit und die Ausgestaltung von Menschlichkeit ermöglichen sollen. Die hier geforderte geistige Freiheit setzt sich erst im 18. Jh. durch (Aufklärung ▶ S. 108 ff.).
Die Literaturformen der Humanisten stehen im Dienst ihrer Ideen. Geschrieben wird in (neu)lateinischer Sprache, nicht in der Volkssprache. Bevorzugt werden Gesprächs- und Briefform, Dialog, Streitschrift, Ode (feierliches Gedicht).

BEISPIEL Johannes von Tepl, *Der Ackermann aus Böhmen* (entst. 1400/1401; veröffentlicht 1449)
Der Ackermann führt als Kläger (nach dem Tod seiner Ehefrau) ein Streitgespräch mit dem Tod als Beklagten. Es geht um die Frage, was der Mensch überhaupt wert sei, denn der Tod verachte den Menschen und verneine das Leben. Der Dialog ist Ausdruck des veränderten Denkens: Der Mensch hat das Recht auf ein Leben im Diesseits, auf freie Äußerung, eigene Erkenntnis, eigenes Handeln.

Reformation

Die Renaissance-Bewegung bereitet den Boden für die Reformation; diese löst die nötige Breitenwirkung im Sinne einer geistigen Revolution aus.
Martin Luther (Thesenanschlag im Jahre 1517) ist von Renaissance und Humanismus geprägt. Bei seiner Bibelübersetzung greift er auf den Urtext zurück und versucht ihn ohne Sinnverfälschung in die deutsche Sprache zu übertragen. Luther, der dabei auch sprachschöpferisch tätig ist, orientiert sich an der sächsischen Kanzleisprache.
Für Martin Luther steht die Literatur im Dienste des Protestantismus; z. B. dichtet der Reformator vorhandene geistliche Lieder um, so das bekannte Weihnachtslied *Vom himel hoch da kom ich her*; er schreibt das evangelische Bekenntnislied *Ein feste Burg ist unser Gott.*

ZITAT
Ich habe keine (…) eigene Sprache im Deutschen, sondern brauche der gemeinen deutschen Sprache, daß mich beide, Ober- und Niederländer, verstehen mögen. Ich rede nach der sächsischen Kanzlei, welcher nachfolgen alle Fürsten und Könige in Deutschland (…)
(Aus Luthers „Sendbrief vom Dolmetschen"; 1530)

▶ S. 43: Zur Sprache in der Zeit der Reformation

Auswahl wichtiger Autoren und Werke

JOHANNES VON TEPL (um 1350–1415)
Der Ackermann aus Böhmen
MARTIN LUTHER (1483–1546)
Bibelübersetzung
Kirchenlieder
HANS SACHS (1494–1576)
Meisterlieder
Schauspiele
Fastnachtsspiele
Volksbücher
Till Eulenspiegel
Schildbürger

3.5 Barock (um 1600–1720)

Begriff

Das Wort *Barock* lässt sich herleiten von dem portugiesischen Begriff *barucca* (Fachausdruck für eine Perle von unregelmäßiger, schiefer Form). Im 18. und 19. Jh. wurde das Adjektiv barock oft in abwertender Bedeutung verwendet (schwülstig, grotesk, bizarr). Als Epochen- und Stilbegriff setzt sich das Wort *Barock* zunächst in der Kunstgeschichte durch. Anfang des 20. Jh.s wird der Begriff auch von der deutschen Literaturwissenschaft übernommen. Er bezeichnet

- den Zeitraum zwischen Reformationszeit/Renaissance und Aufklärung,
- einen Stil, der durch bestimmte Merkmale gekennzeichnet ist, z. B. eine Sprache, die stark auf rhetorische Wirkung bezogen ist (Bildlichkeit, Artistik und Ästhetisierung der Form).

Historischer Hintergrund und Lebensgefühl der Zeit

Das prägende Ereignis der Zeit ist der Dreißigjährige Krieg mit Hungersnöten und Epidemien. Daneben gibt es weitere kriege-

rische Auseinandersetzungen: die Hegemonialkriege Ludwigs XIV., die Schwedenkriege und die Türkenkriege.
Der Dreißigjährige Krieg, dessen Ursprung in den religiösen Auseinandersetzungen zwischen Katholiken und Protestanten zu suchen ist, macht die religiöse Zerrissenheit Mitteleuropas deutlich, die abnehmende Bedeutung des Heiligen Römischen Reiches Deutscher Nation und das Schwinden übernationaler Konfessionsbindungen. Dieser Säkularisationsprozess hat bereits in der Renaissance begonnen. Gewinner dieses Prozesses sind die Landesherren, Verlierer der Kaiser. Die Selbstständigkeit der etwa 300 kleinen Landesherrschaften, damit eine Zersplitterung der Macht in Mitteleuropa, wird im Westfälischen Frieden 1648 bestätigt. Schroffe Gegensätze kennzeichnen das Zeitalter: 3

- Der Gegenreformation und den Hexenverfolgungen stehen bedeutende Entdeckungen in den Naturwissenschaften und der Mathematik gegenüber (Kopernikus, Galilei, Leibniz, Newton).
- Dem Elend weiter Bevölkerungsschichten korrespondieren die prunkvollen aristokratischen Repräsentationsweisen. Vorbild für die Höfe der absolutistisch regierenden weltlichen und geistigen Fürsten ist die aufwändige Prachtentfaltung des französischen „Sonnenkönigs“ Ludwig XIV.

Die Grunderfahrungen von Gewalt, Elend und Not begründen das *antithetische Lebensgefühl* der Zeit zwischen *vanitas* (Gefühl der Leere und Nutzlosigkeit) und *carpe diem* (nutze und genieße den Tag).
Damit wird der (mittelalterliche) Dualismus von Jenseitigem (Vergänglichkeitsbewusstsein und Todesangst) und Diesseitigem (Lebenslust und Weltbejahung) wiederbelebt. Es herrscht auf der einen Seite das Bewusstsein vor, dass der Mensch und die irdische Prachtentfaltung vergänglich sind und alles irdische Streben nutzlos ist (vanitas). Daher gibt allein die Hinwendung auf das Jenseits dem Leben einen Sinn. Neben diesem Gefühl des *memento mori* (denke daran, dass du sterben musst) zeigt sich die Gier nach Lebensgenuss und Sinnenfreude (carpe diem).

Das Weltbild wird noch von der einheitlichen Idee des christlichen Glaubens geformt:

- Gott und Welt werden als ein geordnetes Ganzes verstanden.
- Leitbegriff bleibt die (religiös begründete) Ordnung; auch der gesellschaftliche Aufbau in Stände und die Herrschaft des absoluten Monarchen werden als gottgegeben angesehen.

Selbstverständnis der Barock-Dichter und Dichtungstheorie

Die politische und konfessionelle Spaltung des Reiches schlägt sich auch im literarischen Bereich nieder und führt zu einer weitgehend getrennten Entwicklung

- von protestantischer Literatur (z. B. Martin Opitz, Andreas Gryphius, die Sprachgesellschaften mit dem Ziel der literarischen Erneuerung, religiöse Erbauungsliteratur),
- von katholischer Literatur (Fortsetzung europäischer katholischer Traditionen, Literatur im Dienste der katholischen Reformbewegung, Predigtliteratur).

Die Dichter des Barock sind insbesondere durch *virtuose Kunstfertigkeit* und ihr Selbstverständis als *humanistisch gebildete Gelehrte* (in aller Regel mit Universitätsausbildung) gekennzeichnet (vgl. Humanismus ▶ S. 100). Es geht für sie nicht darum, innere Gefühle des eigenen Ich auszudrücken. Alles gehört einem Typ an, die Themen der Dichtung sind festgelegt und werden immer wieder variiert; sie zielen auf Wirkung: Durch eine angemessene Wahl der Gattung und der Stilebene soll das jeweilige Publikum (die niederen Volksschichten/die Angehörigen der mittleren und der höfischen Gruppierungen) erreicht werden. So entstehen neben Texten für ein literarisch vorgebildetes Publikum auch volkstümliche Texte für die breite Masse des Volkes.

Die *Dichtungstheorie* wird niedergelegt in *Poetiken* (oft mit angefügten Reimlexika). Nach antiker und humanistischer Auffassung ist die Poetik ein Teil der Rhetorik. Dichtung wird als Rede in Versform verstanden. Durch die virtuose Gestaltung soll sie den Zuhörer bzw. Leser erfreuen (delectare), sie soll ihm durch ihre Aussage nützlich sein (prodesse) und ihn zu einer Handlung oder Einsicht bewegen (movere).

- Die wichtigste und einflussreichste Poetik ist das *Buch von der Teutschen Poeterey* von Martin Opitz (1624): Poesie wird für lehrbar gehalten als Kunst der guten Rede, die ihrerseits von der Rhetorik abhängt. In der Poetik werden Gattung und Form normativ festgelegt und Themen für die Gestaltung vorgegeben, z. B. die Vergänglichkeit des Irdischen.
- Martin Opitz will die lateinische Dichtungslehre auf die deutsche Sprache übertragen; dies zeigt das Bemühen um eine eigenständige deutsche Kunstrichtung und Literatursprache.

Sprache und Stil

Aufgrund der intendierten Wirkung der Kunst (Bezüge zur Rhetorik, vgl. oben) sind die folgenden sprachlichen und stilistischen Kriterien besonders hervorzuheben:

- Vielfalt von Gedanken-, Klang- und Wortfiguren dienen dem Schmuck der Dichtung,
- Bildlichkeit als besonderes Merkmal barocker Dichtung; üppige Metaphorik, *Allegorie* (von griech.: anders, bildlich reden); dabei wird ein Begriff durch ein gedanklich fassbares Bild veranschaulicht, z. B.: Vergänglichkeit = Sanduhr,
- Wiederholung/Aufzählung ähnlicher Motive,
- artifizieller Charakter von Aufbau und Form; wirkungsvolle ästhetische Virtuosität; Schema der Antithetik und der Hyperbolik (Übertreibung).

Bevorzugte Textarten

Drama

Das Barock ist die Epoche des großen europäischen Dramas. Im 17. Jh. entstehen herausragende Dramen der Weltliteratur. Kristallisationszentren des europäischen Theaters sind große Höfe bzw. Hauptstädte:

England: W. Shakespeare – Elisabeth I.
Spanien: P. Calderón de la Barca – Philipp IV.
Frankreich: P. Corneille/J. Racine/Molière – Ludwig XIV.

Das ***Illusionstheater*** kommt dem Lebensgefühl der Zeit entgegen. In den großen deutschen Städten (wie München und Hamburg) entstehen Theaterbauten. Das barocke Trauerspiel (wichtigster Vertreter ist Andreas Gryphius) soll den Zuschauer erschüttern und betroffen machen. In den Poetiken der Barockzeit wird gefordert, dass in einer Tragödie nur eine Person höheren Standes im Mittelpunkt stehen darf, weil der tragische Fall eines Helden umso intensiver empfunden wird, je höher dessen sozialer Rang ist. Die Komödien handeln ausschließlich vom Leben niederer Stände (Ständeklausel); ihre Vertreter werden (im Vergleich mit den aristokratischen Kontrastfiguren, die die Normen der Gesellschaft verkörpern) als komische Typen lächerlich gemacht.

Roman

Der bis heute bekannteste Roman dieser Zeit ist *Der Abentheuerliche Simplicissimus*; der Verfasser Hans Jakob Christoffel von Grimmelshausen gehört nicht zur üblichen Zunft der gelehrten Barockpoeten. Der Autodidakt, der eigene Erfahrungen im Dreißigjährigen Krieg verarbeitet, stellt anschaulich Sprache und Leben der unterschiedlichen Volksschichten dar. Die Handlung des Romans führt Simplizius durch die unterschiedlichen Lebensstationen bis zur Selbsterkenntnis und Erkenntnis Gottes. Der Roman thematisiert die barocke Antithetik (Gedanken an Tod/Vergänglichkeit, Buße/Askese und Lebensgier/Genusssucht/Verschwendung)

Lyrik

Das ***Sonett*** kommt, wie auch das Epigramm (kurzes Sinngedicht; zwei durch Reime gebundene Alexandriner), den ästhetischen Formerwartungen des Barock in besonderer Weise entgegen. Die

Klarheit der Komposition eignet sich besonders zur Formulierung von Heilswahrheiten.
Formale Kennzeichen:
- 14-zeiliges Gedicht, das sich aus zwei Vierzeilern (Quartetten) und zwei Dreizeilern (Terzetten) zusammensetzt, die jeweils gereimt sind. Die Quartette und Terzette stehen inhaltlich-argumentativ im Verhältnis von Erwartung und Erfüllung, von Spannung und Entspannung, von Voraussetzung und Folgerung, von Behauptung und Beweis,
- Zweigliedrigkeit der Verszeile (Alexandriner: jambischer sechsfüßiger Vers mit der Zäsur nach der dritten Hebung),
- Barocke Stilfiguren: Antithese, Anapher, Akkumulation (Häufung), Chiasmus (Kreuzstellung).

3

ZITAT

Es ist alles eitel

Du siehst, wohin du siehst, nur Eitelkeit auf Erden,
Was dieser heute baut, reißt jener morgen ein;
Wo itzund Städte stehn, wird eine Wiesen sein,
Auf der ein Schäferskind wird spielen mit den Herden.

Was itzund prächtig blüht, soll bald zutreten werden.
Was itzt so pocht und trotzt, ist morgen Asch und Bein;
Nichts ist, das ewig sei, kein Erz, kein Marmorstein.
Itzt lacht das Glück uns an, bald donnern die Beschwerden.

Der hohen Taten Ruhm muss wie ein Traum vergehn.
Soll denn das Spiel der Zeit, der leichte Mensch, bestehn?
Ach, was ist alles dies, was wir vor köstlich achten,

Als schlechte Nichtigkeit, als Schatten, Staub und Wind,
Als eine Wiesenblum, die man nicht wiederfind't!
Noch will, was ewig ist, kein einig Mensch betrachten!

(Andreas Gryphius, 1637)

Das Gedicht verkörpert ein Grundgefühl der Epoche: Memento mori (vgl. ▸ S. 103). Für Andreas Gryphius (1616–1664) ist alles Irdische nichtig und vergänglich; nur der Gedanke an die Ewigkeit und die Erlösung nach dem Tod bietet dem Menschen Ziel und Hoffnung.

Auswahl wichtiger Autoren und Werke

MARTIN OPITZ (1597–1639)
Buch von der Teutschen Poeterey
PAUL GERHARDT (1607–1676)
Kirchenlieder
ANDREAS GRYPHIUS (1616 –1664)
Leo Armenius (Tragödie)
Sonette
HANS JAKOB CHRISTOFFEL VON GRIMMELSHAUSEN (1621–1676)
Der Abentheuerliche Simplicissimus
JOHANN CHRISTIAN GÜNTHER (1695–1723)
Studentenlieder

3.6 Literatur der Aufklärung (um 1700–1800)

Historische Zusammenhänge

Wichtigstes Ereignis dieser Epoche ist die Französische Revolution (1789). Das absolutistische Herrschaftssystem wird entscheidend infrage gestellt; ein neues bürgerliches Bewusstsein greift Platz, der Aufbruch in eine bürgerliche und demokratische Gesellschaft bereitet sich vor. Die Bewegung setzt sich fort; die Entfaltung des Ich-Bewusstseins findet seine spezifische Ausprägung

- im Sturm und Drang (▸ S. 114 ff.),
- in der Klassik (▸ S. 119 ff.),
- in der Romantik (▸ S. 124 ff.),
- im Vormärz (▸ S. 127 ff.).

Mutterland der Aufklärung als Ergebnis einer langen Auseinandersetzung ist England. John Locke (1632–1704) ist der bahnbrechende Theoretiker. Als Erkenntnisquelle lässt er nur die Erfahrung gelten; dies bedeutet eine Absage an Theologie und Metaphysik. In England ist die Aufklärung besonders erfolgreich: Durch den Sieg des Bürgertums und eine allgemeine gesellschaftliche Liberalisierung sowie durch den Fortschritt der Publizistik aufgrund der Pressefreiheit kommt es zum Aufbau einer öffentlichen politischen Kultur.

In der amerikanischen Unabhängigkeitserklärung (1776) beruft man sich auf die Ideen der Aufklärung, insbesondere auf die Menschenrechte, d. h. gleiche Rechte und Pflichten für alle.

In Frankreich wird die Aufklärung zu einer geistigen Bewegung, die einer überlebten Gesellschaftsordnung und der sie stützenden katholischen Staatsreligion den Kampf ansagt (Sturm auf die Bastille am 14. Juli 1789). Führende Gestalt unter den französischen Aufklärungsphilosophen ist Voltaire (1694–1778). Im Namen von menschlicher Vernunft und Gerechtigkeit fordert er Toleranz, Einfachheit und Menschenwürde.

Kennzeichen der Epoche

Man spricht vom Zeitalter der Vernunft oder des ***Rationalismus***. Die Grundsätze der Aufklärung sind vor allem

- die Überzeugung, dass es eine allen Menschen angeborene ***Humanität*** gebe,
- „knowledge is power" (Wissen ist Macht) und „cogito, ergo sum": ich denke (und zweifle), also bin ich,
- geistige Freiheit.

Die Aufklärung ist eine europäische Bewegung mit geistesgeschichtlichen und literaturgeschichtlichen Akzenten. Der Glaube an die Macht der Vernunft und das Fortschrittsdenken schaffen ein neues bürgerliches Bewusstsein. Die Vorstellungen von der Autonomie des Menschen und der Bejahung des Diesseits haben sich seit den ebenfalls europäischen Bewegungen von Renaissance (▶ S. 100) und Humanismus (▶ S. 100) entwickelt. Der idealtypische Mensch der Aufklärung sieht sich nicht mehr als sündiger Mensch (wie im Mittelalter und wie zum Teil noch im Barock), sondern versteht sich als aufgeklärt im Sinne einer verstandesmäßigen vorurteilsfreien Einstellung. Analytisches und kausales Denken findet Eingang in die Bereiche von Wissenschaft, Ethik, Religion, Kunst. Idealtypisch für die Bewegung der Aufklärung sind die folgenden Aspekte:

- Das Denken in der Philosophie wird unabhängig von der Lehre der Bibel oder der Kirchenväter.
- Die Naturwissenschaften üben auf die Zeit einen starke Faszination aus, weil es hier um Welterkenntnisse ohne Zuhilfenahme traditioneller und religiöser Wahrheiten geht (Newton: Entdeckung der Gravitationsgesetze).
- Die Offenbarungsreligion wird infrage gestellt, an ihre Stelle treten eine natürliche Religiosität sowie persönliche Frömmigkeit und Ethik (Pietismus). Im Deismus wird die Meinung vertreten, dass Gott nur den Schöpfungsakt vollzogen hat und ansonsten nicht mehr in die Welt eingreife.
- Aus dem Gedanken des Naturrechts wird abgeleitet, dass alle Menschen, egal welcher Konfession, welcher Rasse, welchen Geschlechts, welchen Alters, mit den gleichen Rechten geboren werden. Aus diesen Menschenrechten erwächst die Absicht, mit den neuen Erkenntnissen die Öffentlichkeit zu erreichen, zu belehren und darüber aufzuklären, dass die Chance zu einem glücklichen Dasein für alle besteht.

ZITAT

Aufklärung ist der Ausgang des Menschen aus seiner selbst verschuldeten Unmündigkeit. Unmündigkeit ist das Unvermögen, sich seines Verstandes ohne Leitung eines anderen zu bedienen. Selbst verschuldet ist diese Unmündigkeit, wenn die Ursache derselben nicht am Mangel des Verstandes, sondern der Entschließung und des Mutes liegt, sich seiner ohne Leitung eines andern zu bedienen …

(Aus: Immanuel Kant, Was ist Aufklärung?, 1784)

ZITAT

… wenn die Scham vor Unwissenheit und Unvernunft, die Begierde nach nützlichen und edeln Kenntnissen, und besonders, wenn der Respect vor der menschlichen Natur und ihren Rechten unter allen Ständen unvermerkt zunimmt.

(Aus: Chr. M. Wieland, An welchen Folgen erkennt man die Wahrheit der Aufklärung?; 1789)

Zur Literatur

Das Wort *Aufklärung* nehmen die Schriftsteller, mit ihrem ungebrochenen optimistischen Glauben an die Wirkung aufklärerischer Literatur, wörtlich:

- Dichtung soll den bürgerlichen Leser bzw. Theaterbesucher aufklären,
- sie soll der sittlichen Besserung des Zuschauers dienen und Menschenliebe lehren.

Die Sprache der Literatur soll klar und einfach im Ausdruck und verständlich sein; der überladene, rhetorische Sprachgestus der Barockzeit wird abgelehnt.

Die Literaturformen entsprechen dem analytischen aufklärerischen Nützlichkeitsdenken der Epoche:

- epische Kleinformen (Fabel, Parabel, Lehrgedicht),
- Roman, der das Versepos verdrängt; z. B. *Robinsonaden* (nach dem Vorbild von Daniel Defoes Roman „Robinson Crusoe“; 1719/1720)
- Essay, belehrende Abhandlung/Traktat,
- Dialog/Gespräch,
- Drama, vor allem Bürgerliches Trauerspiel.

Der bedeutendste Vertreter der deutschen Aufklärung ist G. E. Lessing, der die Aufklärung zu seiner Lebensaufgabe macht und der mit seinen Dramen endgültig der deutschen Literatur zum Durchbruch verhilft; für ihn gibt es nicht die Wahrheit an sich, sondern nur das Bemühen um die Erkenntnis der Wahrheit.

ZITAT

Nicht die Wahrheit, in deren Besitz irgendein Mensch ist oder zu sein vermeinet, sondern die aufrichtige Mühe, die er angewandt hat, hinter die Wahrheit zu kommen, macht den Wert des Menschen. Denn nicht durch den Besitz, sondern durch die Nachforschungen der Wahrheit erweitern sich seine Kräfte, worin allein seine immer wachsende Vollkommenheit bestehet. Der Besitz macht ruhig, träge, stolz. *(G. E. Lessing, 1778)*

Lessing greift in seiner Dramentheorie („Hamburgische Dramaturgie") auf die Poetik des Aristoteles zurück. Demnach erregt die tragische Handlung Mitleid und Furcht (als „das auf uns selbst bezogene Mitleid"). Dabei werden im Sinne einer Katharsis (Reinigung) Affekte in tugendhafte Fertigkeiten verwandelt und es geht eine moralische Läuterung vor sich.

In seinem Schauspiel *Nathan der Weise* soll der Zuschauer zu der Erkenntnis gelangen, dass nicht die äußere Form (Befolgen dogmatischer Setzungen) die Wahrheit einer Religion ausmacht, sondern diese sich durch ethisch gutes menschliches Handeln der Menschen bzw. der Vertreter einer Religion erweist. In der Ringparabel (dem Kern und Mittelstück des Dramas) sind mit den drei Ringen die drei Weltreligionen (Christentum, Judentum, Islam) gemeint. Die Wahrheit, der wahre Glaube, wird nicht in Dogmen offenbar, sondern durch eigenverantwortliches Handeln. Jede der drei Weltreligionen hat ihre geschichtlich bedingte Eigenständigkeit und ist jeweils eine Form des Gottesglaubens.

ZITAT

Aus dem Mittelteil der Ringparabel:

Es eifre jeder seiner unbestochnen, / Von Vorurteilen freien Liebe nach! / Es strebe jeder um die Wette, / Die Kraft des Steins in seinem Ring' an Tag / Zu legen! Komme dieser Kraft mit Sanftmut, / Mit herzlicher Verträglichkeit, mit Wohltun, / Mit innigster Ergebenheit in Gott/ zu Hilf'! …

(Aus: G. E. Lessing, Nathan der Weise; 1779)

Auswahl wichtiger Autoren und Werke

JOHANN CHRISTOPH GOTTSCHED (1700–1766)
Versuch einer kritischen Dichtkunst vor die Deutschen

FRIEDRICH GOTTLIEB KLOPSTOCK (1724–1803)
Der Messias
Oden

GOTTHOLD EPHRAIM LESSING (1729–1781)
Minna von Barnhelm
Hamburgische Dramaturgie/Schriften zum Theater
Emilia Galotti
Nathan der Weise

3.7 Sturm und Drang, Empfindsamkeit, Klassik und Romantik (um 1740–1830)

Einführung

Auch in dieser Epoche mit unterschiedlichen Stilrichtungen steht die ***Autonomie*** des Menschen und sein Ich-Bewusstsein im Vordergrund. Gedanken der Renaissance (▶ S. 100), des Humanismus(▶ S. 100), der Aufklärung (▶ S. 108 ff.) wirken weiter. So

- steht im *Sturm und Drang* das Genie im Vordergrund, das sich seine eigenen künstlerischen Normen schafft,
- geht es in der Klassik um den allseitig gebildeten Menschen, um Humanität, Ausgleich, Maß,
- steht in der *Romantik* die Autonomie des Individuums im Mittelpunkt, vor allem seine künstlerische Autonomie und die Hochschätzung der inneren Natur des Menschen, seiner Träume und seiner unbewussten Triebe.

Der ***Idealismus*** (I. Kant) ist eine auf Ideale gerichtete Weltanschauung und philosophische Strömung, die davon ausgeht, dass es über der Wirklichkeit eine Welt der Ideen gibt. Ohne den Philosophen Immanuel Kant (1724–1804), der den *Rationalismus* der Aufklärungsphilosophie überwindet (allein aus der Vernunft Erkenntnisse zu gewinnen), wäre das Geistesleben von Klassik und Romantik nicht denkbar. Der Idealismus fasst die Erscheinungswelt als Produkt des Geistes auf; die Dinge an sich vermag der menschliche Geist nicht zu erfassen, weil er an die besondere Struktur seines Bewusstsein gebunden ist. Daraus ergibt sich, dass metaphysische Fragen wissenschaftlich nicht mehr gelöst werden können. Was dem Erkennen versagt bleibt, ist jedoch dem Wollen möglich, weil der Mensch als autonomes Vernunftwesen sein Wollen nach gültigen Prinzipien regeln kann.

ZITAT

Der ***kategorische Imperativ*** drückt dies so aus: „Handle so, dass die Maxime (subjektiver Grundsatz) deines Willens allzeit zugleich als Prinzip einer allgemeinen Gesetzgebung gelten könnte.“ *(Kant)*

Kants Wirkung auf die Dichter ist tiefgreifend; denn er löst die Kunst aus ihrem Zweck-Zusammenhang und begründet so den Eigenwert des Schönen, wodurch das Ich neben erkenntnistheoretischer Autorität auch eine absolute künstlerische Autorität gewinnt. Neu ist auch die Auffassung von der Natur; sie wird in einem umfassenden Sinn verstanden. Hier treffen sich Gedankengänge J.-J. Rousseaus („ Zurück zur Natur!“, d.h.: freie Entfaltung der Persönlichkeit auf der Grundlage von Empfindung und Natur) und des ***Pantheismus*** (Das Göttliche ist wirksam in jedem Vorgang und in jeder Gestalt der Natur.). Der Künstler ist durch die Kraft seiner Natur zum Künstler befähigt.

▸ S. 117: Vgl. den Geniebegriff

Sturm und Drang – „Geniezeit“ (um 1770–1785)

Kennzeichen der literarischen Bewegung

Der Begriff *Sturm und Drang* geht zurück auf den Titel eines Dramas von Maximilian Klinger. Man spricht auch von Geniezeit, weil in dieser Epoche Kreativität und Genialität des künstlerischen Individuums betont werden.

- Der *Sturm und Drang* ist eine neue Bewegung junger Literaten, die eine unmittelbare Empfindung für die Natur entwickeln und hergebrachte dichterische Formen infrage stellen. Das Ideal der Zeit ist nicht mehr (wie in der Aufklärung) der vernünftige Mensch, sondern der natürliche und unverbildete Mensch mit seiner Individualität. Betont wird die Ganzheit des Menschen als Einheit von Verstand und Gefühl. Oberste Maxime wird die schrankenlose Selbstentfaltung des Individuums, seine Spontaneität und Selbsterfahrung.
- Die Bewegung stellt eine Weiterentwicklung der Aufklärung, nicht Gegensatz oder radikale Umkehr dar: Herz und Gefühl werden als Gegenbegriffe zur Vernunft verstanden.
- Die Bewegung hat eine sozialreformerische Komponente; die jungen Schriftsteller greifen offen die feudale Gesellschaftsordnung an. Friedrich Schiller geißelt z. B. in seinem Drama *Kabale und Liebe* die Praxis mancher Fürsten, ihre Untertanen als Soldaten ins Ausland zu „verkaufen".

Der folgende Gedichtauszug ist ein Beispiel für die sozialkritische Zielrichtung der Literatur.

ZITAT

Der Bauer
An seinen durchlauchtigen Tyrannen

Wer bist du, Fürst, dass ohne Scheu
Zerrollen mich dein Wagenrad,
Zerschlagen darf dein Ross?
…
Ha! Du wärst Obrigkeit von Gott?
Gott spendet Segen aus; du raubst!
Du nicht von Gott, Tyrann!

(Aus: G. A. Bürger, Der Bauer; 1775)

◆ Theoretiker und Anreger sind vor allem J.-J. Rousseau und J. G. Herder; J. W. Goethe setzt die Anregungen in die Praxis der Literatur um: Als echte Lyrik gilt die Erlebnislyrik. Der lyrische Sprecher im Gedicht bringt unmittelbar sein persönliches Erleben zum Ausdruck. Begriffe wie *Herz, Schmerz, Natur, Abend, Nacht, Freundschaft, Liebe, Einsamkeit* sind Schlüsselwörter, die die Unmittelbarkeit des Gefühls ausdrücken. Die unmittelbare Empfindung und das spontan gesprochene Wort stehen im Vordergrund, wofür Ausrufe und abgebrochene Sätze oft ein Beleg sind. Beeinflusst werden die Dichter des *Sturm und Drang* durch die europäische **Bewegung der Empfindsamkeit** (um 1740–1780); *empfindsam* und *Herz* werden zu Modewörtern. Die neue Gefühlskultur schlägt sich in Genres nieder wie *Erlebnislyrik, Briefroman, Tagebuch, Autobiografie*, die sich vorzüglich zur Darstellung individueller Gefühle eignen. Die folgenden Beispiele und Auszüge sind typisch für die Dichtung der Empfindsamkeit bzw. des Sturm und Drang.

ZITAT ◆◆

Maifest

Wie herrlich leuchtet
Mir die Natur!
Wie glänzt die Sonne!
Wie lacht die Flur!
…

O Mädchen, Mädchen,
Wie lieb' ich dich!
Wie blinkt dein Auge,
Wie liebst du mich!

So liebt die Lerche
Gesang und Luft,
Und Morgenblumen
Den Himmelsduft.
…

Wie ich dich liebe
Mit warmem Blut,
Die du mir Jugend
Und Freud' und Mut

Zu neuen Liedern
Und Tänzen gibst.
Sei ewig glücklich,
Wie du mich liebst!

(Aus: J. W. Goethe: Maifest, entst. 1771; in einer Umarbeitung aus dem Jahre 1789 erhält das Gedicht den Titel Mailied) ◆◆◆◆◆◆◆

ZITAT

Eine wunderbare Heiterkeit hat meine ganze Seele eingenommen, gleich den süßen Frühlingsmorgen, die ich mit ganzem Herzen genieße. Ich bin allein und freue mich meines Lebens in dieser Gegend, die für solche Seelen geschaffen ist wie die meine. Ich bin so glücklich, mein Bester, so ganz in dem Gefühle von ruhigem Dasein versunken, dass meine Kunst darunter leidet …

(Aus: J. W. Goethe, Die Leiden des jungen Werther, 1774; Auszug aus dem Brief vom 10. Mai)

◆ Vorbilder für die neue Auffassung sind die Dichter Shakespeare, Klopstock, Homer sowie die Bibel und die Volkslieder (Einfluss Herders). Der Begriff des Genies wird auch auf den Dichter übertragen (schöpferische Kraft des Dichters, der frei ist von Bevormundung). Symbolfigur ist der Halbgott Prometheus, der Selbstherrlichkeit und Unabhängigkeit gegenüber den Normen der Gottheit verkörpert. Das dichterische Genie, das selbst Anteil am Göttlichen hat, wiederholt den Schöpfungsakt Gottes. Der folgende Auszug aus Goethes Hymne *Prometheus* verdeutlicht diesen Anspruch.

ZITAT

Bedecke deinen Himmel, Zeus
Mit Wolkendunst!
Und übe, Knaben gleich,
Der Disteln köpft,
An Eichen dich und Bergeshöhn!
…
Ich kenne nichts Ärmer's
Unter der Sonn' als euch Götter.
…
Hier sitz' ich, forme Menschen
Nach meinem Bilde,
Ein Geschlecht, das mir gleich sei,

Zu leiden, weinen,
Genießen und zu freuen sich,
Und dein nicht zu achten,
Wie ich.

(Aus: J. W. Goethe, Prometheus; entst. 1774)

Bevorzugte Gattungen

Drama

Im Mittelpunkt stehen sozialrevolutionäre Inhalte. In Goethes Drama „Götz von Berlichingen“ kämpft die Hauptfigur für Freiheit und Unabhängigkeit; in Schillers Drama „Die Räuber“ will der Räuberhauptmann Karl Moor sogar die Weltordnung verändern. Das dichterische Genie hat auch das Recht, sich von Begrenzungen und formalen Regeln zu lösen. So wird im Gegensatz zum klassizistisch verstandenen aristotelischen Drama die strenge Verssprache durch Prosa ersetzt, die auch alltagsnahe Sprache, Derbheiten, Mundart und Ausrufe enthält. Die geschlossene Dramenform und die Einheit von Ort, Zeit und Handlung werden ersetzt durch ein lockeres Handlungsgefüge, häufigen Ortswechsel, Kurzszenen und Episodenreihungen (***offene Dramenform***, ▶ S. 58).

Lyrik

Die Lyrik dieser Zeit ist stark beeinflusst durch Friedrich Gottlieb Klopstock und durch die literarische Bewegung der Empfindsamkeit (▶ S. 116). Unmittelbare Empfindungen und Gefühle, eigene Erlebnisse werden zur Grundlage von Gedichten. Goethes „Sesenheimer Lieder“ (1771), entstehen unter dem Einfluss der Liebe zu Friederike Brion, einer Pfarrerstochter aus Sesenheim bei Straßburg.

Roman

Typisch ist der Briefroman, Gestaltungsmöglichkeit aus der individuellen Perspektive einer Romanperson; berühmtes Beispiel: J. W. Goethe: *Die Leiden des jungen Werther*

Ballade

Aus der Volksballade (mündlich überlieferte Tanzlieder der unteren Volksschichten) entwickelt sich die Kunstballade (Verbindung von epischem Bericht, lyrischer Stimmung und dramatischer Handlung).

Auswahl wichtiger Autoren und Werke

Friedrich Gottlieb Klopstock (1724–1803)
Gedichte

Johann Wolfgang Goethe (1749–1832)
Götz von Berlichingen mit der eisernen Hand
Die Leiden des jungen Werther
Gedichte, z. B. *Mailied, Prometheus*
Urfaust

Jakob Michael Reinhold Lenz (1751–1792)
Die Soldaten

Friedrich Maximilian Klinger (1752–1831)
Sturm und Drang

Friedrich Schiller (1759–1805)
Die Räuber
Kabale und Liebe

Weimarer Klassik (um 1786–1805)

Historische Zusammenhänge und Bedingungen

Goethes Italienreise (1786) und sein Studium der Antike lässt sich als Beginn der Weimarer Klassik benennen, Schillers Tod als Ende. Man kann die Klassik allerdings auch als die Zeit der intensiven zehnjährigen Zusammenarbeit zwischen den beiden Dichtern Goethe und Schiller bestimmen (1795–1805). In dieser Zeit formulieren sie ihre poetischen Visionen von menschlich mustergültigen, überzeitlichen Wertvorstellungen. Die gedankliche Auseinandersetzung mit Literatur und Philosophie rangiert eindeutig vor der geistigen Auseinandersetzung mit Politik und Staat. Die Ereignisse in Frankreich (Revolution 1789) führen in Deutschland zu keiner vergleichbaren Bewegung.

Gegen Ende des 18. Jh.s entwickelt sich die politisch bedeutungslose Residenzstadt des Herzogtums Weimar mit Goethe, Schiller, Wieland u. a. zum kulturellen Mittelpunkt Deutschlands, wo für mehrere Jahrzehnte die intellektuellen Debatten geführt werden. Klassik und Romantik gelten, im Zusammenhang mit dem ***Idealismus*** Kants (▸ S. 13), als nie wieder erreichter Höhepunkt deutscher Geistesgeschichte.

Typisch für die Weimarer Klassik sind:
- die Förderung durch einen Fürstenhof (Mäzenatentum),
- der Bezug zur Antike; die Werke der Antike werden (neu) entdeckt (vgl. auch Humanismus ▸ S. 100 und Renaissance ▸ S. 100). In ihr sieht man die Harmonie von Geist und Körper und entsprechend das Vorbild für eine Wiedergeburt abendländischer Größe. Angeregt werden die Dichter durch den Kunsttheoretiker J. J. Winckelmann, der die antike Kunst (Einfachheit, Proportion, Harmonie) wiederentdeckt und zum allein gültigen Vorbild erklärt. Das Mittel, um die Menschen zur Humanität und Harmonie (Menschlichkeit, Toleranz, Maß, Vollendung, Übereinstimmung von Geist und Gefühl) auszubilden, sei die Kunst. Die dichterischen Bearbeitungen antiker Stoffe sind Neuschöpfungen aus dem Geist der ***Humanität*** (Beispiele: Goethe, *Iphigenie auf Tauris;* Schiller, *Der Ring des Polykrates*).

Kunstauffassung: Autonomie der Kunst

Die Kunst hat ihren Zweck in sich selbst; dies steht im Gegensatz zur Kunstauffassung der Aufklärung (▸ S. 111); die Kunst soll keine Affekte hervorrufen oder Lehren vermitteln; sie wird vielmehr zur Vermittlerin einer höheren Ordnung, löst den Menschen aus dem Natürlichen und Triebhaften und macht ihm seine höhere Bestimmung bewusst.

Kennzeichen der Epoche

- Ein Leitgedanke der Aufklärung, die ***Autonomie*** des Menschen, bleibt weiterhin wirksam, ebenso wie Menschenwürde,

Selbstbestimmung und Toleranz. Jeder Mensch trägt die natürlichen Anlagen zur sittlichen Selbstbestimmung in sich selbst und kann zur vollen Entfaltung aller moralischen, intellektuellen und kreativen Möglichkeiten kommen. Das Ideal der ***Humanität*** erfüllt sich im Gegensatz zum Sturm und Drang nur dadurch, dass der Einzelne sich eingebunden fühlt in die Verantwortung gegenüber der Gemeinschaft und dem Sittengesetz. Humanität bleibt eine Forderung, nach deren Verwirklichung zu streben ist. Die Vertreter der Klassik vertreten ein humanes Weltbürgertum (vgl. Aufklärung); nationalistisch-engstirnige Denkweisen werden abgelehnt. So gilt das Interesse des klassischen Goethe u. a. der Weisheit und Mystik des Orients (vgl. die Liedersammlung *West-östlicher Divan*, 1814/19).

- Der Mensch vermag als Vernunftwesen sein Handeln aus freiem Willen heraus zu gestalten, Triebe und Neigungen zu unterwerfen und nach allgemeingültigen Prinzipien auszurichten. Das Gutsein wird so zu einer individuellen Leistung. Der Mensch ist von höheren Mächten abhängig; es gibt ein vom einzelnen Menschen unabhängiges Moralgesetz.
- Im Gegensatz zur Sturm-und-Drang-Bewegung, in der die schrankenlose Selbstentfaltung des Individuums und die schöpferische Freiheit vertreten wird, wächst das Bedürfnis nach Gesetz, Maß und Regel. Als Prinzipien gelten das organische Wachstum sowie Ausgleich und Harmonie. In der Weimarer Klassik finden insgesamt wichtige Strömungen der Geistes- und Kulturgeschichte zusammen, z. B. die Vorstellungen von antiker Kunst (Renaissance ▶ S. 100), von Humanismus (▶ S. 100), von aufgeklärtem Bewusstsein (▶ S. 110), von der Autonomie des Subjekts und seiner Gefühle (▶ S. 113).

Als Beispiel kann der folgende Auszug aus J. W. Goethes Gedicht *Grenzen der Menschheit* gelten. Insbesondere im Vergleich zu der Sturm-und-Drang-Hymne *Prometheus* (▶ S. 117) wird hier die Begrenztheit des Menschen zwischen den Polen des Irdischen und Göttlichen deutlich. Dessen neue Einstellung ist Demut und Ehrfurcht gegenüber der Gottheit.

ZITAT

Wenn der uralte
Heilige Vater
Mit gelassener Hand
Aus rollenden Wolken
Segnende Blitze
Über die Erde sät,
Küss ich den letzten
Saum seines Kleides,
Kindliche Schauer
Treu in der Brust.

Denn mit Göttern
Soll sich nicht messen
Irgendein Mensch …
Ein kleiner Ring
Begrenzt unser Leben …

(Aus: J. W. Goethe, Grenzen der Menschheit; 1789)

◆ Die Weimarer Klassik entwickelt ein strenges Ethos der Form; hinter den Einzelerscheinungen wird das Allgemeingültige, Wesentliche, das Typische der Formen gesucht. Im 18. Jh. hat sich die Sprache zu einer differenzierten Literatursprache (vgl. mittelhochdeutsche Literatursprache ▸ S. 40) entwickelt, an deren Erweiterung alle bedeutenden Autoren dieser Zeit ihren Anteil haben. Dieser Kunst-Sprache entspricht ein bestimmter Sprachgebrauch. Die Wirklichkeit wird nicht naturalistisch wiedergegeben, umgangssprachliche Wendungen und dialektale Ausdrücke scheiden aus, ebenso individueller oder ironischer Ausdruck.

Bevorzugte Literaturgattungen

Lyrik

Zum Beispiel philosophische Gedichte Schillers, in denen kunsttheoretische Überlegungen formuliert werden; Goethes klassische Lyrik wird (im Gegensatz zum Sturm und Drang) ausgeglichen und vergeistigt; es wird Idealtypisches zum Ausdruck gebracht. Antike Formen wie *Hymne*, *Elegie* und *Ode* finden Verwendung, ebenso antike Metren wie *Distichon* und *Hexameter* (▸ S. 64). Mit der eher volkstümlichen Form der *Ballade* wollen Goethe und Schiller ihr idealistisches Kunstverständnis volkstümlich vermitteln.

Drama

Die Stoffe entstammen in der Regel der Geschichte (z. B. Schiller: *Wilhelm Tell*) oder der griechischen Mythologie (z. B. Goethe: *Iphigenie auf Tauris*). Thematisch geht es um klassische Ideale wie *Freiheit* oder *Humanität*.

Prosaentwürfe aus der Zeit des Sturm und Drang werden zum Teil in Verse umgeschrieben (vgl. z. B. Goethes Arbeit an den Dramen *Faust* und *Iphigenie auf Tauris*).

Die stilisierenden Tendenzen zeigen sich vor allem in einer gebundenen typisierenden Sprache. Versmaß der deutschen Klassik ist der *Blankvers* (▸ S. 64). Typisch ist auch die geschlossene Form (▸ S. 58) des klassischen Dramas.

BEISPIEL Goethes Drama *Iphigenie auf Tauris*: Iphigenie fühlt sich bei ihren Entscheidungen der „Stimme der Wahrheit und der Menschlichkeit" verpflichtet.

Roman

Der Bildungsroman stellt die geistig-seelische Entwicklung einer Person in der Auseinandersetzung mit der Welt dar. Dabei ist das Bildungsideal der Humanität maßgebend.

Auswahl wichtiger Autoren und Werke

JOHANN WOLFGANG GOETHE (1749–1832)

Faust I und II
Iphigenie auf Tauris
Wilhelm Meisters Lehrjahre
Dichtung und Wahrheit
Balladen/Gedichte, z. B. *Der Zauberlehrling*; *Das Göttliche*

FRIEDRICH SCHILLER (1759–1805)
Wallenstein
Maria Stuart
Wilhelm Tell
Balladen/Gedichte, z.B. *Die Bürgschaft*
Der Ring des Polykrates

Romantik (um 1795–1830)

Einführung

Die Romantik als Epoche ist gekennzeichnet durch ihre relativ lange Dauer, ihre Vielfalt und ihre Widersprüchlichkeit. Man unterscheidet:

- die Frühromantik (1795–1805), im Zeichen der Französischen Revolution
- die Hochromantik (1806–1815), im Zeichen der Befreiungskriege
- die Spätromantik (1815–1830), im Zeichen der Restauration

Geistesgeschichtlich stellt die Epoche die letzte Stufe des ***Idealismus*** dar. Die romantische Poetologie lehnt das im 19. Jh. noch weithin bestimmende Prinzip der Naturnachahmung in der Kunst ab. Typisch für diese Zeit ist, dass sich Dichter zu Freundeskreisen zusammenschließen. Zum ersten Mal spielen Frauen eine wichtige Rolle: Bettina Brentano, Caroline Schlegel, Karoline von Günderode.

Kennzeichen der Epoche

- Die Epoche der Romantik verläuft zeitweise parallel zur Epoche der Weimarer Klassik. Im Gegensatz zu ihr ist die Romantik eine europäische Bewegung. Es gibt ein lebhaftes Interesse an Dichtungen anderer Sprachen, sodass zahlreiche Übersetzungen entstehen. Die Romantik knüpft an Gedanken des *Sturm und Drang* an (▶ S. 114 ff.), z.B. in der Hochschätzung der Gefühle und in der Wertschätzung der Volkspoesie, mit der Weimarer Klassik verbindet sie die hohe Einschätzung der Kunst.

- Bestimmende weltanschauliche und ästhetische Prinzipien sind Subjektivität und Universalität. So vertreten die Romantiker die absolute künstlerische ***Autonomie***: Das künstlerische Genie erfasst poetisierend alle Lebensbereiche (vgl. unten). Der Dichter ist keinerlei Reglementierung unterworfen; alle bislang gültigen Grenzen der Realitätserfahrung werden negiert. Die romantischen Dichter setzen sich vom Formideal der Klassik ab; der Literaturbegriff wird ausgeweitet auf die ***Volkspoesie*** (Volkslieder, Märchen, Sagen). Besonders im Märchen sehen die Romantiker Ursprung und Wesen der Poesie: „Es gibt keinen wahren Realismus als den der Poesie." (Friedrich Schlegel)
- Die Romantiker verlangen unbeschränkte dichterische Freiheit (vgl. oben). Motive der Romantik sind vor allem: Sehnsucht, Wandern, Suche nach dem Unbekannten, Natur, Leiden an der Entfremdung von der Natur, Sehnsucht nach der verlorenen Einheit, Liebe, Vergangenheitsbezug, insbesondere der Bezug auf das Mittelalter. Auch das Unheimliche und die innere Natur des Menschen (Triebe, Unbewusstes) werden einbezogen. Überspitzte Gefühle und Nachtseiten der menschlichen Seele (wie Dämonie, Wahnsinn, Schwärmerei) stehen nicht selten im Mittelpunkt der Dichtung.
- Weit mehr als in der Weimarer Klassik findet die Romantik ihren Ausdruck in den verschiedenen Künsten: Dichtung, Malerei (z. B. C. D. Friedrich), Musik (z. B. F. Schubert, R. Schumann, C. M. von Weber) und Wissenschaften. Schlegel spricht von *progressiver Universalpoesie*. Die Kunst soll in das Leben eindringen und die Gesellschaft poetisieren, sie soll alle Lebensbereiche durchdringen. In einem Gesamtkunstwerk sollen die Gattungen der Literatur zusammengeführt, ***Volkspoesie*** und ***Kunstpoesie*** verbunden werden. Die romantische Poesie wird als progressiv verstanden: Sie entwickelt sich immer weiter und kann nicht zu einem Ende gebracht werden. Entsprechend bleiben auch viele Prosa-Dichtungen Fragment.

Eine allgemeingültige Poetik haben die Romantiker nicht entwickeln können.

Das Gedicht von Novalis *Wenn nicht mehr Zahlen und Figuren* ist ein programmatischer Text der Romantik: Rationales Denken und naturwissenschaftliche Versuche können den Weltzusammenhang nicht erklären, dagegen führen Märchen und Poesie zu ewigen Wahrheiten. Der Künstler ist der Mittler wahrer Erkenntnis.

ZITAT

Wenn nicht mehr Zahlen und Figuren
Sind Schlüssel aller Kreaturen, (...)
Und man in Märchen und Gedichten
Erkennt die ew'gen Weltgeschichten,
Dann fliegt vor Einem geheimen Wort
Das ganze verkehrte Wesen fort.

(Aus: Novalis, d. i. Friedrich von Hardenberg, Wenn nicht mehr Zahlen und Figuren; 1802)

Bevorzugte Textarten

Märchen

Die Hochschätzung des Märchens wird im Sturm und Drang vorbereitet. Die Märchensammlungen der Brüder Grimm und von Bechstein sowie die Märchendichtungen (Kunstmärchen) der Romantiker treffen auf großes Interesse.

Roman, Erzählung, Novelle

Im Sinne der *progressiven Universalpoesie* Schlegels sind in den Prosagattungen verschiedene Formen der Poesie vermischt; so gilt Lyrik weniger als autonome Gattung, sondern vielmehr als Bestandteil des Romans. Typisch ist auch die Austauschbarkeit und Verknüpfung der einzelnen Künste (Poesie, Malerei, Musik). Im Sinne des Programms der Universalpoesie wird die übliche Form des Romans immer wieder durch Lieder, Gedichte, Märchen aufgebrochen und verändert. In den Romanen und Erzählungen wird viel gesungen und musiziert. Typisch romantische Motive sind *Reisen, Vergänglichkeit, Einsamkeit, Schwermut.*

Auswahl wichtiger Autoren und Werke

NOVALIS (Friedrich von Hardenberg) (1772–1801)
Heinrich von Ofterdingen
LUDWIG TIECK (1773–1853)
Der blonde Eckbert
Des Lebens Überfluss
E. T. A. HOFFMANN (1776–1822)
Die Elixiere des Teufels
Der Sandmann
Kater Murr
CLEMENS BRENTANO (1778–1842) und
ACHIM VON ARNIM (1781–1831)
Des Knaben Wunderhorn
KAROLINE VON GÜNDERODE (1780–1806)
Gedichte und Phantasien
JOSEPH VON EICHENDORFF (1788–1857)
Aus dem Leben eines Taugenichts
Gedichte
HEINRICH HEINE (1797–1856)
Buch der Lieder

3.8 Junges Deutschland, Vormärz und Biedermeier (um 1815–1849)

Historische Zusammenhänge

Der für die Zeit von 1815 (Wiener Kongress) bis zur Märzrevolution (1848) zentrale Begriff heißt *Restauration*. Der Begriff kennzeichnet den Versuch, die Zustände vor der Französischen Revolution, d. h. die alte feudale Ordnung, wiederherzustellen. Die Politik der Restauration ist besonders geprägt vom österreichischen Staatskanzler Fürst Metternich. Nationale und liberale Bewegungen (des Bürgertums), die als Gefahr für die Macht der Fürsten und die bestehenden Verhältnisse gelten, werden mithilfe der Zensur unterdrückt. Mit den Karlsbader Beschlüssen

(1819) wird die Pressefreiheit aufgehoben und die Zensur von Büchern und Zeitschriften verfügt. *Demagogen* (Volksverführer) werden verfolgt (Bespitzelung, Berufsverbot, Ausweisung und Emigration, Freiheitsstrafe).
Die Zeit des *Vormärz* 1830–1848 (der Begriff nimmt Bezug auf den Ausbruch der Revolution im März 1848) bringt eine zunehmende Politisierung des Bürgertums (Gegenbewegung zur Restauration: Kritik gegenüber dem *System Metternich*; liberale Forderungen, ▶ S. 129).

Kennzeichen der Epoche
Die zunehmende Kommerzialisierung des literarischen Marktes ist bedingt durch ein gesteigertes Informationsbedürfnis breiter Bevölkerungskreise; Zeitungen, Zeitschriften und Bücher erleben steigende Auflagenzahlen; die potentielle Leserschaft beträgt bis zu 80 % der Bevölkerung. Um das Lesebedürfnis zu stillen, werden Leihbibliotheken gegründet; allein in Berlin gibt es von 1830–1848 über 600 davon.

Junges Deutschland
Den jungen Literaten und Journalisten der Richtung *Junges Deutschland* (der Name versteht sich als Abgrenzung zum „alten" Deutschland) geht es um politisches Engagement. Wichtigste Vertreter dieser Richtung sind Heinrich Heine, Karl Gutzkow, Heinrich Laube; sie werden insbesondere durch revolutionäre Ereignisse (Julirevolution 1830 in Frankreich; Bürgerprotest beim Hambacher Fest, 1832; Sturm auf die Frankfurter Hauptwache, 1833; Weberaufstand, 1844; Revolution in Frankreich und Deutschland, 1848) angeregt und kämpfen für Liberalismus und sozialen Fortschritt, gegen Feudalismus und Adelsgesellschaft, gegen erstarrte Moralvorstellungen. Wichtigstes Instrument in diesem Kampf wird die Presse.
Die Generation der jungen Literaten und Journalisten, die der Romantik nachfolgt, kennzeichnet das Bewusstsein von der verlorenen Einheit der Welt (Kluft zwischen Ideal und Wirklich-

keit); sie grenzen sich von der Klassik und der Romantik (Vorwurf der Weltfremdheit und mangelnder gesellschaftlicher Relevanz) ab. Die Literatur soll bewusst populär sein und Wirkungen erreichen. Eine Sonderrolle spielt dabei der deutsche Dichter und europäische Kosmopolit Heinrich Heine, dessen widersprüchliche und zugleich faszinierende Wirkung nur aus seinem komplexen Gesamtwerk (Dichtung: Lyrik/Prosa; Publizistik: Essay/Feuilleton) zu verstehen ist. Eine besondere Stellung nimmt auch Georg Büchner (▸ S. 131, 135) ein, der in seinen politischen Ansichten den Jungdeutschen nahesteht, mit seinem literarischen Werk, vor allem den Dramen (*Woyzeck, Dantons Tod*) weit über seine Zeit hinaus wirkt, bis hin zum Naturalismus (soziales Drama ▸ S. 135) und Expressionismus (Sprengung der traditionellen Formen ▸ S. 141). Georg Büchner führt den „negativen Helden", den Antihelden, der als sozial deklassierter Mensch zum Opfer seiner Umwelt wird, in das Drama ein (*Woyzeck*). Die Literatur der Jungdeutschen wird im Jahre 1835 durch einen Beschluss der deutschen Bundesversammlung in Frankfurt verboten.

Vormärz

Die politisch engagierte Bewegung des Vormärz (▸ S. 128) wird angestoßen durch die französische Julirevolution 1830. Einen wichtigen Schwerpunkt der z. T. radikal-demokratisch orientierten Autoren bilden politische Schriften (politische Lyrik; politische Publizistik). Vertreter sind vor allem Ludwig Börne, Georg Herwegh, Georg Weerth, Ferdinand Freiligrath. Damit entsteht erstmals eine theoretisch reflektierte Literatur, die sich scharf von den Literaturkonzepten der Goethezeit abgrenzt. Als besonders leidenschaftlicher Republikaner erweist sich Börne. Die Differenzen zwischen ihm, der die Revolution in Deutschland erhofft und nur politische Themen literarisch verarbeitet, und Heinrich Heine, der sich (als Dichter) nicht auf eine feste politische Position festlegen lassen will, sind grundsätzlicher Art.

ZITAT

Reißt die Kreuze aus der Erden!
Alle sollen Schwerter werden.
Gott im Himmel wirds verzeihn.
Gen Tyrannen und Philister!
Auch das Schwert hat seine Priester,
Und wir wollen Priester sein.

(Aus: Georg Herwegh, Aufruf; 1841)

Biedermeier

Diese literarische Strömung (der Begriff *Biedermeier* stammt aus einer satirischen Schrift) bezeichnet eine unpolitische Richtung der Literatur, die neben der auslaufenden Romantik und dem Jungen Deutschland entsteht. Diese literarische Richtung ist nicht politisch orientiert, sie knüpft am Idealismus von Klassik und Romantik an. In der Dichtung drückt sich ein Lebensgefühl aus, das insbesondere durch Ehrfurcht vor dem Überlieferten, durch den Rückzug ins Private, das stille Glück in Familie, Heimat und Idylle geprägt ist.

Hervorzuheben ist die Dichterin Annette von Droste-Hülshoff, die bis heute besonders durch ihre Lyrik (z. B. *Der Knabe im Moor*) bekannt geblieben ist. Die Novelle *Die Judenbuche* gilt als ihr erzählerisches Meisterwerk; es geht in dieser Milieuschilderung aus Westfalen um menschliche Verstrickungen und göttliche Gerechtigkeit.

Bevorzugte Gattungen

Junges Deutschland/Vormärz

Politische Lyrik, Reiseberichte und Briefe, die aufgrund der Zensurmaßnahmen oft fingiert sind (z. B. die *Reisebilder* von Heinrich Heine) und hinter denen sich satirisch verpackte Zeitkritik verbirgt.

Biedermeier

Bevorzugte Formen sind:
Novelle, Kleinformen der Erzählung, Märchen, Idylle, Lyrik.

Auswahl wichtiger Autoren und Werke

Ludwig Börne (1786–1837)
Briefe aus Paris
Politische Lyrik

Annette von Droste-Hülshoff (1797–1848)
Die Judenbuche
Gedichte

Heinrich Heine (1797–1856)
Reisebilder
Deutschland. Ein Wintermärchen
Gedichte, z. B. *Die schlesischen Weber*

Heinrich Hoffmann von Fallersleben (1798–1874)
Das Lied der Deutschen

Eduard Mörike (1804–1875)
Mozart auf der Reise nach Prag

Adalbert Stifter (1805–1868)
Der Hochwald
Der Nachsommer

Georg Büchner (1813–1837)
Der hessische Landbote
Dantons Tod
Woyzeck

3.9 Poetischer (oder bürgerlicher) Realismus (um 1848–1890)

Historische Zusammenhänge

Das Scheitern der bürgerlich-demokratischen Revolution 1848/49 verändert die gesellschaftlich-politische Situation; im Jahre 1871 siegt mit der Gründung des neuen deutschen Reiches durch Bismarck das Prinzip der nationalen Einheit über liberal-demokratische Prinzipien. Zur Veränderung der Gesellschaft tragen auch folgende Faktoren bei:

- Neue Erkenntnisse in den Naturwissenschaften, Erfindungen im Bereich der Technik und Medizin, damit verbunden ein teilweise naiver Fortschrittsglaube und allmähliche Infragestellung bzw. Auflösung religiöser und ethischer Bindungen,
- Zunahme der Bevölkerung, Landflucht und Verstädterung,
- industrieller Fortschritt und die sich daraus ergebenden sozialen Probleme (Verelendung von Teilen der Bevölkerung, Gegensatz zwischen vermögendem Bürgertum und dem Proletariat, Entstehen der sozialen Frage),
- den literarischen Markt des 19. Jh.s beherrschen Familienzeitschriften (als Vorläufer unserer Illustrierten); hervorzuheben ist die *Gartenlaube* (gegr. 1853), deren Starautorin Eugenie Marlitt insbesondere durch ihre Romane bekannt wird. Merkmale der Familienzeitschriften sind u. a.: Unterhaltungscharakter, ansprechende Gestaltung und idealisierende Bebilderung, allgemeine Verbreitung, Vermeiden von Tabuthemen.

Kennzeichen der Epoche

Das Lebensgefühl der Zeit ist durch die Spannung zwischen Altem und Neuem geprägt: Das Bewusstsein irdischer Vergänglichkeit, Zweifel, Ironie und Resignation verbinden sich mit der Erkenntnis, dass man sich dem Neuen nicht verschließen kann. Zentrales Thema der Literatur ist der Mensch und seine Beziehung zu Umwelt und Wirklichkeit.

In der 2. Hälfte des 19. Jh.s verbindet sich mit dem Begriff ***Realismus*** die Orientierung an der Wirklichkeit und die Abwendung von der idealistischen Weltsicht in Klassik und Romantik. Realistische Schreibweise wendet sich inhaltlich der erfahrbaren Wirklichkeit und den Realitäten des Lebens zu. Dargestellt werden soll die zeitgenössische Wirklichkeit, gleichzeitig wird das Typische, Wesentliche und immer Gültige hervorgehoben. Die „extremen" Seiten des realen Lebens (z. B. Krankheit, Sexualität) werden nicht dargestellt, der Humor ermöglicht Distanz. Im Unterschied zum Jungen Deutschland (▸ S. 128) wird die Eigenständigkeit des Kunstwerks betont.

ZITAT

Theodor Fontane erklärt den Realismus so:
„Vor allen Dingen verstehen wir nicht darunter das nackte Wiedergeben alltäglichen Lebens, am wenigsten seines Elends und seiner Schattenseiten ... Er ist die Widerspiegelung alles wirklichen Lebens, aller wahren Kräfte und Interessen im Elemente der Kunst ... Er umfängt das ganze reiche Leben, das Größte wie das Kleinste ...Denn alles das ist wirklich. Der Realismus will nicht die bloße Sinnenwelt und nichts als diese; er will am Allerwenigsten das bloß Handgreifliche, aber er will das Wahre. Er schließt nichts aus als die Lüge, das Forcierte, das Nebelhafte, das Abgestorbene – vier Dinge, von denen wir glauben, eine ganze Literaturepoche bezeichnet zu haben." *(1835)*

Das Denken der Dichter wird entscheidend angeregt durch die deutschen Philosophen Arthur Schopenhauer (1788–1860) und Friedrich Nietzsche (1844–1900), die eine eher pessimistische Weltorientierung vermitteln. International wegweisend sind vor allem der englische Dichter Charles Dickens (z. B. *Oliver Twist*), französische Dichter (Balzac, Flaubert, Zola) sowie russische Literaten (Turgenjew, Tolstoi, Dostojewski).

Bevorzugte Gattungen

Epische Formen

Novelle (als geschlossenste Form einer Erzählung); Roman. Die große Beliebtheit der epischen Formen hängt mit der weiten Verbreitung zusammen, die diese Texte in Familienzeitschriften (▸ S. 138) und Leihbibliotheken finden.

Lyrik

Viele Gedichte entsprechen inhaltlich und formal eher dem, was auch schon für die Werke der Vergangenheit kennzeichnend war. Es dominieren daher auch eher zeitlose Themen wie Liebe, Heimat, Naturerleben. Die Lyrik hat eine geringere Bedeutung als die erzählende Literatur.

Auswahl wichtiger Autoren und Werke

FRIEDRICH HEBBEL (1813–1863)
Maria Magdalena
THEODOR STORM (1817–1888)
Hans und Heinz Kirch
Der Schimmelreiter
Gedichte
THEODOR FONTANE (1819–1898)
Effi Briest
Der Stechlin
Gedichte/Balladen
GOTTFRIED KELLER (1819–1890)
Der grüne Heinrich
Romeo und Julia auf dem Dorfe
CONRAD FERDINAND MEYER (1825–1898)
Das Amulett
Gustav Adolfs Page
WILHELM RAABE (1831–1910)
Die Chronik der Sperlingsgasse
Der Hungerpastor

3.10 Naturalismus (um 1890–1900)

Zeitgeschichtliche Rahmenbedingungen

Europa erlebt gegen Ende des 19. Jh.s einen Epochenumbruch, der viele menschliche Lebensbereiche berührt. In rasendem Tempo vollziehen sich technologische und naturwissenschaftliche Veränderungen. Sigmund Freuds Theorien eröffnen eine neue Sicht des menschlichen Seelenlebens. Großstädte werden zu Metropolen mit neuen Medien (Film, Rundfunk, Fernsehen), neuer Massenkultur (Boulevardpresse) und neuer Informationsmittel (Telefon, Telegraf, Schreibmaschine). Der Glaube an ein einheitliches Weltbild gilt in der aufkommenden industriellen Massengesellschaft als längst zerbrochen.

Der Naturalismus geht geistesgeschichtlich aus dem Realismus hervor. Er wird auch als *konsequenter Realismus* bezeichnet. In der Literatur geht es vor allem um folgende Zielsetzungen:

- Es werden realistische Gestalten geschaffen und dabei die den Menschen in seinem Verhalten determinierenden Faktoren (Milieu, Psyche, Vererbung, Triebe, Arbeitswelt, Sozialstruktur) analysiert und dargestellt.
- Soziale Themen (Proletarisierung, Emanzipation der Frau) treten ins Zentrum, auch Alltägliches, Hässliches und Triebhaftes ist Gegenstand der Poesie; selbst tabuisierte Themen (wie Geisteskrankheit, Alkoholismus) finden Eingang in die Literatur. Oft rücken von der Gesellschaft ausgestoßene Menschen der unteren Klassen ins Zentrum der Texte.

- Im Drama wird insbesondere die ***Determiniertheit*** des menschlichen Handelns herausgestellt (vgl. oben). Damit im Zusammenhang steht auch die Wiederentdeckung von Georg Büchner (Dramenfragment *Woyzeck* ▶ S. 129) durch die Naturalisten. Neue Darstellungsmittel wie Dialekt und Umgangssprache finden Eingang in die Dichtung.

BEISPIEL Gerhart Hauptmann, *Die Weber*. Den historischen Hintergrund dieses Stückes bildet der Aufstand der Not leidenden schlesischen Weber (1844) gegen ihre Arbeitgeber, die Unternehmer; Milieu und Atmosphäre werden u. a. durch die Sprechweise der Figuren geschildert.

- Die Formel *Kunst = Natur – x* geht auf den bedeutendsten Theoretiker des „konsequenten Naturalismus“ Arno Holz („Die Kunst hat die Tendenz, wieder Natur zu sein“) zurück. Er meint mit dieser Formel, ein Kunstwerk sei umso vollkommener, je mehr es mit der Natur/Realität übereinstimmt.
- Künstlerisches Hauptmerkmal des Naturalismus ist der *Sekundenstil*; akribisch genau werden der Zeitablauf einer Handlung, Vorgänge (Tropfen eines Wasserhahns, Knirschen einer Holzbohle) oder das Verhalten der Personen (Dialekt, Stottern, Gähnen) dargestellt. Eine Dramenszene oder ein Prosaabschnitt sollen genauso lang sein wie in der Wirklichkeit (Übereinstim-

mung von Erzählzeit und erzählter Zeit). Äußere und innere Wirklichkeit werden dabei als gleichgewichtig angesehen, vergleichbar mit der filmischen Darstellung ohne irgendeine Raffung oder Dehnung.

- In der naturalistischen Lyrik wird mit traditionellen Formen gebrochen. Arno Holz z. B. ordnet die Verszeilen an einer Mittelachse an, verzichtet auf Reim und Strophen und stellt auf diese Weise den Sprachrhythmus ins Zentrum.
- Angeregt und beeinflusst werden die deutschen Naturalisten durch den Franzosen Émile Zola, die skandinavischen Dramatiker Henrik Ibsen und August Strindberg und die russischen Schriftsteller Feodor M. Dostojewski und Leo Tolstoi.

ZITAT

Eine schluchzende Sehnsucht mein Frühling,
ein heisses Ringen mein Sommer –
wie wird mein Herbst sein?
Ein spätes Garbengold?
Ein Nebelsee?

(Arno Holz, Phantasus; 1898)

Auswahl wichtiger Autoren und Werke

GERHART HAUPTMANN (1862–1946)
Bahnwärter Thiel
Die Weber
Der Biberpelz
Die Ratten

ARNO HOLZ (1863–1929)
Phantasus (Gedichtzyklus)

ARNO HOLZ/JOHANNES SCHLAF (1862–1941)
Papa Hamlet
Gedichte

FRANK WEDEKIND (1864–1918)
Frühlings Erwachen
Lulu

3.11 Gegenbewegungen zum Naturalismus (1890–1918)

Kennzeichen der Epoche

Der Beginn der literarischen Moderne, zu der auch der Naturalismus zählt, ist durch eine Vielfalt unterschiedlicher, zum Teil widersprüchlicher Tendenzen, Bewegungen und Gegenbewegungen gekennzeichnet. Der als krisenhaft erlebte Umbruch bedeutet auch eine Krise der sprachlichen und künstlerischen Ausdrucksmöglichkeiten.
Schon früh bilden sich Gegenströmungen zum Naturalismus heraus, womit die einseitig auf Wirklichkeit bezogenen Konzepte infrage gestellt bzw. aufgegeben werden.

Impressionismus

Dieser Begriff bezeichnet ursprünglich eine Richtung in der französischen Malerei (Monet, Manet); es geht ihr besonders darum, mit bildnerischen Mitteln den Eindruck der Wirkung von Licht, Farbe und Luft auf die Gegenstände wiederzugeben. Damit wird der subjektive Ausdruck betont. Der Begriff wird auf die Literatur übertragen; es geht um die Wiedergabe von individuellen Eindrücken und Stimmungen in lautmalerischer Sprache. Impressionismus bezeichnet in der Literatur eher eine Stilrichtung, die sich auch in anderen literarischen Bewegungen wie Sturm und Drang, Romantik, Biedermeier wiederfindet.

Neuromantik

Betont wird mit diesem Begriff vor allem die Anknüpfung an die zurückliegende Epoche der Romantik. Eingefordert werden daher Gefühle, Innerlichkeit, Seelentiefe, Heimatverbundenheit.

Symbolismus

Diese literarische Strömung wendet sich besonders deutlich gegen Ziele und kunsttheoretische Auffassungen von Realismus und Naturalismus. Mit dem Begriff *Symbolismus* wird besonders deutlich das ästhetische Moment und der bewusste Kunstwille hervorgehoben (Tiefsinn und Symbolwert bestimmter Worte). Der Symbolismus hat – wie die Stilrichtung des Impressionismus – seinen Ursprung in Frankreich.

Die Kunsttheorie dieser Zeit kennzeichnet insbesondere, dass der Absolutheitsanspruch der Kunst erhoben wird; die Kunst soll um ihrer selbst willen da sein (*l'art pour l'art*). Sie hat die Aufgabe, das Schöne darzustellen und zu verherrlichen: *poésie pure* im Gegensatz zur Indienstnahme der Kunst für politische oder soziale Ziele (*poésie engagée*).

Die Darstellung des Hässlichen und die Vereinnahmung der Kunst für politische Aussagen wird abgelehnt. Es geht nicht darum, die breite Masse zu erreichen, sondern darum,

- ein „höheres Reich der Kunst" zu vertreten,
- dem Wesen der Dinge auf die Spur zu kommen und mit dem dichterischen Wort die Wahrheit zu verkünden.

ZITAT

Des sehers wort ist wenigen gemeinsam:
Schon als die ersten kühnen wünsche kamen
In einem seltnen reiche ernst und einsam
Erfand er für die dinge eigne namen –
...

(Stefan George, Des Sehers Wort; 1897)

Décadence und Fin de Siècle

Gegen Ende des Jahrhunderts herrscht ein Gefühl des Niedergangs vor, das Gefühl, die abendländische Kultur gehe ihrem Ende entgegen („décadence" = Niedergang; fin de siècle = Ende des Jahrhunderts). Der Glaube an ein einheitliches Weltbild in der aufkommenden Massengesellschaft gilt als längst zerbrochen. Lebensangst ist eine der Grundstimmungen in dieser als krisenhaft erlebten Zeit. Das Gefühl des „Krankseins" allerdings – so die Einstellung – gehe für den Künstler einher mit einer größeren Empfindungstiefe gegenüber den Gegenständen der

Welt und ihrer Darstellung: Wer „krank“ sei, sei empfindlicher und nehme intensiver wahr (vgl. die Darstellung des Künstlers in Thomas Manns Novelle *Tonio Kröger* oder die Darstellung des Schriftstellers Gustav von Aschenbach in der Novelle *Der Tod in Venedig*).

Bevorzugte Textgattungen

In dieser Zeit ist das Gedicht eine der bevorzugten Textarten. Dies ergibt sich aus dem entschiedenen Kunstwillen der Zeit. Der Versuch der Dichter, dem Wesen der Dinge auf die Spur zu kommen, führt zu einer intensiven Verfeinerung der sprachlichen Mittel. Dies gilt besonders auch für das epische Werk Thomas Manns.

Auswahl wichtiger Autoren und Werke

ARTHUR SCHNITZLER (1862–1931)
Liebelei
Der Reigen
Anatol
Leutnant Gustl
Traumnovelle
STEFAN GEORGE (1868–1933)
Gedichte, z. B. *Komm in den totgesagten Park*
HEINRICH MANN (1871–1950)
Professor Unrat
Der Untertan
CHRISTIAN MORGENSTERN (1871–1914)
Gedichte
HUGO VON HOFMANNSTHAL (1874–1929)
Gedichte
Jedermann
THOMAS MANN (1875–1955)
Die Buddenbrooks
Tonio Kröger
Der Tod in Venedig

RAINER MARIA RILKE (1875–1926)
Gedichte
HERMANN HESSE (1877–1962)
Unterm Rad

3.12 Expressionismus (um 1910–1920)

Historische Zusammenhänge

Der Expressionismus ist eine gesamteuropäische Kunstbewegung, die von der Malerei ausgeht. Er umfasst eine thematisch, sprachlich und stilistisch vielgestaltige Literatur, die die allgemeine Aufbruchstimmung zu Beginn des neuen Jahrhunderts, aber auch die Fragen, Bewusstseinskrisen, Probleme der entfremdeten Verhältnisse und das politische Chaos der Zeit widerspiegelt. Der Erste Weltkrieg markiert einen bedeutsamen Einschnitt; durch diesen und die Zeit danach ändert sich die Welt entscheidend.

Kennzeichen der Epoche

In der bildenden Kunst entsteht der Expressionismus als Reaktion auf die Ziele des Impressionismus, dem man eine radikale Steigerung des Ausdrucks entgegensetzt. Abgelehnt werden auch die strenge naturwissenschaftliche Haltung des Naturalismus und der Ästhetizismus des Symbolismus. Seine Darstellungsmittel sind radikale Vereinfachungen, Verzerrungen in Form und Proportion, grelle Kontraste durch intensive Farbgebung, übersteigerte Formgebung.

Als literarische Epoche ist der Expressionismus eine revolutionäre Bewegung junger Leute, die sich vor allem mit folgenden Problemen kritisch auseinandersetzen:

- moderne Zivilisation und Großstadtwelt; Bewusstsein der Entfremdung und Verlorenheit,
- erstarrte Konventionen und verlogene Moralvorstellungen der Vätergeneration,

- Untertanengeist des „Wilhelminismus“,
- Schrecken und Sinnlosigkeit eines Krieges.

Den Vertretern der unterschiedlichen Richtungen (z. B. *Kubismus, Futurismus, Dadaismus, Surrealismus*) ist die Furcht vor einer elementaren Bedrohung geistiger Werte durch technischen Fortschritt, Bürokratie und Militärgewalt gemeinsam. Die Zusammenarbeit zwischen Schriftstellern, Grafikern und Malern ist in kaum einer Epoche so intensiv: Maler wie Kokoschka, Kirchner, Beckmann illustrieren Bücher und Zeitschriften. Die Titel der Zeitschriften sind programmatisch: *Der Aufbruch, Die Entfaltung, Der Aufschwung, Der Ruf.*

In ihren dichterischen Visionen beschwören die Expressionisten auf der einen Seite Verfall, Untergang und Weltende, auf der anderen Seite proklamieren sie den Glauben an eine Erneuerung der Literatur und des Menschen; Freundschaft und Liebe sind allen Menschen zugedacht, auch den Außenseitern der Gesellschaft. Das Verlangen nach neuen Ausdrucksformen (Zynismus, Surrealismus, Groteske, Karikatur) verbindet sich mit dem Ziel, bisherige Verkrustungen in der Sprache und epigonale Formen aufzulösen; typische sprachliche Mittel sind:

- Auflösung herkömmlicher Wort- und Satzstrukturen; parataktischer Satzbau und elliptische Konstruktionen; unverbundene Reihung einzelner unzusammenhängender Bilder,
- Zerstörung der gewohnten Vorstellungen von Raum und Zeit,
- Erschaffung neuer Wortbedeutungen (Neologismen),
- Suche nach neuen Sprachbildern (Metaphern, Chiffren).

Der folgende Auszug aus dem Programmgedicht *Form ist Wollust* von Ernst Stadler macht deutlich, dass im Sinne der Programmatik die Abkehr von der Form (der alten Dichtungsvorstellungen) betont und demgegenüber das Recht des subjektiven Ausdrucks (Expressionismus als Ausdruckskunst) hervorgehoben wird.

ZITAT

Form und Riegel mussten erst zerspringen,
Welt durch aufgeschlossene Röhren dringen: …
Form will mich verschnüren und verengen,
doch ich will mein Sein in alle Weiten drängen –
Form ist klare Härte ohn' Erbarmen,
doch mich treibt es zu den Dumpfen, zu den Armen, …
(Ernst Stadler, Form ist Wollust; entst. 1914)

Besonders mit der Bewegung des ***Dadaismus*** (das Kinderwort Dada bedeutet zugleich Protest, Verspottung und Suche nach neuen Formen des Ausdrucks), die Impulse des italienischen *Futurismus* verarbeitet, sollen überkommene Kunstauffassungen bzw. Konventionen entlarvt und die Sprache von traditionellen Strukturen befreit werden (Zerstörung der herkömmlichen Syntax durch zufällige Anordnung der Substantive, Veränderung der Wortarten, Abschaffung der Zeichensetzung).
Die ***Surrealisten*** (vgl. Bilder von Alfred Kubin und Salvador Dalí) stellen absurde Erlebnisse, Schreckenserfahrungen, groteske Visionen und Halluzinationen in den Mittelpunkt ihrer Darstellungen. Literarische Beispiele hierfür sind Gedichte Georg Heyms und Prosatexte Franz Kafkas, dessen Werk eindringlich die Probleme des modernen Lebens darstellt: Einsamkeit, Entfremdung und Suche nach Erlösung in einer unüberschaubaren, inhumanen und absurden Welt.

Auswahl wichtiger Autoren und Werke

Ernst Barlach (1870–1938)
Sündflut
August Stramm (1874–1915)
Gedichte
Georg Kaiser (1878–1945)
Die Bürger von Calais
Franz Kafka (1883–1924)
Das Urteil

Die Verwandlung
Der Prozess
GOTTFRIED BENN (1886–1956)
Gedichte
GEORG TRAKL (1887–1914)
Gedichte
ERNST TOLLER (1893–1939)
Hinkemann

3.13 Weimarer Republik und Exil während des Nationalsozialismus (1919–1945)

3

Historische Zusammenhänge

Die Krisenjahre nach dem Ersten Weltkrieg belasten den Anfang der jungen Republik (Wirren nach dem Krieg, Dolchstoßlegende, Inflation, Besetzung des Ruhrgebietes, Hitlerputsch, kommunistische Aufstände). Von 1924 bis 1929 erreicht die Republik eine Phase relativer Stabilität. Man spricht von den „goldenen Zwanzigern". Berlin wird zu einer Metropole von Kultur und Wissenschaft. Die neuen Medien *Rundfunk* und *Film* treten ihren Siegeszug an.

Weimarer Republik

In der Weimarer Republik wirken nach dem Ersten Weltkrieg zunächst noch die expressionistischen Konzepte weiter. Zusätzlich gibt es eine Fülle literarischer Ansätze und eine Vielfalt konkurrierender Stile. Gemeinsamkeiten der Autoren, die von den historisch-politischen Erfahrungen der Zeit geprägt sind:

- die Reaktionen auf die Erfahrungen des Krieges,
- das Gefühl des Bruches mit den verlorenen oder überholten Traditionen,
- die Hinwendung zu den Problemen der „kleinen Leute",
- das Bemühen, den Übergang in eine neue Zeit zu artikulieren.

Das Ende der Inflation (1923) bringt eine wirtschaftliche Konsolidierung der Weimarer Republik mit sich. Mit den Rationalisierungen in Industrie und Geschäftsleben setzt auch in der Literatur eine Gegenbewegung zum Expressionismus mit seinen Untergangs- und Aufbruchsvisionen ein.
Die Richtung der ***Neuen Sachlichkeit*** erwächst aus der Spannung zwischen irrationalen und rationalen Tendenzen der Zeit. Diese literarische Strömung betont die Abwendung vom Emotionalen. Sie hebt dagegen eine neue Geisteshaltung und Schreibweise hervor: Nüchterne und distanziert-kritische Betrachtungen sind eine Reaktion auf die subjektive Ausdruckskunst der Expressionisten und den „Sprachkult" von Schriftstellern der Jahrhundertwende (vgl. Stefan George ▶ S. 138). Beeinflusst wird die Literatur durch den funktionalen sachlichen Stil des *Bauhauses*, einer Schule für Architektur und künstlerische Gestaltung.
Die Literatur will die Alltagswelt möglichst realistisch wiedergeben und die Masse der Bürger an der literarischen Kultur beteiligen. Dadurch tritt **Gebrauchsliteratur** (von hohem literarischem Niveau), z. B. journalistische und dokumentarische Formen (Reportage, Bericht, Glosse, Satire), stärker in den Vordergrund. Beispiele sind die sozialkritischen Reportagen des Publizisten Egon Erwin Kisch (1885–1948). Wichtigstes Publikationsorgan ist die *Weltbühne*, die mit den Namen Carl von Ossietzky und Kurt Tucholsky verbunden ist.
Auch mit der **Lyrik** wird ein unmittelbarer Zugang zum Publikum hergestellt: Bevorzugte Gebrauchsformen sind dabei Bänkelsang, Moritat, Ballade, Song (z. B.: Brecht, Tucholsky).
Auf der Bühne vertritt der Regisseur Erwin Piscator, mit dem der Schriftsteller Bertolt Brecht zusammenarbeitet, eine ***politisch-dokumentarische Dramaturgie***. Dabei stehen die gesellschaftlichen Kräfte im Mittelpunkt, die das Leben und Verhalten der Menschen bedingen. Das Theater soll aufrütteln und politisch bewegen und verändern. Die Bühne soll zu einer Stätte der Erkenntnis werden. Piscator bedient sich bei seinen Inszenierungen der neuen Medien zur Herstellung von Authentizität

(wie Einblendung von Filmszenen und Fotografien, Spruchbänder, Sprechchöre). Anstelle des traditionellen Hoftheaters und der Einteilung in Parkett, Ränge, Logen bzw. der Guckkastenbühne (Trennung von Bühne und Publikum durch den Vorhang) vertritt er ein Totaltheater, um die Zuschauer in das Theatergeschehen einzubeziehen. Bertolt Brecht knüpft an diese Ideen Piscators an; er verändert die herkömmlichen Formen des Theaters zum Antitheater mit dem Ziel, auf dem Theater Beispiele/Modelle einer besseren Welt vorzustellen und durch desillusionierende Provokationen die Gesellschaft zu verändern. Brecht entwickelt so die Theorie und dramaturgische Praxis eines Lehrtheaters (***episches Theater***, vgl. auch die offene Dramenform ▶ S. 58). Um zu verhindern, dass sich das Publikum mit den Bühnenfiguren identifiziert, bedient er sich der Mittel der Verfremdung (V-Effekt), z. B. durch Zwischengesänge, Spruchbänder, Selbsterklärungen der Figuren. Der Zuschauer soll erkennen, dass es um seine eigenen Interessen geht.

Die Weimarer Republik ist auch die Zeit der großen **Romane**, z. B. von Thomas Mann, Alfred Döblin, Hermann Hesse, Jakob Wassermann, Joseph Roth, Hermann Broch, Robert Musil.

Erich Maria Remarque schreibt seinen Weltbestseller *Im Westen nichts Neues* (1929).

Auf die Gegensätze der Zeit finden die Schriftsteller unterschiedliche Antworten: das einfache Leben (Ernst Wiechert), indische Weisheiten (Hermann Hesse), eine konservativ-humanitäre Weltsicht (Hans Carossa) oder christlich-religiöse Überzeugungen (Gertrud von Le Fort, Werner Bergengruen).

Bevorzugte Gattungen

Dokumentarische Literatur

Reportagen, Essays, Glossen, Satiren.

Lehrstück

Dies ist in besonderer Weise mit dem Namen Bertolt Brecht verbunden: Lehrtheater/Konzept des epischen Theaters.

Montageroman

Neue vielschichtige Auffassung von Wirklichkeit; Verarbeitung psychoanalytischer Erkenntnisse; Darstellung des „Bewusstseinsstroms" durch Techniken der Aneinanderreihung sprachlicher Bruchstücke (z. B. Alfred Döblin, *Berlin Alexanderplatz*).

Formen des Kabaretts wie Sketch, Satire

Gedicht, Kurzprosa (Zivilisationskritik, Kritik an den politischen Entwicklungen).

Auswahl wichtiger Autoren und Werke

JAKOB WASSERMANN (1873–1934)
Der Fall Maurizius
THOMAS MANN (1875–1955)
Der Zauberberg
HERMANN HESSE (1877–1962)
Demian
Siddhartha
Der Steppenwolf
ALFRED DÖBLIN (1878–1957)
Berlin Alexanderplatz
HERMANN BROCH (1886–1951)
Die Schlafwandler
KURT TUCHOLSKY (1890–1935)
Deutschland, Deutschland über alles
Das Lächeln der Mona Lisa
HANS FALLADA (1893–1947)
Kleiner Mann – was nun?
CARL ZUCKMAYER (1896–1977)
Der Hauptmann von Köpenick
BERTOLT BRECHT (1898–1956)
Der Jasager und der Neinsager
Die heilige Johanna der Schlachthöfe
ERICH MARIA REMARQUE (1898–1970)
Im Westen nichts Neues

Nationalsozialismus und Exil

Der Zusammenbruch der New Yorker Börse (1929) löst eine Weltwirtschaftskrise aus, die für Deutschland verheerende Konsequenzen hat. Die Machtergreifung der Nationalsozialisten im Jahre 1933 hat auch für die Literatur weitreichende Folgen: Es bildet sich eine spezifische nationalsozialistische Kunstproduktion heraus, die stark durch völkisch-vaterländische Vorstellungen, durch Irrationalismus, Führerideologie, Blut-und-Boden-Romantik und sozialdarwinistische Vorstellungen geprägt ist; dies entsteht aus einer Gesinnung heraus, die lange vor Hitler, d. h. bereits im 19. Jh., ihre Ursprünge hat. Zunehmend orientiert sich die NS-Literatur an ideologischen Grundsätzen wie Rasse, Führertum, Kampf, Gewalt, Gemeinschaft (▶ S. 46). Weitere Kriterien dieser Gesinnungs- und Weltanschauungsliteratur sind Autoritätsgläubigkeit, militanter Nationalismus, kultische Führerverehrung, pseudorevolutionäre Kampfstimmung. Verbale Mittel dieser Literatur sind z. B. stereotype, vor allem sakrale Metaphern, mit denen Hoheit, Größe, Würde vorgetäuscht wird (z. B. *Altäre, Choräle, Glockenläuten, Hünengräber, Runen, Eichenwälder*), Symbole der Fruchtbarkeit (*Mutterschoß, Erde, Korn*), militärisches Vokabular.

3

Ein Teil der deutschen Schriftsteller bekennt sich während der NS-Diktatur offen zum Nationalsozialismus; ein anderer Teil hat sich in die *Innere Emigration* (▶ S. 150) zurückgezogen. Andere Schriftsteller werden aus politischen oder rassischen Gründen (manche doppelt stigmatisiert) verboten, verfemt, verfolgt und in die Emigration (▶ S. 148 f.) getrieben, so z. B.:
Thomas Mann – Exil in den USA
Bertolt Brecht – Exil in Dänemark, Schweden, den USA
Kurt Tucholsky – Exil in Schweden, Freitod 1935
Stefan Zweig – Exil in Brasilien, Freitod 1942
Erich Maria Remarque – Exil in der Schweiz, in Frankreich, den USA
Anna Seghers – Exil in Mexiko
Oskar Maria Graf – Exil in den USA

Durch die Emigration verlieren viele Schriftsteller ihr Publikum und werden daher erst nach 1945 auf einer breiteren Grundlage rezipiert (▸ S. 152).

▸ S. 46 f.: Zur Sprache im Nationalsozialismus

Literatur des Exils

Viele Schriftsteller gehen nach der Machtübernahme der Nationalsozialisten ins Exil (von lat. exilium = Verbannung) und lassen sich zunächst in europäischen Nachbarländern nieder. Die Tschechoslowakei ist anfangs das attraktivste Exilland. Die Sowjetunion kommt fast nur für Mitglieder der KPD bzw. Repräsentanten der proletarisch-revolutionären Literatur infrage. Die Stabilisierung des „Dritten Reiches" (Anschluss Österreichs, Annexion der Tschechoslowakei, Besetzung Frankreichs) zwingt viele Exilanten abermals zur Flucht nach England oder Übersee. Sie finden sich schließlich in allen fünf Kontinenten wieder. Mit Beginn des Zweiten Weltkrieges verschärft sich die Situation der deutschen Exilanten. In Frankreich werden sie z. B. in Massenlagern interniert, einzelne auch der deutschen Besatzung ausgeliefert.

Die materiellen Verhältnisse der Exilanten sind unterschiedlich: Während die Mehrzahl existentielle Probleme hat, können z. B. Schriftsteller wie Thomas Mann und Stefan Zweig ihren gewohnten Lebensstil aufrechterhalten. Die meisten setzen ihren vor 1933 begonnenen literarischen Weg fort. Ein der Exilliteratur gemeinsamer Stil oder ein einheitliches politisches Programm existieren nicht.

Die im Exil bevorzugte Gattung ist der **Roman**; dabei spielt der Deutschlandroman eine wichtige Rolle: Der Welt soll das wahre Gesicht des „Dritten Reiches" gezeigt werden (z. B. Lion Feuchtwanger, *Geschwister Oppermann*, 1933). Auch der historische Roman erfreut sich großer Beliebtheit (z. B. Thomas Mann, Lotte in Weimar, 1939). Eine wichtige Thematik ist auch das Exil selbst (z. B. Lion Feuchtwanger, *Das Exil*, 1940).

Der produktivste Dramatiker des Exils ist Bertolt Brecht (▶ S.145). Im Exil entstehen **Dramen,** die Brechts Weltgeltung begründen. Darin geht es um grundsätzliche Fragestellungen, z. B. die ethische Verantwortung des Wissenschaftlers *(Leben des Galilei)*, die Beziehung kleiner Leute zum Krieg (*Mutter Courage und ihre Kinder*), die Kritik an idealistischen Auffassungen (*Der gute Mensch von Sezuan*).

Die **Lyrik** wird u. a. von Vertretern der Agitations- und politischen Gebrauchslyrik bestimmt (z. B. Parodien, Satiren, Spott- und Schmähgedichte, die gegen das „Dritte Reich" und ihre Repräsentanten gerichtet sind). Brechts Worte „Schlechte Zeit für Lyrik" weisen auf die verbreitete Meinung hin, dass angesichts der Untaten des NS-Regimes herkömmliche lyrische Formen (Reim, Rhythmus) und Themen (Liebe, Natur) kaum mehr möglich sind, ohne die realen politischen Zusammenhänge zu verharmlosen.

Auswahl wichtiger Autoren und Werke

THOMAS MANN (1875–1955)
Lotte in Weimar
Doktor Faustus

STEFAN ZWEIG (1881–1942)
Schachnovelle

LION FEUCHTWANGER (1884–1958)
Die Geschwister Oppermann
Das Exil

HERMANN BROCH (1886–1951)
Der Tod des Vergil

BERTOLT BRECHT (1898–1956)
Leben des Galilei
Mutter Courage und ihre Kinder
Svendborger Gedichte
Der gute Mensch von Sezuan

ANNA SEGHERS (1900–1983)
Das siebte Kreuz

Literatur der Inneren Emigration

Mit der Bezeichnung „Innere Emigration“ wird die Einstellung der Schriftsteller zusammengefasst, die nach 1933 in Deutschland geblieben sind und die dem Nationalsozialismus teils indifferent, teils feindselig gegenüberstehen. Sie gelten nicht, wie die aus dem „Dritten Reich“ Geflohenen, als erklärte Regimegegner, sind aber zum Teil deutlich materiellen und intellektuellen Bedrohungen ausgesetzt. Die jeweiligen Gegebenheiten sind bei den einzelnen Schriftstellern sehr verschiedenartig. Überwiegend wird ein christlich-humanistisches Ethos im Sinne des europäischen Erbes vertreten; sie verstehen sich als „geistige Opposition gegen den nationalsozialistischen Ungeist“. Direkte politische Appelle gegen das NS-Regime sind kaum möglich, wohl aber eine indirekte Kritik, die allerdings vom Leser ein Kombinieren zwischen den Zeilen verlangt.
Im Kontrast zu dem ideologischen Sprachschwulst der Literatur des „Dritten Reiches“ schreiben die Vertreter der Inneren Emigration oft in einem gehobenen traditionellen Sprachstil. Zu ihnen gehören z. B. Ernst Wiechert, Elisabeth Langgässer, Rudolf Alexander Schröder, Werner Bergengruen, Marie-Luise Kaschnitz, Erich Kästner.

3.14 Literatur der Nachkriegszeit (1945–1949)

Historische Zusammenhänge

Für die Zeit unmittelbar nach dem Krieg sind besonders die wirtschaftliche und politische Situation des Neuanfangs und die materiellen Schwierigkeiten zu nennen: Viele Druckereien sind ausgebombt, das Papier ist knapp und wird kontingentiert, die Besatzungsmächte haben ein Zensurrecht.
Die Reaktionen auf die schrecklichen Nachrichten von Völkermord und KZ und das Bekanntwerden der Bilanzen des Elends (Tote, Kriegsversehrte, Vertriebene, Evakuierte) sind unterschiedlich und vielfältig:

- Fassungslosigkeit über das Ausmaß des NS-Terrors und Einsicht in die Gründe,
- Tendenzen, den Fragen nach den Ursachen aus dem Wege zu gehen,
- das Bemühen, in dieser durch Hunger, Wohnungsnot und Mangelwirtschaft geprägten Situation zu überleben.

Besondere Tendenzen

Zeitungen, Zeitschriften und Rundfunk haben für die Literaturentwicklung nach dem Kriege eine besondere Bedeutung; die Papierknappheit erhöht den Wert jeder Zeitungsseite. Dem Einfluss der Zeitungen ist (angesichts von Informationsbedürfnis und Lesehunger vieler Menschen, die 12 Jahre lang von den weltweiten Entwicklungen abgeschnitten waren) auch die schnelle und weite Verbreitung von Werken der Weltliteratur (z. B. von A. de Saint-Exupéry, André Gide, Ernest Hemingway, Sinclair Lewis) zu verdanken. Der Verleger Rowohlt publiziert diese Literatur in Form von Zeitungs-Rotations-Romanen, später (ab 1950) in preiswerten Taschenbuchbänden.

Auch dass die ***Kurzgeschichte*** (nach dem Muster der amerikanischen Shortstory) zur beherrschenden epischen Kurzform der Nachkriegszeit wird, ist dem Einfluss der Zeitungen zuzuschreiben. Nicht wenige Schriftsteller haben in den Nachkriegsjahren Kurzgeschichten verfasst, z. B. Wolfgang Borchert, Heinrich Böll, Ilse Aichinger, Hans Bender, Wolfdietrich Schnurre, Martin Walser. Vorbild ist dabei oft der amerikanische Schriftsteller Ernest Hemingway (1899–1961).

In der unmittelbaren Nachkriegszeit findet der Standpunkt, dass nach Auschwitz und im Zusammenhang mit der existentiellen Not der Gegenwart jeder ästhetisierende Text deplatziert sei, weite Verbreitung; umso mehr eignet sich die Kurzgeschichte mit ihrer kargen sprachlichen Form zur Darstellung der bevorzugten Themen.

Eine besondere Bedeutung erhält nach 1945 das ***Hörspiel*** (z. B. von Günter Eich, Ingeborg Bachmann), weil es (im Gegensatz zu der „lauten" und aufdringlichen Literatur des NS-Regimes) dem Rundfunkhörer Einfühlsamkeit und Fantasie ermöglicht und weil es den Mangel an Theaterbühnen ausgleicht. Viele klassische Dramen werden in Rundfunkdialoge umgeschrieben. Wolfgang Borcherts Hörspielfassung des Schauspiels *Draußen vor der Tür* (1947) erzielt eine enorme Wirkung.

Besonderes Interesse finden auch die Schriftsteller des Exils. Es wirkt für nicht wenige Leser tröstlich, dass diese während der NS-Zeit Werke von Weltgeltung verfasst haben (▸ S. 148 f.).

In den Westzonen lassen sich die Tendenzen und Intentionen mit den Begriffen ***Trümmerliteratur*** (Heinrich Böll) und ***Literatur des Kahlschlags*** (Wolfgang Weyrauch) kennzeichnen. Bevorzugte Themen sind die Erfahrungen des Krieges und die Not der unmittelbaren Nachkriegszeit. Sprachlich sucht man einen Neuanfang und neue Ausdrucksformen, die sich vom Pathos der Sprache im Nationalsozialismus abheben (zur Sprache im Nationalsozialismus ▸ S. 46 f.); die Forderung nach Wahrheit und Mitmenschlichkeit steht im Vordergrund. Im Jahre 1947 finden sich Schriftsteller zur ***Gruppe 47*** zusammen; zwei Jahrzehnte bestimmt diese Gruppe das Bild der bundesdeutschen Gegenwartsliteratur, bis sie sich im Jahre 1977 endgültig auflöst.

In der sowjetisch besetzten Zone wird zunächst ein antifaschistisches Bündnis aller demokratischen Kräfte propagiert. Ziel ist es, die demokratische Elite der antifaschistischen Literatur (wie Peter Huchel, Anna Seghers, später auch Bertolt Brecht, Ernst Bloch, Stefan Heym) einzubürgern. Die Kulturpolitik ist in den ersten Jahren nach dem Kriege liberal und wird finanziell großzügig unterstützt. So wird Exilautoren der literarische Neubeginn durch bereitwillige Aufnahme und Förderung erleichtert.

Das Gedicht von Günter Eich *Inventur*, in einem amerikanischen Gefangenenlager entstanden, wird von vielen aufgrund seiner Schmucklosigkeit und Einfachheit als typisch für die Situation nach dem Krieg und für den Neuanfang angesehen:

Inventur

Dies ist meine Mütze,
dies ist mein Mantel,
hier mein Rasierzeug
im Beutel aus Leinen.

Konservenbüchse:
Mein Teller, mein Becher,
ich hab in das Weißblech
den Namen geritzt.

Geritzt hier mit diesem
kostbaren Nagel,
den vor begehrlichen
Augen ich berge.

Im Brotbeutel sind
ein Paar wollene Socken
und einiges, was ich
niemand verrate.

So dient es als Kissen
nachts meinem Kopf.
Die Pappe hier liegt
zwischen mir und der Erde.

Die Bleistiftmine
lieb ich am meisten:
Tags schreibt sie mir Verse,
die nachts ich erdacht.

Dies ist mein Notizbuch,
dies meine Zeltbahn,
dies ist mein Handtuch,
dies ist mein Zwirn.

(Aus: Günter Eich,
Inventur – Ein Lesebuch;
Suhrkamp 1981)

Auswahl wichtiger Autoren und Werke

Gottfried Benn (1886–1956)
  Gedichte
Marie-Luise Kaschnitz (1901–1974)
  Gedichte
Günter Eich (1907–1972)
  Die Mädchen aus Viterbo
Paul Celan (1920–1969)
  Gedichte, z. B. *Todesfuge*
Wolfdietrich Schnurre (1920–1989)
  Kurzgeschichten, z. B. *Jenö war mein Freund*
Wolfgang Borchert (1921–1947)
  Draußen vor der Tür
  Kurzgeschichten, z. B. *An diesem Dienstag*

3.15 Literatur der Bundesrepublik Deutschland, der Schweiz und Österreichs (1949–1990)

Von der Gründung der Bundesrepublik bis zur Mitte der 60er-Jahre

Die Gründung der Bundesrepublik Deutschland ist die Folge einer Entwicklung, die sich vor dem Hintergrund zunehmender Spannungen zwischen den westlichen Siegermächten und der UdSSR (aufgrund der Gegensätze zwischen den gesellschaftlich-ideologischen Systemen) abspielt. Das Jahr 1949 bringt die Bildung zweier deutscher Staaten und damit die Entwicklung zweier deutscher Literaturen, die zwar nicht hermetisch voneinander getrennt sind, doch unter den Bedingungen des jeweiligen Gesellschaftssystems stehen (▸ S. 162 ff.).

◆ Die Literaten der jungen Generation treten in den 50er-Jahren in Gegensatz zu der offiziellen Politik der *Ära Adenauer*. Es werden Warnungen formuliert gegenüber Anpassungsverhalten und Mitläufertum sowie Erfahrungen mit Krieg und Totalitarismus verarbeitet. Kunst und Politik gehen zunächst noch weithin getrennte Wege. Das in der Bundesrepublik früh einsetzende Wirtschaftwunder (u. a. eine Folge des Marshallplans) beeinflusst die Mentalität breiter Bevölkerungsschichten: Konsum und Besitz werden zu Ausweisen von Tüchtigkeit. In dieser Situation verstehen sich nicht wenige Schriftsteller als kritische Beobachter und unbequeme Mahner.

◆ Literarische Traditionen werden weitergeführt (z. B. in der Lyrik: Gottfried Benn, Heinz Piontek). Bezeichnend ist auch, dass Frauen im ersten Jahrzehnt der Bundesrepublik die Entwicklung der Lyrik entscheidend mitbestimmen, z. B. Marie-Luise Kaschnitz, Nelly Sachs, Hilde Domin, Ingeborg Bachmann.

◆ Die Theater bevorzugen in ihren Spielplänen Werke französischer, britischer und amerikanischer Autoren wie Jean Anouilh, Christopher Fry, Thornton Wilder; Samuel Beckett und Eugène Ionesco werden als Vertreter eines surrealistischen Bühnenstils bekannt (*absurdes Theater*). Wichtige Impulse erhält das deutsche Theater durch die beiden Schweizer Dramatiker Max Frisch (z.B. *Andorra*, Uraufführung 1961) und Friedrich Dürrenmatt (z.B. *Die Physiker*, Uraufführung 1962).

◆ Die philosophische Richtung des ***Existentialismus***, die besonders die Beziehungs- und Bindungslosigkeit der Existenz betont, gewinnt – bereits unmittelbar nach dem Krieg – Einfluss auf literarische Strömungen, für die Franz Kafka (▸ S. 142) der wichtigste literar-historische Bezugspunkt ist. Das Dasein erscheint in dieser literarischen Strömung als absurd, weil das Ich nicht mehr von einer einheitlichen Idee oder von einer Existenz außerhalb des Individuums gelenkt wird.

Im Zusammenhang mit der Konfrontation der Weltmächte (Kalter Krieg, Wettrüsten, Visionen atomarer Vernichtung) wird vor allem in der Literatur deutlich die Sinnfrage gestellt. Exemplarisch steht dafür die ***Tragikomödie*** (▸ S. 60) *Die Physiker* von Friedrich Dürrenmatt. Zum Theaterkonzept Dürrenmatts das folgende Beispiel:

ZITAT

Die heutige Welt, wie sie uns erscheint, lässt sich ... schwerlich in der Form des geschichtlichen Dramas Schillers bewältigen, allein aus dem Grunde, weil wir keine tragischen Helden, sondern nur Tragödien vorfinden, die von Weltmetzgern inszeniert und von Hackmaschinen ausgeführt werden. Aus Hitler und Stalin lassen sich keine Wallensteine mehr machen.

(Aus: Theaterprobleme; 1955)

◆ Die meisten in den 50er-Jahren bekannten Schriftsteller werden von der ***Gruppe 47*** (▸ S. 152) gefördert; es ist ein loser Zusammenschluss von (zuletzt) ca. 200 Schriftstellern, der von 1947 bis 1977 besteht.

◆ Einen wichtigen Einschnitt markiert die Zeit um 1960. Mit Romanen von Günter Grass (*Die Blechtrommel*), Heinrich Böll (*Ansichten eines Clowns*), Max Frisch (*Homo faber*), Siegfried

Lenz (*Die Deutschstunde*), Uwe Johnson (*Mutmaßungen über Jakob*) gewinnt die deutsche Literatur Anschluss an die Weltliteratur. Die Romane zeigen distanzierte und skeptische Sichtweisen auf. Es werden Modelle humaner Verhaltensweisen entworfen; der Außenseiter wird zur Leitfigur.

Auswahl wichtiger Autoren und Werke

GOTTFRIED BENN (1886–1956)
Gesammelte Gedichte
NELLY SACHS (1891–1970)
Gedichtband *Flucht und Verwandlung*
MARIE-LUISE KASCHNITZ (1901–1974)
Neue Gedichte
GERD GAISER (1908–1976)
Schlussball
MAX FRISCH (1911–1991)
Stiller
Homo faber
Andorra
HEINRICH BÖLL (1917–1985)
Haus ohne Hüter
Ansichten eines Clowns
FRIEDRICH DÜRRENMATT (1921–1990)
Der Richter und sein Henker
Der Verdacht
Der Besuch der alten Dame
Das Versprechen
Die Physiker
SIEGFRIED LENZ (1926–2014)
Deutschstunde
So zärtlich war Suleyken
MARTIN WALSER (geb. 1927)
Halbzeit
HANS MAGNUS ENZENSBERGER (geb. 1929)
Gedichtband *verteidigung der wölfe*

Rolf Hochhuth (geb. 1931)
Der Stellvertreter
Uwe Johnson (1934–1984)
Mutmaßungen über Jakob

Politisierung der Literatur: Die 60er- und 70er-Jahre

Die ersten 15 Jahre der Bundesrepublik stehen aus der Sicht vieler Schriftsteller im Zeichen der Restauration: Wirtschaftlicher Aufschwung und Konsumorientierung seien mit geistiger Verkrustung, politischer Kritiklosigkeit und angepasstem Verhalten verbunden. Eine Auseinandersetzung mit der nationalsozialistischen Vergangenheit findet kaum statt.

3

Amerikas Krieg in Vietnam hat innenpolitisch in der Bundesrepublik starke Wirkungen. Die außerparlamentarische Opposition (APO) ist der Reflex auf die Bildung der großen Koalition von CDU und SPD (1966), da eine wirkliche Opposition nicht mehr vorhanden sei; sie findet bei Studenten großen Anklang. Von der allgemeinen Politisierung dieser Zeit bleibt auch die Literatur nicht verschont, zumal sich seit Bildung der Bundesrepublik viele Schriftsteller als kritische Warner (▶ S. 154) verstehen.

◆ Eine besondere Bedeutung gewinnt die ***Dokumentarliteratur***. Sie verfolgt vor allem eine gesellschaftskritische Intention. Verarbeitet wird dabei Tatsachenmaterial aus Interviews, Presseberichten, Protokollen, Prozessakten, das im Sinne der Intention gestaltet wird.

BEISPIELE

Rolf Hochhuth: *Der Stellvertreter* (1963)
In dem weltweit bekannten Stück geht es um Kritik an der Haltung von Papst Pius XII. und der katholischen Kirche gegenüber der Verfolgung und Ermordung der Juden durch die Nationalsozialisten.

Peter Weiss: *Die Ermittlung. Oratorium in 11 Gesängen* (1965)
Das Material entstammt dem Auschwitzprozess (Dez. 1963 bis August 1965 in Frankfurt/Main). Die ersten fünf „Gesänge“ sind überschrieben: 1. Gesang von der Rampe, 2. Gesang vom Lager,

3. Gesang von der Schaukel, 4. Gesang von der Möglichkeit des Überlebens, 5. Gesang vom Ende der Lili Tofler. Der letzte Teil trägt die Überschrift: 11. Gesang von den Feueröfen.

Günter Wallraff: *Der Aufmacher* (1977), *Ganz unten* (1985)
Der Schriftsteller nimmt für seine kritischen Reportagen, mit denen er soziale Missstände aufdecken will, falsche Identitäten an, um entsprechend recherchieren zu können. Das Buch *Ganz unten*, für das Wallraff in die Rolle des türkischen Arbeiters Ali schlüpft, erreicht sechs Wochen nach Erscheinen eine Millionenauflage.

- Politisches Engagement wird auch deutlich in der Lyrik Erich Frieds und in der Gesellschaftskritik Heinrich Bölls, z. B. in den Romanen/Erzählungen *Ansichten eines Clowns* (1963), *Gruppenbild mit Dame* (1971), *Die verlorene Ehre der Katharina Blum* (1974). Auch der Schriftsteller Günter Grass nimmt in seinen Werken zu aktuellen, umstrittenen Fragen Stellung; er engagiert sich nicht nur politisch, sondern auch parteipolitisch für die SPD.
- Eine besondere Bedeutung in der politischen Protestbewegung gewinnen kabarettistische Formen (z. B. Franz Josef Degenhardt). Mit Chansons und Balladen werden Traditionen des Bänkelsangs und der Moritat genutzt.
- Einfluss gewinnen auch die Formen der konkreten Poesie (z. B. Eugen Gomringer, Franz Mon, Ernst Jandl, Wolf Wondratschek) und neue experimentelle Hörspielkonzepte. Ein berühmtes Beispiel für konkrete Poesie ist der folgende Text von Eugen Gomringer:

```
schweigen schweigen schweigen
schweigen schweigen schweigen
schweigen           schweigen
schweigen schweigen schweigen
schweigen schweigen schweigen
```

Auswahl wichtiger Autoren und Werke

PETER WEISS (1916–1982)
Die Ermittlung. Oratorium in 11 Gesängen

HEINRICH BÖLL (1917–1985)
Gruppenbild mit Dame
Die verlorene Ehre der Katharina Blum

ERICH FRIED (1921–1988)
Gedichtband *und Vietnam und*

HEINAR KIPPHARDT (1922–1982)
In der Sache J. Robert Oppenheimer

EUGEN GOMRINGER (geb.1925)
worte sind schatten

GÜNTER GRASS (1927–2015)
Örtlich betäubt
Das Treffen in Telgte

WALTER KEMPOWSKI (1929–2007)
Tadellöser & Wolf

FRANZ XAVER KROETZ (geb.1946)
Wildwechsel

„Neue Subjektivität" – Literatur der 70er-Jahre

Die Politisierung des Lebens wird etwa Mitte der 70er-Jahre von einer Tendenzwende abgelöst. Die *neue Subjektivität* oder *neue Innerlichkeit* (von Kritikern auch als *Selbstbeobachtungsliteratur* abgestempelt bzw. als *Narzissmus, Egozentrik, Nabelschau* ohne gesellschaftliche Bedeutung abgelehnt) lässt sich unter anderem auch als eine Reaktion auf den politischen Aktionismus Ende der 60er- und Anfang der 70er-Jahre deuten. Es geht dabei insbesondere um die Verarbeitung individueller Erfahrungen.

- In der Lyrik ist das kommunikative Gedicht gefragt, das dem Leser ein Mitlesen erlaubt; abgelehnt wird eine elitäre Sprache. Lyrik wird zu einer „prosaischen Sache" (Jürgen Theobaldy). Man ist der Meinung, dass direkte Authentizität keine ästhetischen Fesseln verträgt. Für die Lyrik der neuen Subjektivität steht auch Rainer Malkowski:

Erleichtert,
mit triumphierend geschlossenen Augen
nehmen wir Abschied von allen Plänen.
Jeder für sich:
auf glückliche Weise
verschollen in seinem Stuhl

(Aus: Rainer Malkowski, *Gedichte*; Suhrkamp 1989)

◆ Der neue Trend zur Innerlichkeit und Subjektivität wird deutlich von schreibenden Frauen mitbestimmt (z. B. Ursula Krechel, Karin Kiwus, Gabriele Wohmann, Elfriede Jelinek, Barbara Frischmuth). Der ausschließliche Bezug auf eigenes Erleben findet allerdings auch Kritik (▶ S. 159).

◆ In den 70er- und 80er-Jahren – der Anteil der Ausländer an der westdeutschen Bevölkerung beträgt inzwischen ca. 7,5 % – entsteht eine ***Migrantenliteratur***, die vor allem die Probleme zwischen Integration und Ablehnung thematisiert.

Auswahl wichtiger Autoren und Werke

Gabriele Wohmann (1932–2015)
Paulinchen war allein zu Haus
Ernste Absicht

Jürgen Theobaldy (geb. 1944)
Gedichtband *Zweiter Klasse*

Elfriede Jelinek (geb. 1946)
Die Liebhaberinnen

Ursula Krechel (geb. 1947)
Gedichte

„Postmoderne" – Literatur der 80er-Jahre

Mit dem Begriff aus der Kunsttheorie werden die unterschiedlichen, z. T. widersprüchlichen Literaturtendenzen der 80er-Jahre des 20. Jh.s gekennzeichnet, sich von Zielen und Techniken der Moderne abzuwenden und zugleich Formen aufzunehmen, die von der Moderne als veraltet abgelehnt werden. Es geht dabei einmal um Abgrenzung gegenüber *gesellschaftlicher Moderne* (Technisierung, Bürokratisierung), zum anderen um eine Abgrenzung gegenüber der ästhetischen Moderne (z. B. experimentelle Literaturansätze des Expressionismus, des Dadaismus, Surrealismus; Orientierung an „Leitfiguren“ wie Franz Kafka, James Joyce, Paul Celan). Die Vertreter der Postmoderne verstehen sich in einem gewissen Sinne auch als *Antimoderne.* Mit der Distanzierung von experimentellen Ansätzen geht auch bei vielen Autoren ein neues Formbewusstsein und (vor allem in der Epik) eine Orientierung an traditionellen Erzählweisen einher. So wird im Roman die Handlung ohne Schnörkel (oft ohne Zeitbrüche) erzählt.

Auch Zeit- und Gesellschaftskritik (u.a. Zerstörung der Umwelt, Wettrüsten) sowie der Rückgriff auf eine geschichtliche Thematik ist für die Postmoderne typisch. Umberto Ecos Roman *Der Name der Rose* (dt. Übersetzung 1982) stellt einen wichtigen Impuls aus dem Ausland dar. Bekanntestes Beispiel aus dem deutschen Sprachraum ist Patrick Süskinds Erfolgsroman *Das Parfüm – Die Geschichte eines Mörders* (1985), in dem der Verfasser literarische Motive aus verschiedenen Epochen nutzt und ironisierend verarbeitet.

Auswahl wichtiger Autoren und Werke

BRIGITTE KRONAUER (geb. 1940)
Rita Münster
STEN NADOLNY (geb. 1942)
Entdeckung der Langsamkeit
BOTHO STRAUSS (geb. 1944)
Trilogie des Wiedersehens
FRANZ XAVER KROETZ (geb. 1946)
Oberösterreich
PATRICK SÜSKIND (geb. 1949)
Das Parfüm – Die Geschichte eines Mörders
CHRISTOPH RANSMAYR (geb. 1954)
Die letzte Welt

3.16 Literatur der Deutschen Demokratischen Republik (1949–1990)

Historische Zusammenhänge

Nicht wenige prominente Exilautoren sehen in der sowjetischen Besatzungszone und ab 1949 in der DDR (zumindest zeitweise) jenen Teil Deutschlands, in dem durch einen konsequenten Antifaschismus jedes Aufleben nationalsozialistischer Denkweisen und Aktivitäten verhindert wird. Sie haben die Hoffnung, am Aufbau eines neuen Deutschland mitzuwirken, werden mit offenen Armen aufgenommen und großzügig gefördert, z. B. Alfred Döblin, Heinrich Mann, Lion Feuchtwanger, Bertolt Brecht, Anna Seghers (▶ S. 152).

Entwicklungen

Mit der Gründung der DDR im Jahre 1949 beginnt die kulturelle Einheit der nach dem Kriege zunächst im antifaschistischen Geist arbeitenden deutschen Schriftsteller schnell zu zerfallen.
Obwohl es am Anfang eine Vielfalt von Schreibweisen gibt, die durchaus nicht homogen sind, sorgt die Staatsführung der DDR schnell dafür, dass Kontrollorgane die künstlerische Produktion im Lande überwachen. Otto Grotewohl, Ministerpräsident der DDR, erklärt 1950 die Schriftsteller zu „Kampfgenossen der Regierung". Dies heißt, dass sich die Kunst den politischen Zielsetzungen unterordnen muss; auch die Literatur gilt demnach als Instrument beim Aufbau des Sozialismus, sie hat bei der „antifaschistisch demokratischen Neuordnung" mitzuwirken. Die Orientierung am ***Sozialistischen Realismus*** (Instrumentalisierung der Prinzipien des Realismus für die Zwecke des Sozialismus) wird für das gesamte Kunstschaffen verbindlich.
In der Aufbauphase führt die befohlene gesellschaftliche Funktion der Literatur auch zu schönfärberischer Preislyrik auf Lenin und Stalin und die Ideale des Arbeiter-und-Bauern-Staates sowie zu einseitig-polemischer Agitation gegenüber der Bundesrepublik. Thematisch bleibt die kritisch-konsequente Auseinander-

setzung mit dem Faschismus von großer Bedeutung. Hervorragendes Beispiel ist der Buchenwald-Roman von Bruno Apitz *Nackt unter Wölfen* (1958).

◆ Mit Bertolt Brecht hat die DDR einen Schriftsteller, der internationales Ansehen (▶ S. 149) genießt. Vor allem durch die Modellaufführungen seiner Stücke mit dem von seiner Frau, der Schauspielerin Helene Weigel, gegründeten Berliner Ensemble setzt er neue Impulse für das Theater und erprobt seine Vorstellungen von seiner Theorie des ***epischen Theaters*** (▶ S. 145). Mit dem Theater am Schiffbauerdamm wird ihm dazu eine vorzügliche Plattform ermöglicht.

In der Bundesrepublik setzt erst im Verlauf der 60er-Jahre eine allgemeine und positive Rezeption Brechts ein; in den ersten Jahren der Bundesrepublik galt Brecht vielen als unverbesserlicher Kommunist.

◆ Die ständigen Schwankungen in der Literaturpolitik der DDR, die bis zum Ende anhalten, sind für viele Schriftsteller irritierend. So bewegt sich die Politik zwischen *Tauwetterphasen* (z. B. 1953, nach dem Volksaufstand und dem Tod Stalins; 1971, nach dem Machtwechsel von Ulbricht zu Honecker) und *Eiszeit* (z. B. 1965, nach den Aufständen in Polen und Ungarn; 1976, nach der Ausbürgerung des Liedermachers Wolf Biermann). Erich Loest ist *das* Beispiel für einen Regimekritiker; er wird 1957 verhaftet und (unter dem Vorwurf konterrevolutionärer Gruppenbildung) zu einer Gefängnisstrafe verurteilt. Schriftsteller, die versuchen, sich den Schwierigkeiten mit der Zensur und den Dogmen des sozialistischen Realismus zu entziehen, setzen sich dem Argwohn des Regimes aus (z. B. Sarah und Rainer Kirsch, Karl Mickel, Volker Braun, Kurt Bartsch). Fortschrittsskeptische Autoren wie Günter Kunert gelten als Provokateure und werden entsprechend angefeindet. Der Liedermacher Wolf Biermann erhält Auftrittsverbot (1964).

Manche Texte werden im Westen veröffentlicht, z. B. Reiner Kunze, *Sensible Wege*; der Autor wird dafür mit Veröffentlichungsverbot in der DDR bestraft. Um direkte Kontakte mit Westverlagen zu unterbinden (aber auch als Devisenquelle), wird in Ost-Berlin ein „Büro für Urheberrechte“ eingerichtet.

◆ Die Ablösung Ulbrichts durch Honecker markiert eine erneute Wende in der Entwicklung der Literatur und bringt eine kritische Diskussion in Gang. Diese Kritik greift jedoch nie das sozialistische System selbst an. Es gibt kaum einen DDR-Autor von Rang, der sich nicht zu den Zielen des Sozialismus (im Hinblick auf eine Umgestaltung der Eigentumsverhältnisse) bekennt, aber nicht gleichzeitig für eine Humanisierung und Demokratisierung bestimmter Zusammenhänge eintritt. Wichtigstes Beispiel aus dieser Phase ist Ulrich Plenzdorfs *Die neuen Leiden des jungen W.* In den 70er-Jahren ändert sich für nicht wenige DDR-Autoren die Marktsituation. Nach dem Grundlagenvertrag mit der Bundesrepublik (1972) erhält die DDR weltweit politische Anerkennung. Die Parole „Wandel durch Annäherung“ ermöglicht es nicht wenigen Schriftstellern der DDR, auf dem Buchmarkt der Bundesrepublik bekannt zu werden. Auch wenn die Werke in der Regel sozialistischen Anliegen dienen, werden sie aufgrund ihrer Qualität im Westen schnell wahrgenommen (z. B. Werke von Christa Wolf und Stefan Heym).

◆ Mit der Ausbürgerung Wolf Biermanns, dem während einer Konzertreise in der Bundesrepublik 1976 die Staatsbürgerschaft der DDR entzogen wird, findet die liberale Phase ein schroffes Ende. Zwölf namhafte Schriftsteller der DDR protestieren daraufhin mit einem (in der westdeutschen Presse publizierten) Schreiben gegen diesen Akt staatlicher Willkür und erklären sich mit Biermann solidarisch. Die Proteste zeigen keine Wirkung, rufen eher eine härtere Gangart der Staatsführung auf den Plan: Publikationsverbote, Hausarrest, Verhaftung, Bespitzelung. Reiner Kunze veröffentlicht später – im Jahre 1990 – unter dem Titel *Deckname Lyrik* Auszüge aus den Akten des Staatssicherheitsdienstes der DDR zu seiner Person. Bis zum Ende der DDR übersiedeln mehr als 100 Schriftsteller in die Bundesrepublik, darunter bekannte Autoren wie Günter Kunert, Reiner Kunze, Jurek Becker, Wolfgang Schädlich, Erich Loest.

Auch nach 1976 entstehen bis zum Ende der DDR bedeutende literarische Werke (z. B. von Christa Wolf, Irmtraut Morgner, Stefan Heym). Der Widerspruch zwischen den sozialistischen Idealen und der Realität wird von jungen Literaten weiterhin ausgesprochen. Von ihnen intendierte Veränderungen im System bleiben Utopie; die Haltung der Staats- und Parteiführung ändert sich nicht mehr. Das Jahr 1989 bereitet die Wende vor, das Jahr 1990 markiert das Ende der DDR (3. Oktober 1990).

▸ S. 48–49: Zum politischen Sprachgebrauch in der DDR

Schriftsteller zwischen Ost und West

Viele DDR-Schriftsteller verlassen den Arbeiter-und-Bauern-Staat bereits vor der Errichtung der Mauer am 13. August 1961. Zu ihnen gehören z. B. Horst Bienek, Walter Kempowski, Gerhard Zwerenz, Uwe Johnson, Heinar Kipphardt. Die Motive für die Ausreise sind im Einzelnen sicher sehr unterschiedlich; neben Enttäuschungen über die Festlegungen der offiziellen Kulturpolitik (▸ S. 162) mögen auch die desolate wirtschaftliche Situation der DDR und die geringen Marktchancen ein Grund gewesen sein. Eine besondere Bedeutung spielt die Konfrontation mit Bürokratie und Staatsapparat, die dem DDR-Schriftsteller bereits bei geringen Abweichungen von der Parteilinie das tägliche Leben erheblich erschwert. Für manche Schriftsteller mag die Parole „Wandel durch Annäherung“ (▸ S. 164) in den 70er-Jahren auch die Aussicht eröffnet haben, in der Bundesrepublik im Sinne sozialistischer Ziele wirken zu können.
Motive für ein Verlassen der DDR und zugleich Höhepunkte der Ausreisen ergeben sich mit dem Bau der Mauer im Jahre 1961 und mit der Ausbürgerung von Wolf Biermann im Jahre 1976.
Viele der Schriftsteller, die die DDR verlassen, stehen sowohl mit ihrer Biografie als auch mit ihren Einstellungen und ihrem Werk zwischen Ost und West; manche präsentieren mit ihren schriftstellerischen Intentionen und Visionen, schon lange vor der politischen Vereinigung, das ganze Deutschland.

Auswahl wichtiger Autoren und Werke

BERTOLT BRECHT (1898–1956)
  Gedichtband *Buckower Elegien*

STEFAN HEYM (1913–2001)
  Der Fall Glasenapp
  Auf Sand gebaut

HEINER MÜLLER (1929–1995)
  Der Lohndrücker
  Gedichte und Hörspiele

CHRISTA WOLF (1929–2011)
  Der geteilte Himmel
  Kindheitsmuster
  Kassandra
  Macht der Engel

REINER KUNZE (geb. 1933)
  Die wunderbaren Jahre
  Gedichte

ULRICH PLENZDORF (1934–2007)
  Die neuen Leiden des jungen W.

SARAH KIRSCH (1935–2013)
  Gedichte

VOLKER BRAUN (geb. 1939)
  Gedichte

3.17 Von der „Wende" (1990) bis zur Gegenwart

Historische Zusammenhänge

Tausende von DDR-Bürgern flüchten im Jahre 1989 über Ungarn, die Tschechoslowakei und Polen in die Bundesrepublik Deutschland. Im Zuge einer gewaltlosen Revolution („Wir sind das Volk") wird Honecker zum Rücktritt gezwungen; die Mauer wird am 9. November 1989 geöffnet; die Geschichte der DDR endet mit dem 3. Oktober 1990, als die fünf wieder gegründeten Bundesländer der Bundesrepublik Deutschland beitreten.

Der Wendepunkt deutscher Geschichte bedeutet zugleich einen Wendepunkt europäischer und weltpolitischer Geschichte. Mit der Auflösung der Sowjetunion im Jahre 1991 wird das letzte multinationale Großreich zur Geschichte. Der Warschauer Pakt löst sich auf; es gibt keinen sozialistischen Staat mehr in Europa. In Deutschland und Europa tauchen Mentalitäten wieder auf, die längst verschwunden zu sein schienen: Nationalismus, Fremdenfeindlichkeit und Rassismus. Auch für den Übergang vom 20. zum 21. Jh. lässt sich ein ***Epochenumbruch*** konstatieren: Auf dem Wege zur Wissens-, Informations- und Mediengesellschaft zerfällt zusehends die bisherige Wohlstandsgesellschaft. Globalisierung zeigt sich als Prozess einer zunehmenden wirtschaftlichen, politischen und kulturellen Verflechtung aller Volkswirtschaften und Kulturen der Welt, mit großen Vorzügen, aber auch Nachteilen.

Zur Literaturentwicklung

Die Jahre 1989/1990 markieren einen scharfen Einschnitt, denn die bisherigen Zuordnungskriterien stimmen nicht mehr.

- Die Literatur der 90er-Jahre wird u. a. bestimmt von folgenden Problemen: Arbeitslosigkeit, Identitätskonflikte, Verhalten gegenüber Ausländern, Ost-West-Irritationen, neue Hauptstadt Berlin, Naturzerstörung, Multimedia. Es geht thematisch auch um die Widersprüche, mit denen die Menschen in dieser Zeit leben müssen, um Umbrüche und Veränderungen im Leben, in der Natur und in der Gesellschaft und ihre Wirkung auf den Einzelnen. Es geht auch um Wünsche und Visionen. Nach der Wende entsteht eine Fülle von Literatur zum Thema *Wiedervereinigung*. Diese aktuelle Thematik wird z. T. verknüpft mit historischen Erinnerungen und biographischem Schreiben (z. B. Erich Loest, *Nicolaikirche*, Martin Walser, *Ein springender Brunnen*, Günter Grass, *Ein weites Feld*). Ein besonderes Kennzeichen der Gegenwartsliteratur ist die Vielfalt der Schreibstile und literarischen Formen und ihr sprachlicher Facettenreichtum.

- Zu Beginn der 90er-Jahre kündigt sich auch ein Generationenwechsel der Schriftsteller an. Die neue Literatengeneration nimmt Abschied vom bislang gültigen Selbstverständnis des Dichters mit der Vergangenheit als selbstverständlichem Bezugspunkt und der Überzeugung, dass große Werke im überzeitlichen Sinne weiterwirken. Mit der Kritik an früheren Entwicklungen (einschließlich der Kritik an Symbolfiguren der Vätergeneration, z. B. Martin Walser, Peter Handke, Hans Magnus Enzensberger) verbindet sich die Vorstellung, Literatur dürfe keine Funktion übernehmen (um nicht funktionalisiert werden zu können). Dies wird auch als Ausdruck einer neu gewonnenen Freiheit angesehen.
Der Verzicht auf alles Bedeutende verbindet sich mit einer Sprache, die sich bewusst provisorisch gibt (vgl. Ingo Schulze, *Simple Storys*). Es ist in den letzten 10 Jahren selten geworden, dass ein Schriftsteller, sieht man einmal von den prominenten Autoren wie Günter Grass, Martin Walser, Siegfried Lenz ab, über den rein literarischen Bereich hinaus Aufmerksamkeit oder gar politischen Einfluss erlangt.
- In der sogenannten ***Migrantenliteratur*** – es leben heute mehr als 7 Mio. Menschen ausländischer Abstammung unter uns – ist die Anzahl der türkischen Autoren mit Abstand am größten. Für die zweisprachigen Schriftsteller und Schriftstellerinnen bestimmen unterschiedliche Motive und Inhalte den Schreibprozess: Erfahrungen in der Fremde, Orientierungssuche, Sprach- und Identitätsverlust, besondere Lebensbedingungen von Frauen (z. B. Renan Demirkan, *Schwarzer Tee mit drei Stück Zucker*, 1991).

Beständige Themen der Literatur bis zur aktuellen Gegenwart sind vor allem:

- Lebensprobleme des modernen Menschen
- Probleme der Informationsgesellschaft und der Globalisierung
- Historische Biografien

- Terrorismus
- Nationalsozialismus; Erfahrungen des 2. Weltkrieges und der Nachkriegszeit

Als ein besonderes Kennzeichnen der Gegenwartsliteratur gilt der große Facettenreichtum der literarischen Themen und Formen.

Auswahl wichtiger Autoren und Werke

SIEGFRIED LENZ (1926–2014)
Schweigeminute
GÜNTER GRASS (1927–2015)
Ein weites Feld
Mein Jahrhundert
Im Krebsgang
MARTIN WALSER (geb. 1927)
Verteidigung der Kindheit
Finks Krieg
CHRISTA WOLF (1929–2011)
Medea. Stimmen
ROLF HOCHHUTH (geb. 1931)
Effis Nacht
REINER KUNZE (geb. 1933)
Deckname Lyrik
UWE TIMM (geb. 1940)
Die Entdeckung der Currywurst
CHRISTOPH HEIN (geb. 1944)
Gegen die Laufrichtung
BERNHARD SCHLINK (geb. 1944)
Der Vorleser
Selbs Betrug
Liebesfluchten
Die Heimkehr
Die Frau auf der Treppe

Botho Strauss (geb. 1944)
Wohnen Dämmern Lügen
Matthias Biskupek (geb. 1950)
Der Quotensachse
Herta Müller (geb. 1953)
Atemschaukel
Renan Demirkan (geb. 1955)
Schwarzer Tee mit drei Stück Zucker
Robert Schneider (geb. 1961)
Schlafes Bruder
Die Luftgängerin
Ingo Schulze (geb. 1962)
Simple Storys
Marcel Beyer (geb. 1965)
Flughunde
Wolfgang Herrndorf (1965–2013)
Tschick
Juli Zeh (geb.1974)
Unterleuten
Daniel Kehlmann (geb. 1975)
Die Vermessung der Welt
Ruhm
F
Stefanie Höfler (geb. 1978)
Tanz der Tiefseequalle

Öffentliches Sprechen (Rhetorik)

Reden und Sprechen in der Öffentlichkeit sind eine Form sozialen Handelns. Jeder Mensch, der vor oder mit anderen spricht, steht mit seinem Zuhörer oder Gesprächspartner in einer sozialen Verbindung. Der Redende richtet sich mit seinen Intentionen an Zuhörer, die ihrerseits bestimmte Erwartungen haben. Dabei können sowohl sprachliche Mittel (wie Wortwahl, Satzbau, fach- und sondersprachliche Varietäten) als auch halbsprachliche (Betonung, Lautstärke) und nichtsprachliche Mittel (Gestik, Mimik) auf den anderen einwirken.

4.1 Zum Begriff Rhetorik

Rhetorik (▸ S. 178) ist die Lehre von der wirkungsvollen Gestaltung des Sprechens. Es geht darum,
- den Zuhörer zu beeinflussen,
- ihn zum Nachdenken anzuregen,
- eine bestimmte Stimmung hervorzurufen.

Man unterscheidet zwischen
- Gesprächsrhetorik (dialogischem Sprechen) und
- Rederhetorik (monologischem Sprechen).

Im Alltag begegnet uns *Rhetorik* in unterschiedlicher Weise: Vortrag in der Aula, Referat über die Weimarer Klassik, Vortrag eines Gedichtes, Talk-Runde im Fernsehen, Neujahrsansprache des Bundeskanzlers, Abiturreden zum Schulabschluss, spontane Feierrede zum Geburtstag, Werbung in ihren unterschiedlichen Formen, …

Im Gegensatz zu einer streng rationalen Form der Argumentation in meinungsbildenden Gesprächen und Texten (z. B. einem Kommentar) hat das Argumentieren im Sinne der Rhetorik eher eine meinungsbeeinflussende Absicht. Der Sprecher will sein Gegenüber in seinem Sinne beeinflussen. So sind nach dem Theorieansatz Bühlers (▸ S. 21) derartige Äußerungen im appellativen Sinne zielgerichtet auf den Zuhörer bezogen.

4.2 Gesprächs- und Redeformen

Im Gespräch sind Sprecher und Hörer als Gesprächspartner aufeinander bezogen, das heißt, jeder der Teilnehmer kann zugleich Sprecher und Zuhörer sein; es geht um einen gegenseitigen Austausch von Meinungen und Informationen. Diese Beziehung kann symmetrisch, also gleichberechtigt (z. B. Schüler – Schüler), sein (▸ S. 22) oder komplementär, also vom sozialen Status her nicht auf einer Ebene, z. B. Schüler – Lehrer, Arzt – Patient (▸ S. 22).

Gesprächsformen

Sachgespräch

Im Unterschied zur eher zwanglosen Unterhaltung kennzeichnet das Sachgespräch

- eine größere Teilnehmerzahl,
- eine im Mittelpunkt stehende Sachfrage,
- einen Gesprächsleiter, der den Verlauf im Sinne eines bestimmten Ziels steuert und zusammenfasst.

BEISPIEL Unterrichtsgespäch

Diskussion

Sonderform des Gesprächs (Streitgespräch): Auseinandersetzung über ein bestimmtes Thema, bei dem die Rollen von Sprecher und Zuhörer wechseln. Das Diskussionsziel bestimmt die

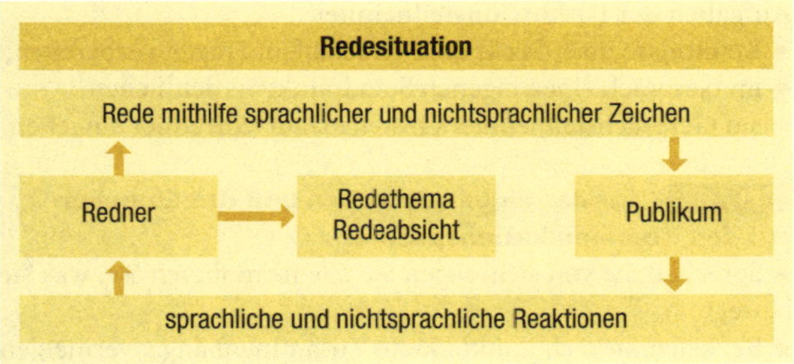

Rede: monologische Form des sozialen Handelns

Gespräch: dialogische Form sozialen Handelns

Form der Diskussion, die Techniken sowie die Anzahl und Zusammensetzung der Teilnehmer.
Zu einem strittigen Thema werden unterschiedliche Auffassungen begründet vorgetragen.

Mögliche Diskussionsziele
- Informations- und Meinungsaustausch,
- Lösung organisatorischer Probleme,
- Entscheidungsfindung und Beschlussfassung,
- offene gegenseitige Kritik.

Aufgaben der Diskussionsteilnehmer

- Kenntnisse über das Thema verschaffen, Fragen vorbereiten,
- im Gespräch einen eigenen Standpunkt verdeutlichen,
- auf Gesprächsteilnehmer einstellen, auf Vorredner eingehen.

TIPPS für das eigene Sprechen und das Eingehen auf den Kommunikationspartner

- Sprechen Sie von sich; sagen Sie *Ich*, formulieren Sie, was Sie bewegt.
- Beziehen Sie sich auf konkrete Zusammenhänge, vermeiden Sie verallgemeinernde Formulierungen wie *immer* oder *nie*.
- Bleiben Sie bei dem angeschnittenen Thema.
- Fassen Sie kurz zusammen, was die andere/der andere gesagt hat; diese/dieser fühlt sich dadurch verstanden.
- Wenden Sie sich dem Partner zu, halten Sie Blickkontakt.
- Machen Sie keine Unterstellungen, sondern fragen Sie offen.
- Zeigen Sie deutlich, was das Gesagte in Ihnen auslöst: „Ich bin überrascht …"
- Geben Sie positive Rückmeldungen: „Ich stimme zu …"
- Vermeiden Sie „Killerphrasen", die ein echtes Gespräch verhindern.

BEISPIELE Was soll da schwierig sein? Das war doch noch nie so! Das geht hier nicht! Dafür ist die Zeit zu knapp!

Aufgaben des Diskussionsleiters

- Die Diskussion eröffnen (z. B. durch Kurzreferat, Fallstudie, Arbeitsbericht o. Ä.).
- Sich vorab informieren über die Ansichten der Teilnehmer.
- Dem Publikum die Problematik des Themas darstellen; die Grundrichtung der Diskussion vorgeben.
- Dafür sorgen, dass alle Teilnehmer im Gespräch bleiben.
- Darauf achten, dass die Teilnehmer beim Thema bleiben.
- Am Schluss der Diskussion mögliche Ergebnisse zusammenfassen; auch Gemeinsamkeiten und Unterschiede herausstellen.

Diskussionsformen

Rundgespräch

Direkter Blickkontakt für alle Teilnehmer.

Podiumsgespräch

Fachleute diskutieren vor einem bestimmten Publikum. Notwendige Problemstellungen werden zuvor besprochen und festgelegt. Teilnehmer dürfen andere Teilnehmer oder das Publikum nicht befragen. Das Publikum erhält vom Gesprächsleiter die Gelegenheit, das Podium zu befragen.

Streitgespräch

Wenigstens zwei Personen diskutieren ein umstrittenes Thema.

Debatte

Öffentliche Aussprache als streng geregelte Auseinandersetzung zwischen Gegnern (z. B. zwischen Parteien), die durch bestimmte Regeln geordnet ist; oft in Parlamenten zwischen den Parteien. Ziel: Zu zwei Voranträgen soll eine eindeutige Entscheidung für einen Antrag erfolgen. Der Leiter einer Debatte führt sehr straff, er eröffnet die Debatte, nennt die Anträge, bestimmt Ablauf und

Auftreten der jeweiligen Redner (mit gleicher Redezeit), entzieht das Wort, ruft zur Ordnung und beschließt die Debatte durch Abstimmung. Da sich bei der Debatte Pro- und Kontra-Positionen deutlich gegenüberstehen, werden bei der Argumentation Angriffs- und Verteidigungstechniken eingesetzt.

BEISPIELE für Angriffstechniken:
Probleme/Fragen vorwegnehmen: „Wahrscheinlich werden Sie jetzt einwenden …"
Eine Gegenfrage stellen: „Wieso können Sie behaupten, dass …?"
Übertreiben: „Wollen Sie sagen, dass wir nie …"
Beispiele für Verteidigungstechniken:
Relativieren: „Das kann man natürlich auch ganz anders sehen …"
Die Kehrseite verdeutlichen: „Das mag schon richtig sein, Sie übersehen dabei aber den Nachteil, dass …"
Einschränken: „Was soll daran problematisch sein? Bedenken Sie, dass es auch darum geht …"
Zeit gewinnen, indem die Argumente des Diskussionsgegners zusammengefasst werden: „Sie sind also der Meinung, dass …"

Prüfungsgespräch
Das Prüfungsgespräch ist durch Situation und Rollenverteilung normiert. Es stellt keinen freien Meinungsaustausch zwischen gleichberechtigten Partnern dar. Die aktiven Impulse gehen vom Prüfer aus; der Prüfling ist der Befragte. Die Prüfungssituation ist ungewohnt und daher belastend. Die Bedingungen dieser Situation sollte man sich vorab klarmachen und entsprechend eine Verhaltensstrategie überlegen. (▶ S. 43, 242).

Vorstellungsgespräch
Das Vorstellungsgespräch stellt eine mündliche Testsituation dar; der Gesprächspartner des Bewerbers ist oft der Inhaber oder Personalchef eines Betriebes.

Der Bewerber muss sich auf folgende Fragen einstellen:
Fragen zur Bewerbung: Warum haben Sie sich …?
Fragen zur Persönlichkeit und Selbsteinschätzung: Wie stellen Sie sich … vor?
Fragen zur Ausbildung/zum Beruf: Was ist für Sie wichtig …?
Fragen zum Freizeitbereich: Welche außerberuflichen Neigungen …?
Fragen zur persönlichen und familiären Situation.

TIPPS für das Vorstellungsgespräch

- Blickkontakt mit dem Gesprächspartner halten.
- Die Fragen klar, umfassend, verbindlich und freundlich beantworten.
- Die Führung des Gesprächs dem andern überlassen.
- Nachfragen, wenn etwas nicht verstanden worden ist.
- Auf unangenehme Fragen nicht negativ reagieren.
- Keine Fragen stellen, die den anderen provozieren.
- Den Gesprächspartner ausreden lassen.
- Allzu persönliche und emotionale Äußerungen unterlassen, auch Kritik an anderen Personen oder – bei einem Wechsel der Stelle – an der vorherigen Firma.
- Den Redepartner das Gespräch beenden lassen und den richtigen Zeitpunkt zur Verabschiedung abpassen.

Wichtig ist es bei einem solchen Gespräch, auch Körpersignale und ihre Bedeutung (▸ S. 177) zu beachten.

BEISPIELE

Augen betont weit offen – Aufmerksamkeit
häufiger Blickkontakt – Sympathie
häufiges Wegsehen – mangelnde Sympathie, Verlegenheit
offenes Lächeln – uneingeschränkte Mitfreude
schlaffer Händedruck – Unsicherheit, mangelndes Durchsetzungsvermögen

▸ S. 207–210: Zur Bewerbung

Die Rede

Die Rede ist die gebräuchlichste Form des öffentlichen Sprechens. Im Vergleich zur dialogischen Gesprächssituation ist die Redesituation eher monologisch.
Die Redekunst hat eine lange Tradition. In der Antike wurde der Ausbildung in Rhetorik ein bedeutender Stellenwert zugemessen. Diese Tradition gilt in ihren wesentlichen Merkmalen noch heute, hat sogar im angelsächsischen Bereich eine lebhafte Erneuerung erfahren. Man kann auch heute noch (grob) nach den folgenden drei Arten öffentlicher Rede unterscheiden:

- die ***Feier- oder Festrede*** (genus demonstrativum, von lat. demonstrare = zeigen): Es wird an ein bestimmtes Ereignis erinnert oder ein bestimmter Anlass gefeiert (nationaler Feiertag, Geburtstag, Entlassung in den Ruhestand).
- die ***Gerichtsrede*** (genus iudiciale, von lat. iudicialis = gerichtlich): Reden des Anklägers bzw. Verteidigers vor Gericht, um die jeweiligen Argumente darzulegen.
- die ***argumentative Form der Rede*** (genus deliberativum, von lat. deliberare = abwägen, überlegen): Hier geht es vor allem um die Auseinandersetzung über strittige Fragen in der Form des Pro und Kontra. Der Redner verfolgt das Ziel, den Zuhörer zu überzeugen bzw. für sich zu gewinnen (z. B. in der politischen Auseinandersetzung).

Bei der Orientierung an dem Kommunikationsmodell von Karl Bühler (Funktionsbeschreibung des sprachlichen Zeichens, ▸ S. 20) lassen sich folgende Kennzeichnungen einer Rede unterscheiden:
Ausdruck: Reden, in denen die Befindlichkeit des Redners im Mittelpunkt steht (Fest- und Feierreden),
Darstellung: Reden, in denen der Gegenstand im Mittelpunkt steht (wissenschaftlicher Vortrag, Referat über ein fachliches Thema),
Appell: Reden, die sich an bestimmte Zuhörer richten mit dem Ziel, an diese zu appellieren und sie zu etwas aufzufordern.

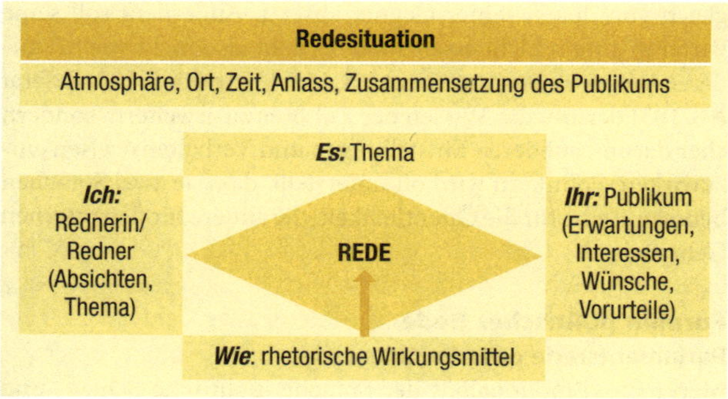

TIPPS zur Vorbereitung und Durchführung von Reden

Vgl. auch Referat ▶ S. 183 und mündliche Prüfung ▶ S. 241

- Gedanken sammeln und ordnen, z. B. durch Mind-Mapping (▶ S. 221)
- Material sinnvoll gliedern nach unterschiedlichen Kriterien:
  - Prinzip der Steigerung
  - Ursache und Wirkung
  - Argumentationskette
- Sprachliche Gestaltung und Ausschmückung (Wortwahl, Satzbau, überlegter sparsamer Einsatz rhetorischer Mittel)
- Rede einprägen
- Rede vortragen und gestalten (so frei wie möglich nach Stichworten formulieren, Sprechtempo, Tonlage, Lautstärke, Pausen, sparsame Gesten, die den Vortrag unterstützen)

4.3 Die politische Rede

Die politische Rede ist eine besondere Form der Rede, weil es hier vor allem darum geht, dass der Redner sein Publikum im Sinne seiner politischen Vorstellungen beeinflusst und sich zugleich von denen seiner Gegner absetzt. Außerdem soll seine Partei in gutem Licht erscheinen. Es geht also nicht wie bei anderen Redeformen (Statement ▶ S. 182, Vortrag ▶ S. 182, Referat ▶ S. 183) darum, das Wissen der Zuhörer zu erweitern, sondern eher darum, auf deren Einstellungen und Verhaltensweisen einzuwirken. Politikern wird oft unterstellt, dass sie zwei Sprachen benutzen: eine für die Öffentlichkeit, die andere für den internen Gebrauch.

Formen politischer Rede

Parlamentsrede oder Parteienrede

Merkmale: Emotionalität der Sprache, politische Schlag- und Reizwörter, die im gruppenspezifischen Sinne die Parteizugehörigkeit kennzeichnen; Fachbegriffe der Verwaltung bzw. Rechtsprechung (vgl. auch rhetorische Mittel ▶ S. 188–190)

Massenrede

Merkmale: Bestätigung der eigenen Position und Abwertung der anderen; am Schluss oft Gefühls- und Handlungsappell, sprachlich-rhetorische Wirkungsmittel überlagern oft sachlich-inhaltliche Aussagen; oft Stilmittel der Wiederholung, um Botschaft einzuprägen; semantische Unschärfe des Schlagworts; emotionale Lenkung des Publikums; eindeutige Wertungen; übertreibende Verallgemeinerungen; mit stereotypen Formulierungen wird an Gefühle appelliert; Schlüsselwörter (z. B. das Wort *fanatisch* in Reden des Nationalsozialismus, ▶ Sprache des Nationalsozialismus ▶ S. 46); Verwendung außersprachlicher Zeichen (Fahne, Marschmusik, Spruchband).

Fernsehansprache

Sie gilt als moderne Form der Massenrede; hier fehlen allerdings die direkten Kontakte zwischen Sprecher und Zuhörer; dieser wird beim Fernsehzuschauer oft ersetzt durch pseudointime Wirkungsmittel wie persönliche Anrede, „Augenkontakt“ (Nahaufnahme).

Wirkungsmittel und Strategien politischer Rede

Neben den rhetorischen Figuren (▸ Seite 188–200) sind es in politischen Reden vor allem die folgenden Redeweisen, die dem Redner zum Erfolg verhelfen sollen:

Aufwertung der eigenen Seite, Gruppe, Partei

- Eigene Verdienste hervorheben und Fehler verschweigen.
- Eigener Standpunkt und eigene Gruppe erhalten Eigenschaften und Begriffe mit positiven Nebenbedeutungen zugeschrieben (z. B. Solidarität, Demokratie, Verlässlichkeit, Solidität, Freiheit, Kompetenz).
- Interessen, die in Wirklichkeit der eigenen Gruppe nützen, werden als uneigennützig ausgegeben (z. B. die Umwelt zu schützen, den Aufbau von Atomkraftwerken zu fördern, …).
- Man beruft sich auf bekannte Autoritäten (Wissenschaftler, Politiker, das Grundgesetz, die Bibel).
- Man versucht die eigene Politik als vernünftig und ohne Alternativen darzustellen.

Abwertung der gegnerischen Seite

- Ungünstige Seite hervorheben, günstige Seite abschwächen.
- Einzelne Schwächen verallgemeinern.
- Fehler des Gegners übertreiben.
- Begriffe mit negativen Nebenbedeutungen dem Gegner zuordnen (z. B. Inflation, Arbeitslosigkeit, Abbau sozialer Sicherheit, Zerstörung der Natur).
- Zitate des Gegners verzerren und dadurch kritisieren.

Beschwichtigen (Verwischen klarer Positionen, sich herausreden)

- Hinweise auf gleiche Interessen: „Wir sitzen alle im gleichen Boot."
- Verschweigen von Widersprüchen: sowohl … als auch.
- Allgemeine Weisheiten und Redensarten benutzen.
- Auf höhere Gewalt oder Schicksal verweisen.

Bedrohen

- Gegner einschüchtern, indem bestimmte Gefahren übertrieben werden.
- Alternativen verschweigen bzw. diese als negativ und gefährlich kennzeichnen.

4.4 Andere Redeformen

Statement

Hierbei handelt es sich um eine offizielle Erklärung, die Antwort gibt auf eine Anfrage. Der Antwortende gibt sachliche Erklärungen; persönliche Formulierungen sind fehl am Platze; es herrscht Fachsprache vor; rhetorische Figuren fehlen zumeist.

Vortrag

Er kann verschiedenen Zielen dienen. Beim Fachvortrag hat der Redner – wie beim Referat – in der Regel das Ziel, fachliche Informationen zu geben. Er wendet sich dabei an ein Publikum, das bereits fachliche Vorkenntnisse hat und insofern den Ausführungen Interesse entgegenbringt. Rhetorische Stilmittel (▸ S. 188) können dabei helfen, die Aufmerksamkeit der Zuhörer für fachlich schwierige Zusammenhänge sowie Eindringlichkeit, Anschaulichkeit oder Spannung zu erreichen.

Hearing

Bei einem Hearing werden Fachleute vor einem Ausschuss mit Entscheidungsbefugnissen zu einem bestimmten Thema befragt. Die Fachleute haben lediglich Antwort zu geben.
Die unterschiedlichen Redner erhalten gleiche Redezeit; die Erklärungen müssen sachlich, knapp und exakt sein; rhetorische Leerformeln müssen vermieden werden. Auf diese Art und Weise wird das Gremium, das berechtigt ist, die Fragen zu stellen, aus unterschiedlicher Sicht informiert und sollte anschließend zu einer Entscheidung fähig sein.

Referat

Das Referat ist eine mündliche Redeform, die besonders häufig in der Schule genutzt wird.

Man unterscheidet

- ***das informierende Referat***

Umfassende und genaue Informationen über einen Sachverhalt; dieser soll sachlich zutreffend, adressatenbezogen und verständlich dargestellt werden.

- ***das argumentierende Referat***

Auch hier ist die Verständlichkeit oberstes Gebot; es geht im Gegensatz zu a) eher darum, die Ergebnisse zu entwickeln, statt sie darzustellen, und unterschiedliche Urteile bzw. Deutungen des Sachverhalts herauszuarbeiten; auch das eigene Urteil ist wichtig. Der Redner hat mehr Freiheit zur Organisation des Stoffes; er nutzt häufiger rhetorische Mittel, um die Zuhörer für seine Sichtweise zu gewinnen.

In jedem Referat geht es

- um die Darstellung der fachlich-inhaltlichen Seite,
- um die richtige Vermittlung,
- um die äußere Präsentation.

TIPPS zur Erarbeitung eines Referates

1. Schritt: Informationen beschaffen und ordnen

- Zunächst durch Handbücher, Lexika, Fachzeitschriften, Internet, Inhalts- bzw. Stichwortverzeichnis von Büchern einen ersten Überblick verschaffen; in der Bibliothek (Schlagwort- bzw. Verfasserkatalog) spezielle Literatur zum Thema suchen.
- Wichtiges kopieren (aber nicht zu viele Kopien machen).
- Prägnante Stellen farbig markieren.
- Zentrale Zitate wörtlich herausschreiben (exzerpieren) mit Seitenangabe und Quelle (▶ S. 204), um diese später verwerten zu können.
- Andere wichtige Gedanken inhaltlich bereits nach den Gliederungsabschnitten des Referats ordnen (Arbeitsökonomie!).

2. Schritt: Informationen verarbeiten

- Das Gelesene in die eigene Sprache und Gedankenwelt umsetzen bzw. formulieren.
- Die endgültige Gliederung erstellen.
- Den Anfang des Referats besonders gut überlegen, um den Kontakt zum Publikum zu knüpfen (z. B. anschauliches Zitat, provozierende These, Erläuterung des Themas).
- Nicht alle Detailinformationen für das Referat verwenden; jedoch Detailkenntnisse für mögliche Rückfragen bereithalten und extra notieren bzw. markieren.

3. Schritt: Informationen vortragen

Die Ergebnisse der Arbeit sollten so vorgetragen werden, dass sie beim Zuhörer ankommen und dieser interessiert den Ausführungen folgt. Dazu sollte man

- das Thema erläutern, Gedankengang und roten Faden des Referats herausstellen und damit dem Zuhörer einen Weg durch die Hauptgedanken des Referats weisen.
- zur Veranschaulichung Medien wie Thesenpapier, Tafel, Diagramm, Overheadprojektor, Bild, Statistik, Filmausschnitt, Computer (PowerPoint) nutzen.

TIPPS zur Präsentation und Visualisierung

- Vereinfachung der Inhalte
- Verlesen von umfangreicheren Zahlen nie ohne Visualisierung
- Abwechslung durch unterschiedliche Farben
- Übereinstimmung von verbalisierten Aussagen und visuell Dargestelltem
- Visualisierung von Kernaussagen und nicht von Nebensächlichkeiten
- veranschaulichende Medien nutzen: Overheadprojektor, Tafel, Beamer
- gute Sichtbarkeit der visuellen Hilfsmittel (Farbe/Schriftgröße, Auflösung)

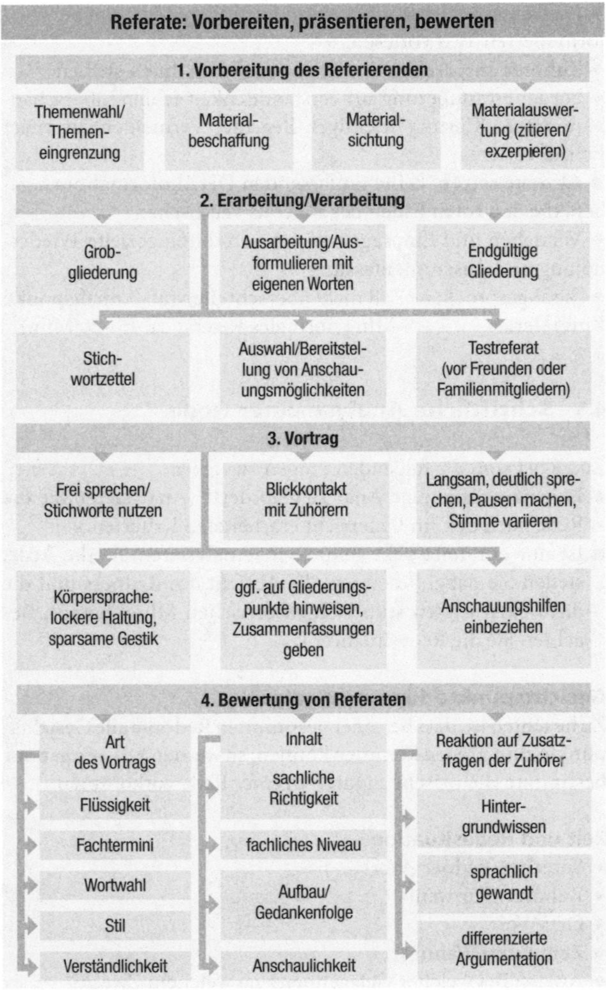
Referate: Vorbereiten, präsentieren, bewerten
1. Vorbereitung des Referierenden
Themenwahl/ Themen- eingrenzung
Material- beschaffung
Material- sichtung
Materialauswer- tung (zitieren/ exzerpieren)
2. Erarbeitung/Verarbeitung
Grob- gliederung
Ausarbeitung/Aus- formulieren mit eigenen Worten
Endgültige Gliederung
Stich- wortzettel
Auswahl/Bereitstel- lung von Anschau- ungsmöglichkeiten
Testreferat (vor Freunden oder Familienmitgliedern)
3. Vortrag
Frei sprechen/ Stichworte nutzen
Blickkontakt mit Zuhörern
Langsam, deutlich spre- chen, Pausen machen, Stimme variieren
Körpersprache: lockere Haltung, sparsame Gestik
ggf. auf Gliederungs- punkte hinweisen, Zusammenfassungen geben
Anschauungshilfen einbeziehen
4. Bewertung von Referaten
Art des Vortrags
Flüssigkeit
Fachtermini
Wortwahl
Stil
Verständlichkeit
Inhalt
sachliche Richtigkeit
fachliches Niveau
Aufbau/ Gedankenfolge
Anschaulichkeit
Reaktion auf Zusatz- fragen der Zuhörer
Hinter- grundwissen
sprachlich gewandt
differenzierte Argumentation

- nach einem Stichwortzettel frei formulieren, nicht einen ausformulierten Text vorlesen
- Zuhörer ansprechen und Blickkontakt zu ihnen suchen
- bei der Formulierung auf Verständlichkeit achten (überschaubare Sätze, Klärung wichtiger Begriffe, Vermeiden zu vieler Fremdwörter)
- Akzente setzen, keine umfassenden Detailinformationen geben, die den roten Faden des Referats verwischen
- Verstehen und Einprägen erleichtern durch gezielte Wiederholung und Zusammenfassung
- die abgesprochene Zeit nicht überschreiten (als Anhaltspunkt: Kurzreferate ca. 5–10 Min.; normales Referat ca. 15–20 Min.)

4.5 Schriftliche Analyse einer Rede

Zunächst sind die folgenden Fragen zu stellen:

- Ist eine vollständige Analyse gefordert? (Analysieren Sie die Rede nach den im Unterricht erarbeiteten Kriterien.)
- Ist nur ein Teilaspekt gefordert? (Analysieren Sie die Rede; stellen Sie dabei besonders die Absicht des Redners und die dazu eingesetzten stilistisch-rhetorischen Mittel heraus. Beachten Sie die Redesituation.)

Gesichtspunkte für eine Analyse

Zu beachten ist, dass bei einer bestimmten Rede nie alle Gesichtspunkte zum Tragen kommen können; so werden z. B. immer nur bestimmte rhetorische Figuren in *einer* Rede vorkommen.

Zeit und Redesituation

- Sprecher/Redner: Wer?
- Zuhörer: Für wen?
- Ort: Wo?
- Zeitpunkt: Wann?
- Anlass: Bei welcher Gelegenheit? Zu welchem Zweck?

Inhalt/Thema

- Um welches Anliegen geht es?
- Wie lautet die Kernaussage, die zentrale Botschaft, der zentrale Appell?
- Wie wird die Kernaussage erläutert, mit welchen Argumenten begründet?

Gliederung

- Wie ist die Rede inhaltlich gegliedert?
- Gibt es eine Einteilung nach Hinführung, Hauptteil, Schlussteil?

Grundtypus

- Lässt sich die Rede einem bestimmten Typ (Feierrede, Gerichtsrede, argumentierende Rede, politische Rede oder den kommunikativen Funktionen *Ausdruck, Darstellung, Appell* (▶ S. 178) zuordnen?

Absicht

- Welches Ziel verfolgt der Redner?
- Will er Übereinstimmung mit den Zuhörern erreichen oder will er zum Nachdenken anregen?
- Will er die Zuhörer für einen bestimmten Standpunkt gewinnen?
- Will er das Publikum emotional beeinflussen?

Gestaltung/stilistisch-rhetorische Wirkungsmittel

Welche Mittel werden eingesetzt, um die Absicht zu erreichen (▶ rhetorische Figuren, S. 188)?
Die ***rhetorischen Figuren*** sollten nicht nur aufgelistet, sondern ihre Wirkung im jeweiligen Kontext bestimmt werden, z. B. einprägen, vertiefen, Nachdruck ausüben, sich als modern erweisen, das eigene Prestige erhöhen, einen persönlichen Kontakt zum Hörer aufbauen, sich einschmeicheln, veranschaulichen, abwerten, aufwerten, beschwichtigen, die Eindringlichkeit steigern.

Die wichtigsten stilistisch-rhetorischen Mittel (Figuren)

Bereits in der Antike werden rhetorische Muster und Ausdruckselemente entwickelt, die die Wirkung der Rede verstärken sollen. Diese vom Redner zum Zwecke der Einwirkung auf seine Zuhörer verwendeten Abweichungen von der üblichen grammatischen Form nennt man Figuren. Man unterscheidet folgende Abweichungsmöglichkeiten, deren Anzahl durch Kombination erhöht werden kann:

- Erweiterung
- Verkürzung
- Umstellung
- Veränderung eines Einzelwortes.

Der Grad der Abweichung reicht vom Einzelwort bis zu ganzen Wortgruppen und Sinnzusammenhängen.

Figuren aus dem Wortbereich	
Alliteration (Wiederholung des Anlautes bei mehreren Wörtern)	**T**itel, **T**hesen, **T**emperamente
Hyperbel (Übertreibung/ Überspitzung)	In der Schule war die Hölle los./ Das habe ich schon tausendmal gesagt.
Fremdwort	Feeling statt Gefühl
Modewort	jemand outet sich
Metapher (bildhafte Übertragung)	die Glut der Liebe/Weichen für eine neue Schulpolitik
Metonymie (Umbenennung)	ein Herz (Gefühl) für Kinder/ Frankreich (die französische Fußballmanschaft) wird Weltmeister
Umschreibung	Zweitfrisur für Toupet
Euphemismus (Verharmlosung)	Nullrunde für Aussetzen einer Gehaltserhöhung
Wortspiel	Reisen statt rasen!

Ironie/Spott	eine tolle Leistung (das Gegenteil ist gemeint)
Personifikation	die Sonne lacht
Emphase (Hervorhebung eines Wortes)	ich betone ausdrücklich …

Figuren aus dem Satzbereich	
Anapher (gleiche Satzanfänge)	Die Europäer müssen zusammenrücken; die Europäer müssen etwas tun.
Ellipse (in einem Satz werden Wörter oder Satzglieder weggelassen)	Ende gut, alles gut. Statt: Das Ende ist gut und alles ist gut.
Chiasmus (Kreuzstellung)	Groß ist die Anstrengung, der Erfolg ist klein.
Parallelismus (benachbarte Satzglieder sind gleich gebaut)	Einer wollte es. Einer konnte es. Keiner schaffte es.
Wiederholung	Er arbeitet, er arbeitet und arbeitet.

Figuren aus dem Gedankenbereich
Vorgriff (Bezug auf Kommendes)
Rückgriff (Bezug auf Zurückliegendes)
Exkurs (eingeschobene Erklärungen)
Rhetorische Frage (Scheinfrage: Ist das nicht schon schlimm genug?)
Parenthese (Einschub)

Sinnfiguren
Aufrütteln
Kürze versprechen
Bescheidenheit
Aufwertung, Abwertung, Beschwichtigung (▸ S. 181)
Beispiel
Vergleich
Sprichwort

Wichtig ist es, sich die intendierten bzw. tatsächlich erreichten ***Wirkungen*** einzelner rhetorischer Figuren klarzumachen (▸ S. 187), z. B.:

- Anschaulichkeit/Unterhaltung: Metapher, Vergleich, Metonymie, Wortspiel,
- Eindringlichkeit: Anapher, Wiederholung, Alliteration,
- Spannung: Vorgriff,
- Kommunikative Funktion (Hörer einbeziehen): Anrede, Gruppensprache.

Sprachliche und rhetorische Wirkungsmittel spielen auch eine besondere Rolle im Bereich der Werbung (▸ S. 70 ff.) und in lyrischen Texten (▸ S. 62).

TIPPS für die schriftliche Analyse einer Rede

Als Schrittfolge für die schriftliche Analyse einer Rede eignet sich die Fünf-Schritt-Folge, die auch für andere Sachtexte empfohlen wird (▸ S. 84 f.):

1. Schritt: Was sagt mir die Rede?
2. Schritt: Was steht im Text?
3. Schritt: Welche Absichten und Wirkungen verfolgt die Rede? Wie ist sie zu beurteilen?
4. Schritt: Wie stelle ich meine Arbeitsergebnisse dar? – Schreibplan und Gliederung der schriftlichen Darstellung
5. Schritt: Wie überarbeite ich den eigenen Text?

Für die Schritte 2 und 3 können die *Gesichtspunkte für eine Redeanalyse* sowie die Hinweise zur *Redesituation* (▸ S. 186 f.) von Nutzen sein, ebenso die Auflistung der wichtigsten stilistisch-rhetorischen Mittel (▸ S. 188).
Bei politischen Reden sollten die *Wirkungsmittel und Strategien politischer Reden* (▸ S. 179 f.) bedacht werden.

Grundwissen Deutsch

5.1 Bedingungen des Schreibens

Schreiben unterscheidet sich durch folgende Punkte vom Sprechen (▸ S. 13, 33):

- Der Schreiber ist beim Schreiben auf sich allein angewiesen, auf seine Vorstellungen und auf sein Denken.
- Er muss alles, was er sagen will, in Worte fassen, die lautliche Seite und die Körpersprache stehen nicht zur Verfügung.
- Er legt sich mit dem Geschriebenen fest; damit werden seine Äußerungen für Leser interpretierbar.
- Der Adressat und Kommunikationsparter ist nicht anwesend, insofern ist eine doppelte Abstraktion gefordert.
- Beim üblichen Schreiben wird der Schreiber nicht situativ gesteuert und motiviert. (Dies hat sich jedoch durch die Formen der Internet- und E-Mail-Kommunikation geändert: unmittelbares Reagieren auf schriftliche Äußerungen erforderlich.)

Das Schreiben verlangt eine höhere Bewusstheit und Absichtlichkeit als das Sprechen (vgl. mündliche und schriftliche Formen der Kommunikation ▸ S. 13, 33).

Folgende Faktoren sind beim Schreiben beteiligt:

Schreibsituation

Schreiben setzt im Gegensatz zum Sprechen eine Situation voraus, in der der Adressat nicht selbst zugegen ist. Sie ist bewusst gestaltet. Die Situation schließt auch den sozialen Bezug zum Empfänger ein. Damit ergibt sich die Absicht des Schreibens und die Rolle, die der Schreiber dabei hat.

Der Schreiber: seine Rolle und seine Intentionen

Wer schreibt, muss sich seine Absicht und seine Rolle als Schreibender klarmachen. Er muss sich bewusst machen, wozu er schreibt, z. B. um zu informieren, aufzurufen, zu belehren, in Kenntnis zu setzen oder einen Verstehensprozess zu beschreiben – und dazu jeweils die geeigneten Mittel wählen.

BEISPIEL Bei einer Prüfungsarbeit in der Schule muss der schreibende Schüler sich klarmachen, dass er einem Beurteilenden (Lehrer) gegenüber bestimmte Leistungen, Methoden, Kenntnisse nachweisen muss.

Der Leser und seine Erwartungen

Die Einstellung auf die Erwartungshaltung des Lesers ist notwendig, damit die vom Leser erwartete und vom Schreiber realisierte Mitteilung verstanden wird.

BEISPIEL Bei einer schriftlichen Aufgabe in der Schule wird sich der Schüler auf die Erwartungen des Lehrers einstellen, auch bei der Berücksichtigung formaler Normen (Rechtschreibung/ Zeichensetzung).

Das Thema

Ein Stoff/Sachverhalt wird zum Thema, wenn der Schreiber diesen in einer bestimmten Absicht gestaltet. Damit entscheidet der Schreibende, in welcher Weise er sich mit dem Sachverhalt beschäftigt.

BEISPIEL Bei einer Klausur oder beim schriftlichen Abitur ist die richtige Erfassung des Themas eine Bedingung dafür, die Erwartung des Themenstellers zu erkennen und die geforderte Leistung in einer bestimmten Form zu erbringen. Wird die Beschreibung und Analyse eines Textes verlangt, darf dies nicht mit den sprachlichen Mitteln der Werbung geschehen, sondern muss in einer präzisen Sprache erfolgen (Tempusform Präsens, Gebrauch von Fachbegriffen, Einbau von Textbelegen, Berücksichtigung sprachlicher und grammatischer Normen).

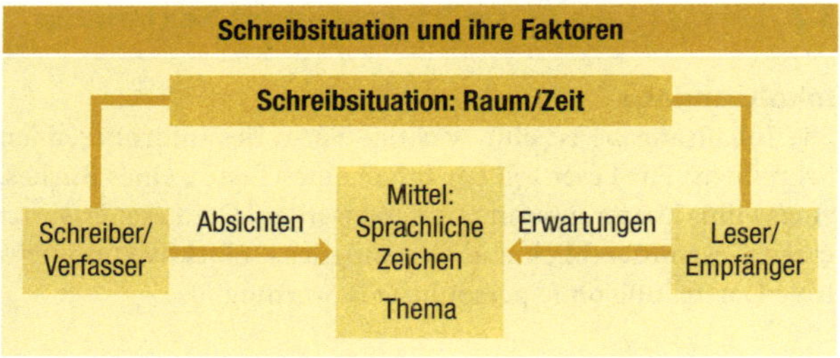

Zur Sprache

Die Leistung der Sprache beim Schreiben kann in dreifacher Weise gekennzeichnet werden (vgl. den Erklärungsansatz von Karl Bühler ▸ S. 20).

◆ Sprache als ***Ausdruck*** persönlicher Einstellungen

Wiedergabe von eigenen Gefühlen, Empfindungen, Vorstellungen

BEISPIEL Eintrag in ein persönliches Tagebuch

◆ Sprache als sachbezogene ***Darstellung***

Sachverhalte und Gegenstände in sachlicher Weise darstellen; sachliche Erkenntnisse darstellen; Probleme sachbezogen erläutern und erörtern

BEISPIELE Bericht über ein Ereignis, Sachbuch, Problemerörterung

◆ Sprache als wirkungsbezogener ***Appell***

Auf das Verhalten anderer einwirken; ihr Fühlen und Denken beeinflussen

BEISPIEL Werbung/politische Agitation

Diese Grundleistungen der Sprache treten meist nicht in reiner Form auf. Auch eine Werbebotschaft enthält informative Teile und auch ein Agitationstext kann Ausdruck von Gefühlen seines Verfassers sein.

5

5.2 Elementare Schreibformen und Textsorten

Inhaltsangabe

Die Inhaltsangabe ist eine wichtige Form des informierenden Schreibens: Für Leser soll der Inhalt eines Textes, eines Buches, eines Films knapp zusammengefasst werden. Der Leser erwartet einen Gesamtüberblick und eine möglichst objektive und neutrale Darstellung ohne persönliche Bewertung.

Grundsätze für die sprachliche Gestaltung

- Sachlich schreiben; persönliche Bewertungen und Empfindungen unterlassen; Verzicht auf ausschmückende Formulierungen,
- keine Orientierung am Stil der Vorlage; mit eigenen Worten wiedergeben; nur wichtige Aussagen werden wörtlich zitiert; Zitate werden in Anführungszeichen gesetzt (▸ S. 204); die Abfolge von Handlungen oder Gedanken wird in geordneter Weise knapp wiedergegeben,
- Tempusform Präsens (bei Vorzeitigkeit: Perfekt),
- direkte wörtliche Rede in indirekter Rede wiedergeben,
- Satzbau/Stil: inhaltlich komplexe Zusammenhänge lassen sich durch Satzgefüge mit konjunktionalen Gegensätzen angemessen darstellen (besser als mit Satzreihen); Konjunktionen wie *weil, obwohl, während, als* bringen die Bedeutungszusammenhänge zum Ausdruck.

Unterschiedliche Formen

Bei handlungsintensiven erzählenden Texten (Erzählung/Kurzgeschichte) muss der Ablauf der Handlung wiedergegeben werden. Häufig ist es dabei sinnvoll, sich an den äußeren Abschnitten zu orientieren und ihnen zu folgen.
Bei Problem- oder Erörterungstexten muss der Gedankengang wiedergegeben werden. Dazu ist es notwendig, die Sinnabschnitte zu erfassen. Hier muss man allerdings bedenken, dass diese oft nicht identisch mit den äußeren Abschnitten sind.

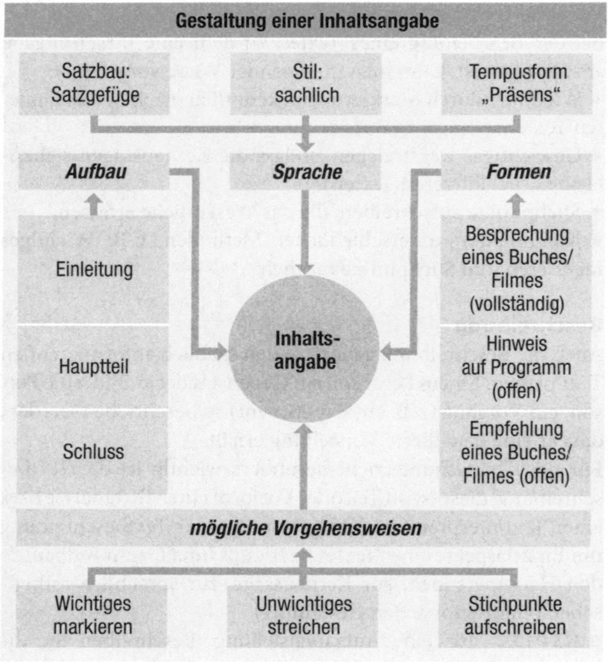

5

Mögliche Gliederung

- Einleitung

Titel, Verfasser, (wenn bekannt: Erscheinungsjahr), Textart, Thema/Problem des Textes

- Hauptteil

Handlungsverlauf oder Aufbau des Gedankengangs, Ort, Zeit, Personen und ihre Beziehungen zueinander

- Schluss

Knappe Zusammenfassung; knapper Hinweis auf die Aussage des Textes (Schluss darf auch fehlen)

Vorgehensweise/Methode

Bei der Bearbeitung eines Textes, zu dem eine Inhaltsangabe anzufertigen ist, kann man in folgender Weise vorgehen:

- Wichtiges durch Markierungen kenntlich machen (bei längeren Texten),
- Unwichtiges wegstreichen, sodass die Kernaussagen stehenbleiben (bei kürzeren Texten),
- Stichpunkte aufschreiben, die das Wesentliche erfassen,
- Kombination unterschiedlicher Methoden, z. B. Wichtiges markieren und Stichpunkte machen.

Beschreibung

Auch die Beschreibung gehört zu den sachlich-informierenden Textformen. Einem Leser soll ein Gegenstand, ein Bild, eine Person, ein Vorgang (z. B. ein Experiment) so beschrieben werden, dass er eine detaillierte Vorstellung erhält.

Für den Deutschunterricht besonders wichtig ist die Textbeschreibung; diese ist oft Teil oder Vorform einer Textanalyse bzw. einer Textinterpretation. Oft geht es bei der Textbeschreibung um Einzelaspekte eines Textes (z. B. zum Inhalt, zum Aufbau, zu den Hauptpersonen, zur Kernaussage, zur sprachlich-ästhetischen oder rhetorischen Gestaltung).

BEISPIEL für eine Aufgabenstellung: Beschreiben Sie die Verhaltensweisen der drei Hauptpersonen des Textes und kennzeichnen Sie ihre Beziehung.

Grundsätze für die sprachliche Gestaltung

- Bei der Beschreibung einer inhaltlichen Abfolge variieren; nicht nur mit *dann* und *darauf* anfangen, sondern auch mit Satzgefügen und Konjunktionen arbeiten.
- Sachliche Eindeutigkeit verlangt den Einsatz von Fachvokabular und präzise kennzeichnenden Adjektiven; schildernde, erlebnishafte Darstellung muss vermieden werden.
- Wechsel von Passiv- und Aktivformen
- Zeitform: Präsens

BEISPIEL In der satirischen Kurzgeschichte „An der Brücke“ von Heinrich Böll geht es um die sinnlose Arbeit im Alltag eines Kriegsversehrten, die darin besteht, die vorbeigehenden Passanten auf der neu gebauten Brücke zu zählen. Bei seiner täglichen Arbeit verliebt sich der traurig wirkende Ich-Erzähler in eine junge Kellnerin …

Protokoll

Das Protokoll gehört zu den informierenden, zusammenfassenden Textarten. Es werden Ablauf bzw. Hauptergebnisse von bestimmten Aktionen (Unterricht, Konferenz, Gespräch, Verhandlung, Vernehmung) übersichtlich und in sachlicher Weise dargestellt. Das Protokoll dient als

- Erinnerungshilfe für Beteiligte,
- knappe Information für Nichtbeteiligte,
- Grundlage für weitere Arbeit,
- Dokument (daher auch die Unterschrift des Protokollanten).

5

Unterschiedliche Formen

- Ergebnisprotokoll: Zusammenfassung der wichtigsten Ergebnisse als gebräuchlichste Form
- Verlaufsprotokoll: Wiedergabe des Diskussionsverlaufs und der Ergebnisse
- Schulische Formen: Unterrichtsprotokoll (Thema, Verlauf, Ergebnis von Stunden), Versuchsprotokoll (Wiedergabe von Versuchsabläufen)

Das Unterrichtsprotokoll ist insofern eine Mischung aus Ergebnis- und Verlaufsprotokoll, als der Verlauf in groben Zügen und sprachlich knapper Form wiedergegeben wird und die wesentlichen Einzelheiten in klarer Form festgehalten werden.

Grundsätze für die sprachliche Gestaltung

- Grundlage für das Protokoll ist die Mitschrift des Protokollanten: stichwortartiges Mitschreiben wichtiger Beiträge; besonders

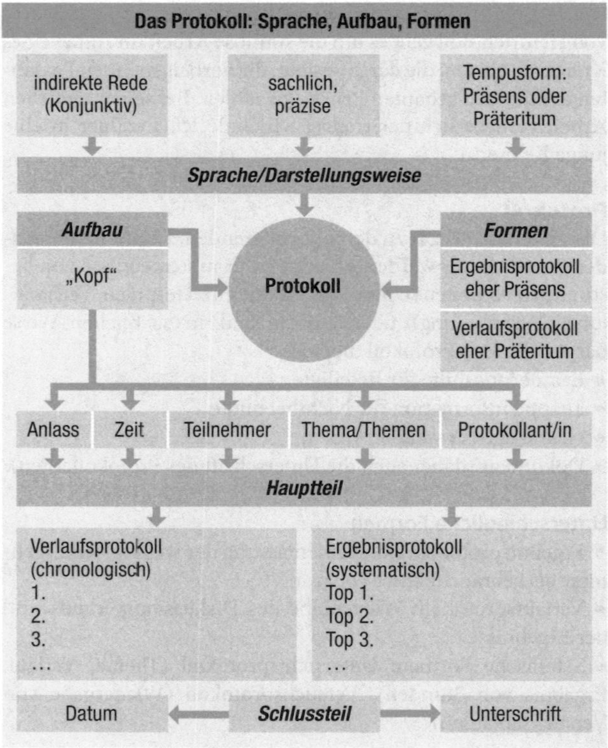

Hauptaussagen/Zusammenfassungen, umfangreiche Beiträge durch zentrale Begriffe zusammenfassen, wichtige Formulierungen (Beschlussfassungen u. Ä.) wörtlich notieren oder wiedergeben

- Kürze und Prägnanz, sachliche Sprache, keine persönlichen Bemerkungen

Endgültige Abfassung

- Als Textart mit dokumentarischem Charakter sind im „Kopf“ bestimmte festgelegte Angaben notwendig:
  - Thema der Stunde
  - Kursbezeichnung
  - Angabe der Zeit: Datum, Beginn, Ende
  - Kursleiter
  - Anwesende (Anzahl)
  - Abwesende (Namen; ggfs. mit Begründung für die Abwesenheit)
  - Schriftführer/Protokollant
- Gliederung nach den Tagesordnungspunkten (TOP 1, TOP 2) oder nach den Phasen des Unterrichtsverlaufs (1., 2.); wichtige mündliche Äußerungen (z. B. Beschlussfassungen) wörtlich wiedergeben
- Unterschrift des Protokollanten

Literarische Charakteristik, literarisches Porträt

Die Hauptperson eines Textes (einer Kurzgeschichte, einer Erzählung, eines Romans, eines Schauspiels) wird in ihrem Aussehen, ihrem Charakter, ihrem Verhalten, ihrer Eigenart und ihrer Beziehung zu anderen Personen genau gekennzeichnet. Man legt dabei den gesamten Text zugrunde, weil es auch um die Entwicklung der Person über den gesamten Zeitraum geht.
Zweck einer literarischen Charakteristik ist das genaue Erkennen der Personen, ihrer Handlungsmotive und Beziehungen zu den anderen; damit ist auch ein intensiveres Textverständnis und die Ausbildung von Menschenkenntnis verbunden.

Grundsätze für die sprachliche Gestaltung

- Äußere Beschreibungsaspekte wie Aussehen, Alter, Kleidung, Gestik, Gesichtszüge …
- Charakterisierende Wesensmerkmale: Eigenarten und Besonderheiten der Person, Charakter, Weltbild, Beziehung zu anderen

- Wertung: Wertungen, die im Text (z. B. vom Erzähler, von den handelnden Figuren) gegeben werden, und eigene Wertung des Schreibenden
- Tempusform: meist Präsens; Adjektive spielen zur genauen Kennzeichnung eine wichtige Rolle
- Wichtige Gesichtspunkte mit Beispielen/Textstellen belegen, Zitate einbauen
- Mögliche Gliederung
  - Einleitung: Bedeutung der Figur innerhalb des Werkes
  - Hauptteil: Die Inhalte der beiden folgenden Punkte können auch zusammen bearbeitet bzw. aufeinander bezogen werden.
    – Allgemeine Kennzeichnung der Person (Name, Geschlecht, äußeres Erscheinungsbild, Sprechweise, Herkunft, Beruf, Familie, charakterlicher Grundzug, Geisteshaltung)
    – Verhalten im Einzelnen: typische Einzelhandlungen (Textbelege); Selbsteinschätzung/Einschätzung der anderen (Textbelege)
    – Wertung: Wertung im Text und eigene Wertung
  - Schlussteil: ggfs. Gesamtwertung; diese kann auch entfallen, wenn aus dem Hauptteil ersichtlich

Facharbeit

Als Facharbeit bezeichnet man in der Sek. II eine langfristig gestellte schriftliche Hausarbeit von ca. 10–15 Seiten. Sie soll erkennen lassen, dass der Verfasser mithilfe wissenschaftlicher Arbeitstechniken selbstständig ein Thema zu einem begrenzten Sachgebiet bearbeiten kann.

Wie bei einem Referat (▸ S. 183) geht es darum, zu einem eingegrenzten Thema detaillierte Beiträge zu formulieren; anders als beim Referat ist der Zeitaufwand für Recherchen, Materialbeschaffung und -bereitstellung größer.

Die Facharbeit ist sachbezogen und partnerorientiert: Unmittelbarer Adressat ist in der Regel der jeweilige Fachlehrer. Gebräuchliche Fachbegriffe können als bekannt vorausgesetzt werden.

Leistungsanforderungen

- Material beschaffen, Material sichten, kritisch auswerten und ordnen, d. h. wichtige Textstellen herausschreiben, ggf. auf Karteikarten; den Inhalt von Texten erschließen bzw. ihre Aussagen deuten
- Beherrschung üblicher wissenschaftlicher ***Arbeitstechniken*** (▶ S. 203 f.), Nachweis der verwendeten Literatur und Quellen, sachgemäßes Zitieren (▶ S. 204)
- Angemessene Darstellung; Unterscheidung zwischen Vermutungen, subjektiven Wertungen und sicherer Kenntnis

Sprachliche Darstellungsweise

- Kenntnis der wichtigen Darstellungsformen ist notwendig: sachlich beschreiben (▶ S. 196), analysieren und interpretieren (▶ S. 72–86), erörtern und erläutern (▶ S. 86–90)
- Sachlicher Stil: keine erlebnishaften, witzigen, pathetischen Darstellungen und Vorsichtsformulierungen („In der Kürze der Zeit ist es leider nicht möglich ...“)
- Veranschaulichung durch Diagramm (▶ S. 222) oder Statistik
- Ansprechend gestaltete Form, zum Beispiel DIN-A4-Format; einseitige Beschriftung; Ränder: links etwa 4–5 cm zum Einheften, rechts 2–3 cm für Korrekturen
- Textgliederung durch Absätze; Anordnung von Zusatzangaben durch Fußnoten am Ende der Seite oder fortlaufend am Ende der Arbeit; Einsatz des PC
- Zur Orientierung des Lesers nach einem längeren Kapitel knappe Zusammenfassung bzw. zu Beginn eines neuen Kapitels Überleitungen geben

Reihenfolge der Arbeitsschritte

- Vorplanungen: Terminplan
- Literaturbeschaffung
- Bearbeitung des Materials (vgl. oben)
- Entwurf der Gliederung nach unterschiedlichen Systemen:

a) nach der Buchstaben-Ziffern-Gliederung
A
I
1.
a.
b.
…
2.
a. ….
B
I
1.
a. …
b. …

b) nach dem dezimalen System
1.
1.1
1.1.1
…
2.
2.1
2.1.1

- Ausführung der Gliederungspunkte
  - Möglichkeit für Aufbau/Gliederung

1. Titelseite mit Thema, Name, Kursgruppe, Kurslehrer, Schule
2. Inhaltsverzeichnis/Gliederung mit einzelnen Gliederungspunkten
3. Haupttext (ggfs. mit Bildern, Diagrammen, Übersichten)
4. Anhang mit Zusatzmaterialien und Belegen
5. Literaturverzeichnis
6. Eigenhändig unterschriebene Erklärung, dass die Facharbeit ohne fremde Hilfe angefertigt und nur die im Literaturverzeichnis angegebenen Hilfen genutzt worden sind.

Nutzung des Internets

Für die Informationsbeschaffung ist neben konventionellen Informationsquellen (Einzelveröffentlichungen, Sammelwerke, Lexika, Bibliotheken, Archive, Museen, Befragungen, Interviews) die routinierte Nutzung des Internets heute eine Selbstverständlichkeit. Da das Internet dem Benutzer kein aufbereitetes Inhaltsverzeichnis zur Verfügung stellt, muss er sich seine Informationen selbst zusammenstellen. Bei der Vielzahl von Websites, die Suchmaschinen wie Google, Yahoo oder Bing anzeigen, kann man leicht den Überblick verlieren. Es ist daher ratsam, sinnvolle und passende Suchbegriffe einzugeben. Über Suchstrategien, Suchmaschinen und ihre erfolgreiche Nutzung kann man sich in der „Suchfibel" (www.suchfibel.de) informieren. Genutzt werden können auch Internetangebote von Hochschulen, ebenso die Onlineausgaben von Zeitungen (z. B. www.faz.net; www.zeit.de). Da die Informationsquelle *Internet* kein exklusives Medium für Forschende ist, da Veröffentlichungen im Internet auch der Eigenwerbung oder Propaganda dienen können und da es zudem eine Vielzahl falscher, anstößiger und illegaler Hinweise gibt, ist es für eine Recherche zwingend notwendig, jede Internetseite kritisch zu prüfen – hinsichtlich ihrer Autoren/Herausgeber, ihrer Seriosität, ihres fachlichen Anspruchs und ihrer Zitierbarkeit (Copyright vorhanden?).

Im Prinzip gilt dies auch für die viel genutzte Internetplattform Wikipedia (www.wikipedia.de). Das „Mitmachlexikon" gehört heute zu den größten Webangeboten der Welt. Zwar werden die Einträge von Administratoren kontrolliert, korrigiert und ggf. gelöscht; dennoch sind nicht alle Beiträge unumstritten.

Recht sicher sein kann man sich bei Seiten von öffentlichen Institutionen, Behörden u. Ä. So bieten Bildungsserver aufbereitete Informationen an, die dabei helfen können, sich im unübersichtlichen Angebot des Internets zurechtzufinden:

- Der deutsche Bildungsserver (www.bildungsserver.de)
- Landesserver, z. B. NRW (www.learnline.nrw.de)

Texte aus dem Internet verlangen ebenso wie Übernahmen anderer Texte die genaue Angabe der Quelle. Für die Arbeit mit Materialien aus dem Internet gilt der wichtige Grundsatz: Ohne eine sinnvolle Auswahl, Bearbeitung und Unterscheidung von nützlichen, wertvollen und wertlosen Informationen bleibt die Recherche sinnlos.

Zitate und Quellenangaben

Wenn man fremde Gedanken für seine eigene Arbeit übernimmt, müssen diese Übernahmen kenntlich gemacht werden.

Das wörtliche Zitieren

- Bei Textanalysen/Texterschließungen oder bei Erörterungen im Anschluss an Texte wird mit Zitaten nachgewiesen, dass Deutungen oder Behauptungen durch den Text belegt sind.
- Zitate müssen genau sein; sie dürfen in ihrem Wortlaut nicht verändert werden. Kürzungen werden durch drei Punkte in eckigen Klammern […] angezeigt.
- Notwendige Erläuterungen können ebenfalls in eckiger Klammer in ein Zitat eingefügt werden.
- Zitate müssen stimmig in den Text eingepasst werden.
- Zitate sollten nicht zu umfangreich sein; sie sollen bei Analyseaufgaben die eigene Auseinandersetzung belegen, aber nicht ersetzen.

BEISPIELE

Im ersten Satz der Kurzgeschichte *Die drei dunklen Könige* von W. Borchert „tappte“ er „durch die dunkle Vorstadt“. Am Ende des ersten Abschnitts stellt der auktoriale Erzähler fest, dass „Sterne […] nicht da“ sind …

Zeichensetzung beim Zitieren

Wörtlich zitierte Sätze stehen in doppelten Anführungszeichen (s. o.); enthält der zitierte Satz bereits Anführungszeichen, werden diese als einfache Anführungszeichen übernommen.
Wenn im Satz eine zitierte Stelle eingebaut wird und das Zitat

am Ende steht, folgt der Schlusspunkt nach dem Zitatzeichen und nach der Klammer mit der Seiten- bzw. Zeilenangabe. Ein Schlusspunkt hinter einem zitierten Satz wird weggelassen.

BEISPIELE

Die alte Frau in Borcherts Kurzgeschichte *Das Brot* kann nicht ertragen, „dass er [ihr Ehemann] log“ (S. …, Z. …).
Borcherts Kurzgeschichte *Die drei dunklen Könige* wird eingeleitet mit dem Satz „Er tappte durch die dunkle Vorstadt“.

Indirekter Verweis auf eine Textstelle durch sinngemäße Wiedergabe

Die sinngemäße Wiedergabe geschieht in der Regel

- bei einer Äußerung in der Form der indirekten Rede (meistens Konjunktiv) bzw.
- durch einen allgemeinen Verweis auf eine Textstelle.

5

BEISPIELE

Der Erzähler kennzeichnet die Verbitterung des Mannes, indem dieser wiederholt bemerkt, er habe niemanden, dem er seine Fäuste ins Gesicht schlagen könne (S. …, Z. … und …).
Schon im zweiten Satz wird auf den Krieg angespielt.

Angaben der Textquelle

Zitate müssen überprüfbar sein. Dazu müssen (z. B. bei einer Facharbeit) die Textquellen benannt werden. Dazu gehören

- Verfasser mit Vornamen; wenn es sich um den Herausgeber handelt, muss *Hg.* in runden Klammern dahinter stehen.
- Buchtitel (ggf. mit Untertitel)
- Erscheinungsort (ggf. mit Verlag)
- Erscheinungsjahr
- Seite

Beispiel zu Wolfgang Borcherts Kurzgeschichte *Die drei dunklen Könige:*
Aus: Wolfgang Borchert, Das Gesamtwerk. Rowohlt Verlag, Hamburg 1949, S. 185 ff.

Mögliche Quellenangaben in umfangreicheren Arbeiten

- Im Anschluss an das Zitat verkürzte Quellenangabe in Klammern

BEISPIEL (Borchert 1949, S.)

Das vollständige Literatur- und Quellenverzeichnis muss am Ende der Arbeit im Anhang stehen. Die Angaben sind dort alphabetisch nach Verfassern anzuordnen.

- Im Anschluss an das Zitat wird durch eine hochgestellte Ziffer auf eine Fußnote am unteren Rand der Seite oder auf den Anhang der Arbeit verwiesen, wo jeweils die Quelle unter der entsprechenden Nummer angegeben ist.

Wenn man mehrmals aus einer Quelle zitiert, kann man diese so kennzeichnen:

- bei derselben Seite und direkt hintereinander: ebd. (= ebenda)
- bei demselben Buch mit: a. a. O. (am angegebenen Ort)

Rezension

Das Wort geht auf den lateinischen Begriff recensio (= Musterung) zurück. Rezensionen sind in Zeitungen und Zeitschriften, mündliche auch in Hörfunk und Fernsehen verbreitet. Sie stellen eine kritische Darstellung und Würdigung von literarischen Werken oder Filmen dar, insbesondere bei Neuerscheinungen. Wichtig ist die Berücksichtigung der Adressaten. Gelegenheiten im Unterricht:

- nach einer Buchlektüre
- nach einem gemeinsamen Theaterbesuch
- nach der Bearbeitung einer Literaturverfilmung

Grundsätze für die sprachliche Gestaltung

- Zunächst den zu bewertenden Text genau kennzeichnen (z. B. durch eine knappe Inhaltsangabe; durch Kennzeichnung der handelnden Personen)
- Bestimmte Untersuchungsaspekte herausstellen (keine Vollständigkeit), z. B.:

- Originalität in Inhalt und Sprache
- Darstellung der Hauptperson
- ästhetische Qualität/Stil

- Kritisch werten: Vorzüge ggf. Schwächen herausstellen
- Leserbezogen schreiben und auf die Interessen der Leser eingehen; eine Empfehlung oder Ablehnung formulieren; zur eigenen Meinungsbildung anregen
- Tempusform *Präsens*

Bewerbung und Lebenslauf

Bewerbung und Lebenslauf sind Zweckformen, die ein bestimmtes Ziel verfolgen. Sie können nach formalen Kriterien angelegt werden.

Grundsätze für die sprachliche Gestaltung

Zu einer vollständigen Bewerbung gehören:

- Deckblatt (kein Muss, aber empfehlenswert)
- Bewerbungsschreiben
- Lebenslauf (in der Regel tabellarisch)
- Zeugniskopien
- Foto im Passbildformat (Name und Anschrift auf der Rückseite)
- Bescheinigungen über Ausbildung, Betriebspraktika, besondere Qualifikationen

Inhalt, Form, Sprachstil der Bewerbung

- sachlicher Stil, sinnvolle inhaltliche Gliederung
- Form (DIN-A4-Format)

5

Formaler Aufbau

Vorname, Name
Straße, Hausnummer
Postleitzahl, Wohnort
Telefonnummer/Handynummer
E-Mail-Adresse

Firma/Frau/Herr
Personalabteilung
Straße/Postfach
Postleitzahl/Ort

Bewerbung um eine Lehrstelle
Ihre Anzeige …

Sehr geehrte Damen und Herren,
…

Mit freundlichen Grüßen
Unterschrift
Name

Anlagen
Lebenslauf
Schulzeugnis
Praktikumszeugnis

Inhaltlicher Aufbau des Hauptteils

- Einleitender Satz: Stelle, um die man sich bewerben möchte, wie man darauf aufmerksam wurde
- Nähere Angaben zur Person: Schulausbildung, Abschluss, besondere Fähigkeiten, Neigungen
- Hinweis auf beigefügten Lebenslauf
- Interesse an einem Vorstellungsgespräch

Beispiel für eine Bewerbung (Hauptteil)
Ihre Anzeige in der … zeitung vom … – Ausbildungsplatz als Bankkaufmann/Bankkauffrau

> Sehr geehrte Damen und Herren,
>
> auf das von Ihnen ausgeschriebene Stellenangebot bewerbe ich mich deshalb, weil es meinen beruflichen Interessen entgegenkommt.
> Ich besuche zur Zeit die Klasse 12 des Einstein-Gymnasiums in R… und habe in der Jahrgangsstufe 11 mein Praktikum an Ihrer Bank absolviert. Schon in diesen 10 Tagen habe ich mein Interesse an einer Laufbahn im Bankwesen entdeckt.
> Weitere Einzelheiten können Sie dem beigefügten Lebenslauf entnehmen. Über eine Einladung zu einem Vorstellungsgespräch würde ich mich freuen.
>
> Mit freundlichen Grüßen
> Unterschrift

5

TIPPS für Bewerbungsschreiben und Lebenslauf

- links Rand von 24 mm, rechts von mindestens 8 mm lassen
- einheitliche Schriftart und -größe verwenden, auf Lesbarkeit der Schriftart achten
- klare Gliederung, Schachtelsätze vermeiden
- auch bei Onlinebewerbungen auf sachlichen Stil achten
- Fehler bei Rechtschreibung und Zeichensetzung vermeiden
- Foto auf Lebenslauf oder Deckblatt kleben
- für die eigenen Unterlagen von Bewerbungsschreiben und Lebenslauf eine Kopie anfertigen (oder im PC speichern)
- Datenübereinstimmung von Bewerbung und Lebenslauf
- Bewerbungsschreiben und Lebenslauf bei neuen Bewerbungen stets neu geschrieben einreichen, Zeugnisse und Bescheinigungen dagegen in Kopie

Gliederungsmöglichkeit für einen tabellarischen Lebenslauf

Persönliche Daten:	Julia Berger geb. am 15. 2. 1996 in Bielefeld
Adresse:	Mittelstraße 17 33602 Bielefeld Tel.: 0521/123456 E-Mail: j.berger@xmail.de
Name und Beruf des Vaters:	Michael Berger, Einzelhandelskaufmann
Name und Beruf der Mutter:	Marie-Therese Berger, Grundschullehrerin
Schulbildung:	von Sept. 2002 – Juli 2006: Grundschule in Bielefeld seit Sept. 2006: Ceciliengymnasium in Bielefeld
Schulabschluss:	Abitur, Juni 20…
Besondere Kenntnisse:	Microsoft Office (Word, Excel, Power Point); Präsentationstechniken; Internet
Fremdsprachen:	Englisch und Französisch (Schulkenntnisse)
Hobbys und Interessen:	Skifahren, Lesen, Gitarre spielen
Berufswunsch:	Bankkauffrau
Bielefeld, 17. 7. 20…	
Unterschrift	

Wichtige Medientextsorten im Überblick

Kommentar

Es geht um das Ziel, bestimmte Sachverhalte zu beleuchten und dabei den Leser zu informieren und seine Meinung zu beeinflussen. Entsprechend werden

- Fakten wiedergegeben,
- Argumente genannt,
- Wertungen formuliert.

Glosse

Sie dient vor allem dazu, den Leser zu belustigen und zugleich nachdenklich zu stimmen. Ihre Merkmale sind:

- Kurze prägnante, kommentierende Textart zu aktueller Thematik (ursprünglicher Wortsinn: *Randbemerkung*)
- Stil: witzig, ironisch, polemisch
- Schlusspointe, die aus Überraschungseffekten entsteht: Dem Leser soll schlaglichtartig eine Erkenntnis oder Einsicht vermittelt werden; der Leser soll einerseits unterhalten werden, zugleich geht es andererseits um ein ernstes Anliegen.
- Wirkung umso besser, je knapper und angriffslustiger
- Mittel zur Steigerung der Wirkungen: Anspielungen, Zitate, aber auch Anapher, Anrede, Ironie, Metaphorik, rhetorische Frage, Neologismen, Archaismen
- Doppeldeutigkeiten und Bilder können auch ironisch gemeint sein (vgl. oben).
- Prägnante Überschrift
- Schneller Einstieg in die Thematik
- Durchhalten eines Bildes, eines inhaltlichen Zusammenhangs
- Witz und Pointe überraschend auf den Punkt bringen

Leserbrief

- Möglichkeit der Beteiligung an der öffentlichen Meinungsbildung; eine öffentliche Antwort (mit Namen) auf einen zuvor veröffentlichten Artikel in der Zeitung

- Schreiber bewertet den Artikel, auf den er sich bezieht, indem er ihn ablehnt, unterstützt, korrigiert, ergänzt, kommentiert oder neue Fragen aufwirft
- Einfache, klare Sprache
- Knapper Platz; daher sofort auf das Hauptanliegen eingehen
- Für alle Leser, nicht nur für Experten; daher klarer Aufbau
- sachliches Vertreten des eigenen Anliegens; persönliche Polemik oder Beleidigungen unterlassen

Essay (von franz.: essayer = versuchen)

- Nicht zu umfangreicher, stilistisch anspruchsvoller Prosatext zu einem Thema von allgemeinem Interesse
- Assoziative Form des Erörterns, nicht analysierende Darstellung, Verzicht auf strenge Systematik in der Gedankenfolge
- In der Regel keine neuen Fakten, sondern Bekanntes in neuer Sicht
- Versuch und assoziatives Gedankenexperiment (vorläufig, interessant, subjektiv)
- Lockere und subjektive Darstellungsweise
- Aufbau und Gedankenführung assoziativ; Perspektivenwechsel und Durchspielen von Denk- und Lösungsmöglichkeiten
- Sprache geschliffen, pointiert, ironisch oder aphoristisch
- Auslösen von Denkanstößen beim Leser; emotionale Zustimmung, nicht Überzeugung des Lesers
- Keine fest umrissene Textart; bietet großen Spielraum von Gestaltungsmöglichkeiten und persönliche Stilnote

5.3 Argumentieren und Erörtern

Wenn man argumentiert, stellt man zunächst eine Behauptung/These/Forderung auf. Diese wird durch ein Argument bzw. mehrere Argumente näher begründet, um jemanden zu veranlassen, die Behauptung für richtig zu halten. Beispiele oder Belege können die Argumente stützen.

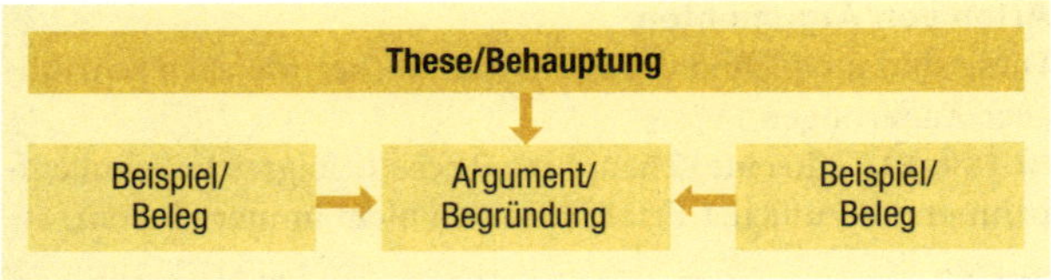

Grundstruktur einer Argumentation

In einer Diskussion (S. 172) können Behauptungen grundsätzlich durch Gegenbehauptungen infrage gestellt werden. Auch Argumente können als nicht stichhaltig zurückgewiesen werden.

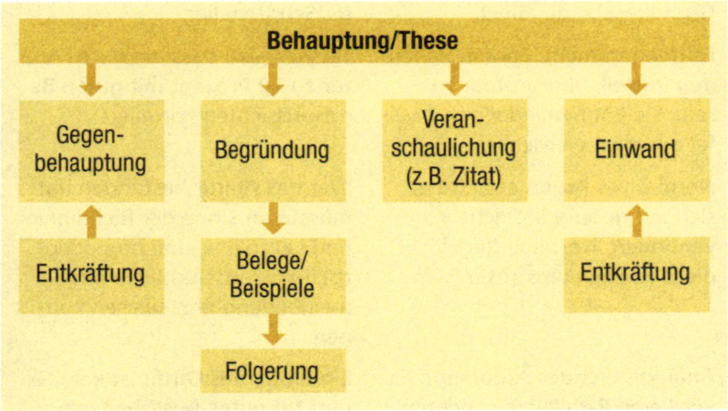

Mögliche argumentative Strukturen zur Absicherung oder Widerlegung einer Behauptung

BEISPIEL

Ihre Deutung ist aber sehr lückenhaft. (These/Behauptung)
Sie haben nämlich nicht genau genug den Text beachtet. (Argument/Begründung)
Hier haben Sie einen wichtigen Ausdruck übersehen. (Beispiel/Beleg)

Arten von Argumenten

Diese sind möglich in der Form mündlicher wie auch schriftlicher Äußerungen.

BEISPIEL für eine Behauptung/These: Erfolgreiche Schullaufbahn und beruflicher Erfolg stimmen nicht immer überein.

Erfahrungsargument: Nicht verallgemeinerbar, da es durch ein entsprechendes Argument eines anderen ausgehebelt werden kann.	Ich habe ein schlechtes Abitur gemacht und bin in meinem Beruf topfit.
Autoritätsargument: Man beruft sich auf eine anerkannte Autorität, z. B. eine Person, das Grundgesetz, die Bibel.	Thomas Mann hat die Schule vor dem Abitur verlassen; er wurde später ein weltberühmter Schriftsteller.
Faktenargument: Fakten haben den Vorteil, überprüfbar zu sein; sie können jedoch in Zweifel gezogen werden.	Tatsache ist, dass ein gutes Abitur zu 90 Prozent mit guten Berufsaussichten korreliert.
Normatives Argument: Stützt sich auf gesellschaftliche Konventionen, Normen, Regeln; diese können umstritten sein.	Wer das Abitur bestanden hat, müsste im Sinne der Richtlinien und Lehrpläne eine propädeutisch-wissenschaftliche Allgemeinbildung nachweisen können.
Analogisierendes Argument: Es wird eine Parallele zu anderen Sachbereichen gezogen; dieser Vergleich hinkt manchmal.	Ein modernes Outfit ist kein Garant für gutes Aussehen, ein Abitur kein Garant für Erfolg im Leben.
Argumente, die sich auf Gefühle stützen: Diese können unsachlich wirken.	Ich habe den Eindruck, dass man bei vielen Bewerbungen mit Abitur besser dasteht.

Man unterscheidet zwischen *Argumentationsformen*,

- die vor allem im strategischen Sinne zur Beeinflussung eingesetzt werden, z. B. in der Rhetorik (Werbung ▶ S. 69 und politische Rede ▶ S. 179),

- die im argumentativ-rationalen Sinne eingesetzt werden (z. B. in einem sachlich gehaltenen Gespräch, bei meinungsbildenden Texten der Medien wie Kommentar und Essay).

Die Grenzen zwischen diesen beiden Formen sind fließend.

Bei der schriftlichen Form des Argumentierens spricht man von *Erörterung* oder Erörtern. Es ist eine Form der gedanklichen Auseinandersetzung mit einer nicht geklärten Frage. Dabei sind wichtig:

- überzeugende Argumente,
- schlüssige Gedankenführung,
- eigene Beurteilung des Sachverhalts.

Der Schreiber setzt seine Argumente so ein, dass er seine eigene Gedankenführung deutlich macht, das heißt sein Ziel erreicht, den Leser von der Richtigkeit der vorgebrachten Meinung zu überzeugen. Erörterungen treten in unterschiedlichen Texten des Alltags auf, zum Beispiel in Kommentaren, in Texten der Sachauseinandersetzung, im Essay.

TIPPS für das Schreiben einer Erörterung

- Das anstehende Problem deutlich benennen (in Texten das Problem isolieren).
- Unterschiedliche Aspekte des Problems erfassen und übersichtlich darstellen.
- Wichtige Begriffe definieren bzw. erläutern, was gemeint ist.
- Das Problem aus unterschiedlicher Sicht darstellen.
- Argumente anderer (z. B. in Texten) stützen oder wenn nötig zurückweisen.
- Einen eigenen Standpunkt beziehen und entsprechende Argumente zur Stützung dieses Standpunktes darstellen.
- Das Resultat der Auseinandersetzung mit dem Problem zusammenfassen.
- Eigene Entscheidung fällen/Beurteilung geben bzw. begründen, warum nicht möglich.

Formen von Erörterungen

In der Oberstufe sind Erörterungen in der Regel an Texte bzw. Materialien gebunden (vgl. ▶ S. 86).

Man unterscheidet folgende Formen von Erörterungen:

- die lineare, steigernde oder reihende Erörterung (auch ***Sacherörterung*** genannt)

Aus der Anordnung von Argumenten vom weniger Wichtigen zum Wichtigsten ergibt sich am Schluss die persönliche Stellungnahme des Verfassers.

BEISPIEL Erörtern Sie, aus welchen Gründen in der heutigen Zeit wissenschaftlicher Fortschritt auch kritisch betrachtet werden muss.

Formaler Aufbau für den Hauptteil

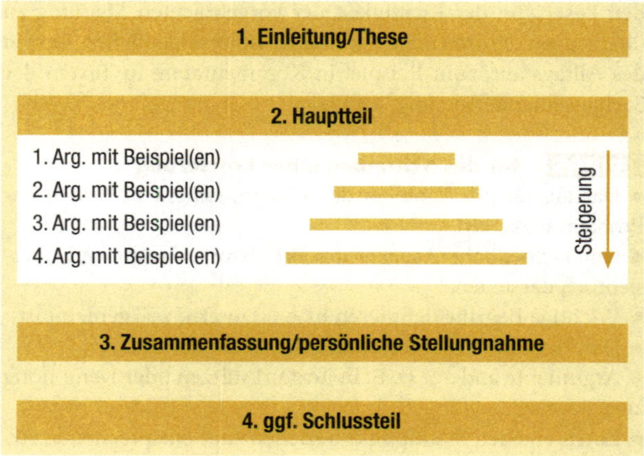

- die *dialektische Erörterung* im Pro-und-Kontra-Verfahren

BEISPIEL Kann wissenschaftlicher Fortschritt auch ein Rückschritt sein?

Mögliche formale Aufbauformen für den Hauptteil

1. Einleitung

2. Hauptteil

2.1. These
- 1. Arg. mit Beispiel
- 2. Arg. mit Beispiel
- …

2.2. Antithese
- 1. Arg. mit Beispiel
- 2. Arg. mit Beispiel
- …

2.3. Synthese
(eig. Entscheidung/Kompromiss)

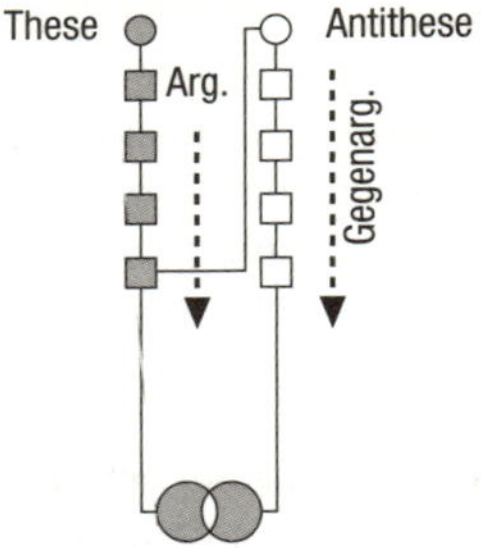

3. Schlussteil

oder

1. Einleitung

2. Hauptteil

2.1. These – 1. Arg. mit Beispiel
↕
Antithese – 1. Gegenarg.

2.2. These – 2. Arg.
↕
Antithese – 2. Gegenarg.

…

2.3. Synthese

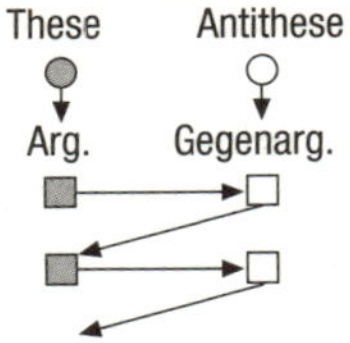

3. Schlussteil

5

Wie schreibt man eine Einleitung?

In der Einleitung sollte sofort das Thema benannt werden, um die Aufmerksamkeit des Lesers zu erreichen, indem z. B.

- von einem aktuellen Einzelfall ausgegangen wird,
- die Meinung eines Experten in Form eines Zitats wiedergegeben oder
- die kontroverse Problematik des Themas herausgestellt wird.

BEISPIEL Nachdem Wissenschaftler zum ersten Mal Säugetiere geklont haben, scheint auch menschliches Leben zur beliebigen Verfügungsmasse der Forscher zu werden. Stellt sich dieser – auf den ersten Blick – wissenschaftliche Fortschritt irgendwann einmal als Rückschritt heraus?

Wie verfasst man einen Schluss?

Der Schluss kann mit dem letzten Satz des Hauptteils identisch sein und entfallen. Er kann aber auch

- Gedanken aus der Einleitung wieder aufgreifen oder
- offen formuliert sein und einen Ausblick geben.

BEISPIEL Wenn es um ethische Fragen geht, ist Technik- und Fortschrittsgläubigkeit ein schlechter Maßstab. Ich lehne das Klonen von Tieren und Menschen ab, weil sonst eine ethische Grundlage unserer Gesellschaft verlorengeht. Es wäre skandalös, das Klonen von Menschen zu erlauben, da die Wissenschaft nur sehr wenig über die langfristigen Folgen des Klonens weiß.

Zum Aufbau

Der Aufbau hängt davon ab, wie sich der Schreiber entschieden hat. Zuerst setzt er sich mit den Gegenargumenten auseinander; danach trägt er die Argumente für seine eigene Position vor, wobei er die wichtigsten Argumente an den Schluss setzt.

TIPPS zur sprachlichen Formulierung

Gedanken miteinander verknüpfen; Hinweise geben auf Ursachen, Folgen, Wirkungen; daher sprachliche Formulierungen nutzen, die diese Zusammenhänge knüpfen, z. B.:

- einerseits – andererseits
- daraus ergibt sich …
- berücksichtigt man dies, so …
- außerdem ist zu bedenken, …
- dagegen lässt sich einwenden, …

Auch die Verwendung konjunktionaler Formen ist sinnvoll

- zwar – aber
- wenngleich
- selbst wenn
- folglich

Die literarische Erörterung

Die literarische Erörterung ist auf einen Problemzusammenhang eines literarischen Textes oder mehrerer literarischer Texte bezogen.

BEISPIELE

- Hat mir J. W. Goethes Drama „Faust I" in der heutigen Zeit überhaupt noch etwas zu sagen? – Eine Erörterung zur Aktualität des Dramas
- Inwiefern wird Effi Briest in Fontanes gleichnamigem Roman Opfer gesellschaftlicher Konventionen?
- Kann man Georg Büchners Dramenfragment *Woyzeck* als sozialkritisches Drama bezeichnen?
- Ist Brechts *Shen Te* ein guter Mensch? Erörtern Sie den Titel des Dramas von Brecht *Der gute Mensch von Sezuan*.
- Werden die Verbrechen Hannas als KZ-Aufseherin dadurch relativiert, dass sie Analphabetin ist (Roman *Der Vorleser* von Bernhard Schlink)?

Erwartet wird bei einem solchen Thema eine differenzierte Stellungnahme, und zwar

- zu Sachaspekten des Themas und
- zu Entscheidungs- und Wertfragen.

Solche Aufgaben lassen sich nur bearbeiten, wenn zu der entsprechenden Literatur Detailkenntnisse vorhanden sind.

5.4 Arbeitstechniken

Für den Deutschunterricht besonders wichtig sind Verfahren für den Umgang mit Texten.
Texterschließende und textverarbeitende Operationen können auf folgenden Ebenen angewendet werden:

Wiedergeben

Voraussetzung jeder Textwiedergabe ist das genaue Lesen des Textes. Hierbei geht es insbesondere um
- Resümieren und Referieren des Inhalts (Hinweise zur Inhaltsangabe ▶ S. 194),
- Zitieren des Textes (▶ S. 204).

Beschreiben und analysieren

Für das Beschreiben und Analysieren (▶ S. 72 ff.) lassen sich vor allem folgende Verfahren nutzen:
- Analyse des Inhalts, des zentralen Problems, Konflikts, Themas,
- Analyse des Aufbaus, der Komposition (z. B. mithilfe des Mindmappings),
- Analyse der sprachlichen Bedeutungszusammenhänge (Wort – Satz – Text – Kontext),
- Analyse der bildlichen und rhetorischen Mittel,
- Analyse der Produktions- und Rezeptionsbedingungen,
- Analyse der literatur- und zeitgeschichtlichen Zusammenhänge sowie
- Vergleich mit anderen Texten.

Visualisierungstechniken

Lernleistungen lassen sich durch das Nutzen mehrerer Sinne steigern. Visuelle Darstellungen z. B. bieten besondere Möglichkeiten der Veranschaulichung und Einprägung.

BEISPIEL Personenkonstellation zu Georg Büchner, *Woyzeck*

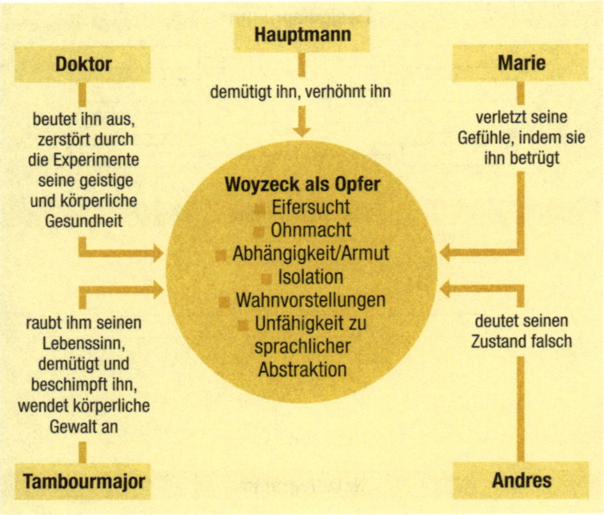

- Mit einer Mindmap (Gedankenlandkarte) kann man
  - Ideen zu einem Thema entwickeln und gliedern,
  - das Verständnis von Texten, Schreibformen (z. B. Protokoll, Inhaltsangabe ▶ S. 195) übersichtlich gestalten,
  - Begriffe, Zusammenhänge gedanklich gliedern,
  - Lernstoff neben der üblichen verbalen Form auf andere Weise wiederholen und zusammenfassen,
  - Referate gliedern,
  - Bücher und Aufsätze zusammenfassen,
  - in kreativer Weise Ideen sammeln und strukturieren,
  - umfangreiche Projekte mit Arbeitsaufteilungen planen.

BEISPIELE ▶ S. 195, 198

- Diagramm

Mit Diagrammen lassen sich bestimmte Inhalts-, Zeit- und Zahlenzusammenhänge, Textstrukturen und Gliederungen von Referaten zusammenfassen bzw. veranschaulichen.

Zweigdiagramm

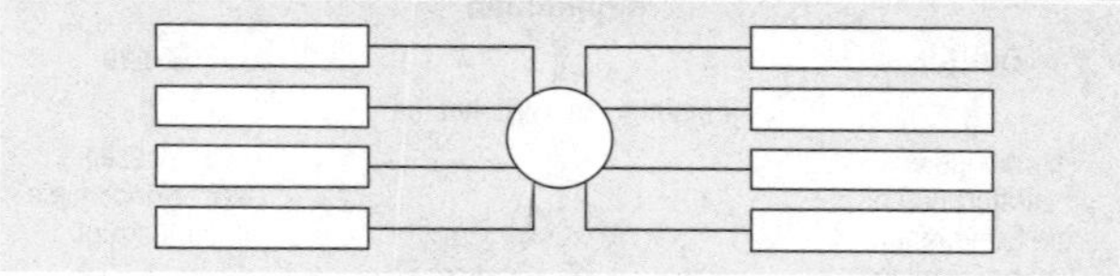

Flussdiagramm

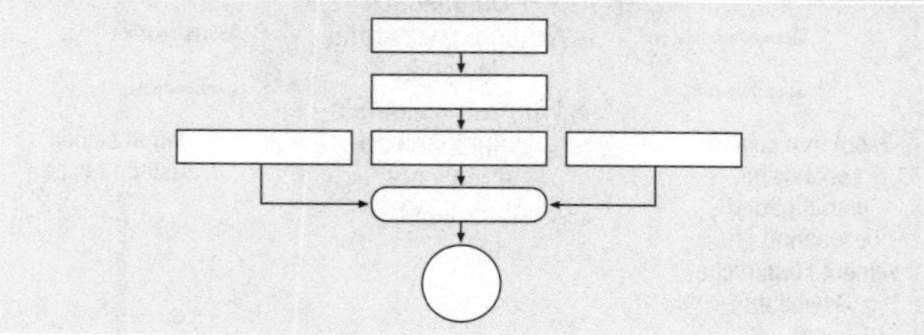

Netzdiagramm

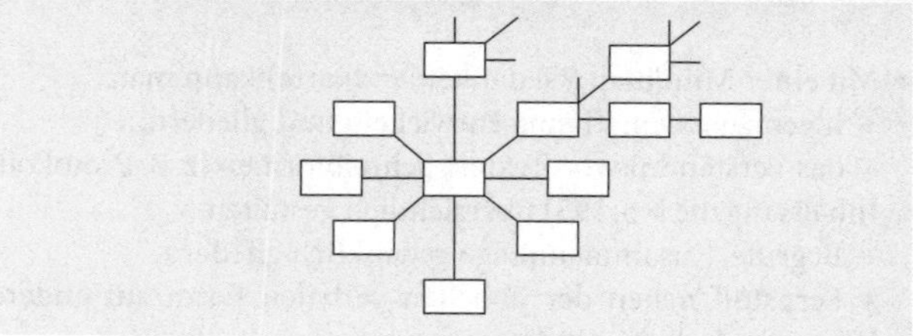

Kreisdiagramm

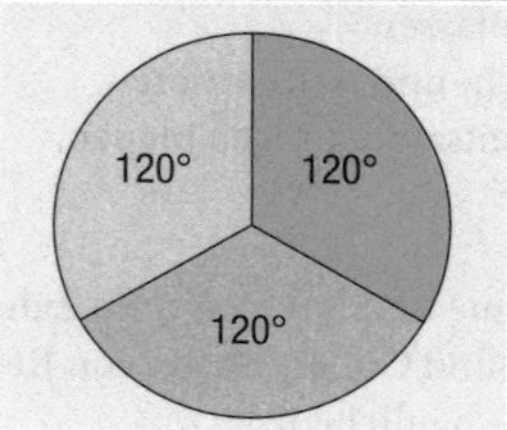

Säulendiagramm

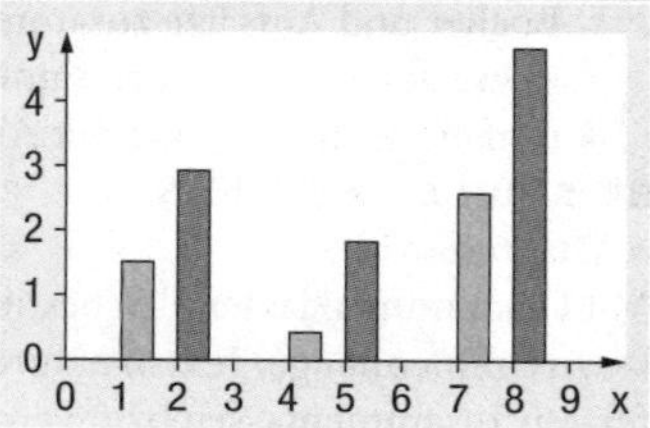

Verlaufsdiagramm

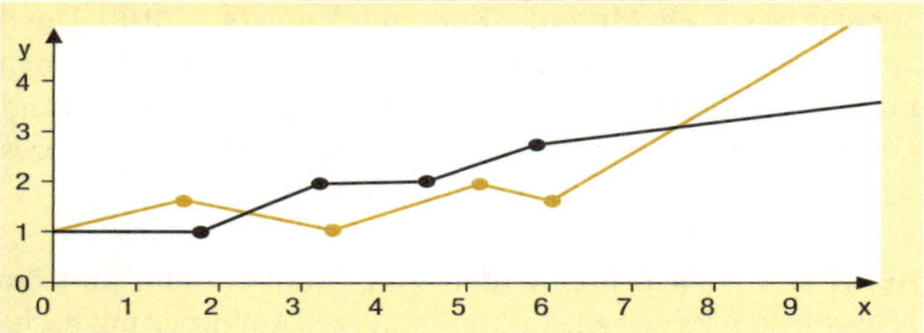

5.5 Grammatik und Reflexion über Sprache

Vor dem Hintergrund einer standardsprachlichen Norm (▶ S. 26) ist die Grammatik einer Sprache

- ein System aus Wörtern und Regeln ihrer Verknüpfung zu Sätzen und Texten,
- eine Zusammenfassung der Regeln zum Sprachgebrauch.

5

Die ***Grammatik einer Sprache*** fasst also zusammen, welche Mittel die Sprache zur Verfügung stellt und nach welchen Regeln sie benutzt wird. Dabei muss man einerseits unterscheiden nach

- den ***Sprachregeln***, nach dem jeder (mit Bezug auf das Sprachzentrum im Gehirn) formuliert, und
- den ***grammatischen Regeln***, die von den Sprachwissenschaftlern systematisch reflektiert und zusammengestellt werden.

Bei dieser systematischen Ordnung geht es um Regularitäten in der Sprache und beim Sprechen. Das Ergebnis einer solchen Reflexion wird als Beschreibung in Grammatiken zusammengefasst. Eine *sprachwissenschaftliche Grammatik* verfolgt das Ziel, die gesamte Sprache sachangemessen zu erklären. Eine *Schulgrammatik* hat vor allem spracherzieherische Ziele; sie kann sich nicht nur auf *eine* wissenschaftliche Sprachtheorie allein stützen. In der Praxis schulischer Sprachbücher werden verschiedene Ansätze miteinander verbunden und aufeinander bezogen.

Kommunikationsaspekt von Sprache

Sprache ist u. a. ein Mittel der Kommunikaton (▶ S. 20 ff.). Durch Sprechen und Schreiben teilt man einander etwas mit, das einem mitteilenswert erscheint. Unter diesem Aspekt werden Grundgrößen und Rahmenbedingungen des Kommunikationsprozesses isoliert und aufeinander bezogen dargestellt.

BEISPIEL Ein Lehrer fordert eine Schülerin auf, ihm ihre Hausarbeiten zu zeigen. Sie kommt dieser Aufforderung nach.

Es geht bei diesem Beispiel um
- kommunikative Rollen (Sprecher und Hörer),
- soziale Rollen (Lehrer und Schüler),
- die Grundsituation der Kommunikation: einseitig/wechselseitig,
- die Mittel der Verständigung: sprachlich/parasprachlich (Lautstärke/Betonung), nichtsprachlich (Gestik/Mimik).

Eine Grammatik (für die Schule) – der entsprechende Bereich des Deutschunterrichts heißt *Reflexion über Sprache* – enthält Regularitäten zu diesen vier Aspekten.

Formaspekt von Sprache

Sprachliche Elemente wie Laut, Wort, Satz haben bestimmte Formen. Sie werden nach bestimmten Regeln aneinandergefügt, sie sind strukturiert. Dieser Formaspekt von Sprache weist einen besonders hohen Grad von Geregeltheit auf, weil es hier um generell geltende Regeln geht, die man begrifflich erfassen kann.

Überblick über die Wortarten: Flektierbare und nicht flektierbare Wortarten

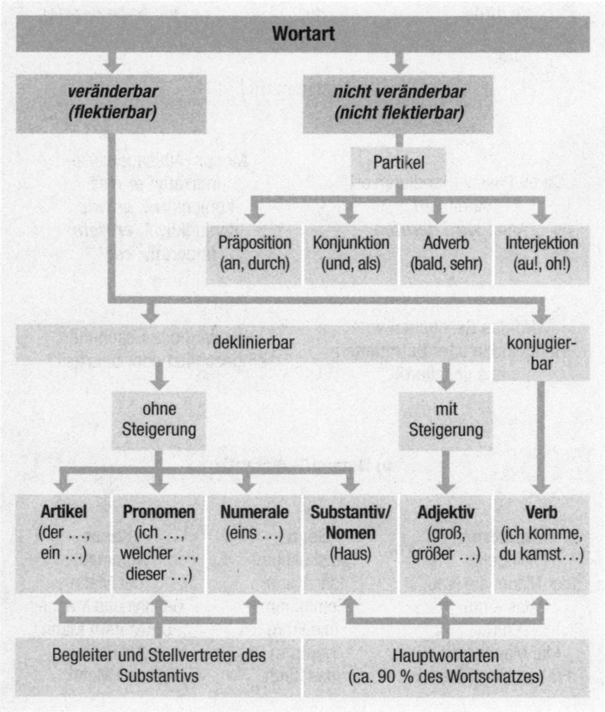

Grammatische Funktionen von Verb und Substantiv

a) Verb

Wie viele tun etwas?	Wer tut etwas?	Wann geschieht etwas?
Numerus (Anzahlform) ***er*** ruf***t*** ***sie*** ruf***en***	Person (1., 2., 3. Person) ***ich*** rufe ***du*** …	Tempus (Zeitform) ich ***rufe*** ich ***rief*** ich ***habe gerufen***

Wortstamm ruf-

Aktiv/Passiv (Handlungsart) Anna ***ruft*** Anna ***wird gerufen***	Modus (Aussageweise) Indikativ: ***er ruft*** Konjunktiv I: ***er rufe*** Konjunktiv II: ***er riefe*** Imperativ: ***ruf*** !
Wird das Geschehen vom Handelnden oder Betroffenen aus gesehen?	Wie wird das Geschehen eingeschätzt oder beurteilt?

b) Nomen/Substantiv

Numerus	**Genus**	**Kasus**
Singular (der Mann, die Frau, das Kind) Plural (die Männer, die Frauen, die Kinder)	Maskulinum (der Mann) Femininum (die Frau) Neutrum (das Kind)	Nominativ: der Mann Genitiv: des Mannes Dativ: dem Mann Akkusativ: den Mann

Überblick über Adverbialsätze

Die Adverbialsätze nehmen im Satz die Satzgliedrolle *Adverbiale/adverbiale Bestimmung* ein.
Ihre Bedeutung und Bezeichnung richtet sich nach den einleitenden Konjunktionen.

Adverbialsätze		
Adverbialsatz	**Konjunktion**	**Beispiel**
Kausalsatz (Ursache, Begründung)	weil, da	Weil sie nicht kam, war er traurig.
Temporalsatz (Zeitpunkt, Zeitdauer)	als, nachdem, sooft, während, bis	Er freute sich, als sie kam.
Konditionalsatz (Bedingung, Voraussetzung)	wenn, falls, sofern	Wenn sie heute wieder nicht kommt, gibt es Streit.
Konsekutivsatz (Folge)	sodass (so dass), dass	Sie hatte sich so auf das Treffen gefreut, dass sie an nichts anderes mehr dachte.
Finalsatz (Absicht, Zweck)	damit, auf dass, dass	Sie tröstet ihn, damit er sich wieder beruhigt.
Konzessivsatz (Einräumung)	obwohl, obschon	Sie mögen sich noch immer, obwohl sie sich oft streiten.
Modalsatz (Art und Weise)	dadurch, dass; indem	Dadurch, dass sie nichts sagte, war alles schnell vergessen.
Komparativsatz (Vergleich)	wie, als ob, als wenn	Es kam ihm so vor, als wenn sie traurig sei.

5

Überblick über den Zusammenhang von Wort, Satzglied, Satzgliedrolle im Satz (Funktion) –
siehe gegenüberliegende Seite

Überblick über die Satzgliedrollen (Funktionen) im Satz
Subjekt (Satzgegenstand)
Hilfsfrage: Wer?/Was?
BEISPIEL *Seine neue Freundin* ist nicht gekommen.
Er wartet vergebens.
Heute kommt *sie* nicht.

Prädikat (Satzaussage)
Hilfsfragen: Was tut? Was ist? Was geschieht?
BEISPIEL Leon *wartet* in der Pausenhalle.
Ella *ist* eben *zurückgekommen.*
Es *regnet.*

Prädikativ
Besteht aus der Ergänzung zu den Verben *sein, werden, bleiben*
BEISPIELE Lara ist *meine Freundin.*
Er ist *schlau.*
Sie bleibt *hier.*
Meine Meinung ist, *dass ich meine Mathe-Note nicht ändern kann.*

Objekte (Ergänzungen)
Akkusativobjekt (Ergänzung im 4. Fall)
Hilfsfrage: Wen?/Was?
BEISPIEL Karlo bemerkt *das Fehlen seines Mopeds.*
Karlo bemerkt, *dass sein Moped fehlt.*

Dativobjekt (Ergänzung im 3. Fall)
Hilfsfrage: Wem?
BEISPIEL Sie schenkt *ihrem Freund* ein spannendes Buch.
Er gibt *ihr* einen Kuss.

Satz	***Die***	***begeisterte***	***Spielerin***	***überrascht***	***heute***	***ihren***	***besten***	***Freund***	***mit***	***einem***	***netten***	***Küsschen,***
Wortart	best. Artikel	Adjektiv	Nomen/ Substantiv	Verb	Adverb	Possessivpronomen	Adjektiv	Nomen/ Substantiv	Präposition	unbest. Artikel	Adjektiv	Nomen/ Substantiv
Satzglied u. seine Rolle im Satz	Subjekt			Prädikat	Adverbiale Bestimmung der Zeit	Akkusativobjekt			Präpositionales Objekt			
		Attribut					Attribut				Attribut	
Hauptsatz												

Satz	***weil***	***dieser***	***ihr***	***gestern***	***einen***	***großen***	***Blumenstrauß***	***geschenkt hat.***
Wortart	Konjunktion	Demonstrativpronomen	Personalpronomen	Adverb	unbest. Artikel	Adjektiv	Nomen/ Substantiv	Verb
Satzglied u. seine Rolle im Satz	(verknüpft Nebensatz mit dem Hauptsatz)	Subjekt	Dativobjekt	Adverbiale Bestimmung der Zeit	Akkusativobjekt			Prädikat
						Attribut		
Nebensatz								

5

Genitivobjekt (Ergänzung im 2. Fall, nur noch selten)
Hilfsfrage: Wessen?
BEISPIEL Sie erinnern sich *der schönen Stunden.* Häufiger mit präpositionalem Objekt: Sie erinnern sich *an* die schönen Stunden.

Präpositionales Objekt (Ergänzung mit Präposition)
Hilfsfragen: Auf was? Mit wem? Für wen?
BEISPIEL Er beruft sich *auf die Abmachung.*
Er beruft sich *darauf, was sie abgemacht haben.*
Sie verabredet sich *mit Mika.*

Adverbiale Bestimmung
Die adverbiale Bestimmung wird auch *Adverbiale* (Umstandsbestimmung der Zeit, des Ortes, der Art und Weise, des Grundes, des Zweckes, …) genannt.
Hilfsfragen: Wann? Wo? Wie? Warum? Zu welchem Zweck? …
BEISPIELE
Gestern war Lukas mit Julia verabredet.
Wegen des schlechten Wetters wurde der Wandertag durch einen Studientag ersetzt.
Trotz kurzer Vorbereitungszeit war ihr Vortrag vorzüglich.
Obwohl sie nur kurze Zeit zur Vorbereitung hatte, war ihr Vortrag vorzüglich.

Attribut (Beifügung)
Das Attribut ist kein Satzglied, sondern ein Satzgliedteil; es drückt eine nähere Bestimmung eines Nomens/Substantivs oder Pronomens aus (vgl. Abb. S. 231).
BEISPIELE
Die *hübsche* Larissa kann gut tanzen.
Larissa, *die hübsch ist,* kann gut tanzen.
Larissa, *meine Freundin,* kann gut tanzen.
Larissa, *sie ist meine Freundin,* kann gut tanzen.
Das Tanzen *seiner Freundin* gefällt vielen gut.

Satzgliedrollen und Attribut (Zusammenfassung)

Die Satzglieder spielen im Satz jeweils eine bestimmte Rolle:
Subjekt, Prädikat, Prädikativ, Objekt, adverbiale Bestimmung.
Jedes Satzglied, außer das verbiale Satzglied Prädikat, kann durch ein Attribut näher bestimmt werden.

Subjekt	**Prädikat**	**Prädikativ**	**Objekt**	**adverbiale Bestimmung**
Nominativ: wer? was?	(Verb-Satzglied) was tut? was geschieht? was ist?	(Ergänzung zu den Verben: sein, bleiben, werden, heißen)	Genitiv: wessen? Dativ: wem? Akkusativ: wen? was?	Zeit: wann? Ort: wo? Art und Weise: wie? Grund: warum? Zweck: wozu? Mittel: womit?
Attribut		**Attribut**	**Attribut**	**Attribut**

Beispiele:

Pia	ist	ein **hübsches** Mädchen.		
Der ***aufmerksame*** Autofahrer	bemerkt		das ***spielende*** Kind	in der **engen** Einfahrt.
Sie	schenkt		ihm ein Buch.	

5

Zeichen- und Bedeutungsaspekt von Sprache

Sprachliche Elemente haben *Zeichencharakter* (▸ S. 9). Zeichen haben Bedeutungen; mit Zeichen bezieht sich ein Sprecher/ Schreiber geistig auf Wirklichkeit (▸ S. 10).

Hier geht es um die *Symbolfunktion* von Sprache, das heißt darum, wie der Mensch sich geistig mit seiner Wirklichkeit auseinandersetzt. Außerdem geht es um die Bedeutung von Wörtern und um die Bedeutungsbeziehungen zwischen Wörtern, die eine zusätzliche Bedeutung aus ihren sprachlichen und historischen Kontexten erhalten.

Wörter können ihre Bedeutungen im Verlaufe der Geschichte verändern im Sinne von

- Bedeutungsverengung
- Bedeutungserweiterung
- Bedeutungsverschiebung
- Bedeutungsverbesserung
- Bedeutungsverschlechterung

BEISPIEL zur Bedeutungsverengung: Im Mittelhochdeutschen bedeutete das Wort *hochgezît* ein hohes kirchliches oder weltliches Fest; heute hat das Wort *Hochzeit* die verengte Bedeutung: Feier zum Anlass der Eheschließung.

Handlungsaspekt von Sprache

Sprechen und Schreiben sind Formen sprachlichen Handelns. Damit unterliegt Sprechen den gleichen Grundbedingungen wie Handeln allgemein.

Entsprechend lassen sich deshalb folgende Einzelaspekte verdeutlichen:

- Sprachliches Handeln hat Voraussetzungen und Folgen.
- Sprachliches Handeln ist durch Absichten geleitet.

Es lassen sich unterschiedliche Arten des sprachlichen Handelns unterscheiden, so genannte Sprechakte, z. B. auffordern, behaupten, aussagen, feststellen, entschuldigen, fragen, bitten, argumentieren.

Für das sprachliche Handeln werden durch soziale und persönliche Beziehungen Bedingungen gesetzt. So kann, ausgehend von dem oben genannten Beispiel (▸ S. 224), die Schülerin dem Lehrer kaum seinen Wunsch, ihm die Hausaufgaben zu zeigen, verweigern, es sei denn, sie muss zugeben, dass sie diese nicht gemacht hat.

5.6 Rechtschreibung

Grundprinzipien

Unter *Grundprinzipien* sind allgemeine Grundlagen des Schreibens zu verstehen, die sich mit der Zeit herausgebildet haben. Jedes der folgenden Prinzipien gilt nicht absolut, sondern ist im Zusammenhang der anderen zu sehen; sie sind „grobe Handlungsanweisungen" für das Schreiben.

5

- Lautprinzip: Schreiben, wie man spricht

BEISPIELE

- Dem lang gesprochenen Vokal o entsprechen drei unterschiedliche Schreibungen: Ton, Sohn, Boot.
- Bei der Trennung werden die Silben von Wörtern berücksichtigt: spie – len, Pä – da –go – gik.

- Stammprinzip: Gleiches möglichst gleich schreiben

BEISPIELE

Platz – platzieren; Gämse – Gams; Asse – Ass; tippen – Tipp; Hand – behände

- Grammatisches Prinzip: Grammatische Regularitäten beachten

BEISPIELE

- Schreibung bestimmter Wortarten (Groß- und Kleinschreibung); diese gliedern den Text beim Schreiben und Lesen.
- Großschreibung der höflichen Anredeform: Sie, Ihnen

- Prinzip der Homonymie: Gleich klingende Wörter mit unterschiedlicher Bedeutung unterschiedlich schreiben.

BEISPIELE Lied – Lid; mahlen – malen; Saite – Seite; Lärche – Lerche

TIPPS für die Praxis der Rechtschreibung

1. Deutlich sprechen, genau hinhören

Bei vielen Wörtern lässt sich die richtige Schreibung heraushören (vgl. Lautprinzip, ▸ S. 233).

BEISPIELE Dorf – Torf, Kuss – Guss, sägen – Segen

2. Verlängern oder verwandte Wörter suchen

(vgl. Stammprinzip, ▸ S. 233)

BEISPIELE Quäntchen – Quantum, du gräbst – graben, er sank – sie sanken, sie sang – sie sangen

3. Rechtschreibregeln (oder „Eselsbrücken“) anwenden

BEISPIELE

- Nach l, m, n, r – das merke ja, steht nie tz und nie ck.
- *gar nicht* wird gar nicht zusammengeschrieben.

4. Grammatikwissen anwenden

(vgl. grammatisches Prinzip, ▸ S. 233)

BEISPIEL Nomen/Substantive schreibt man groß; jedes Wort kann im Satz zum Nomen werden (die Sonne, das Schreiben, etwas Schönes, das Hier und Heute, sein Wenn und Aber).

5. Genau hinsehen, sorgfältig schreiben, Schreibung einprägen

Für die Schreibung vieler Wörter lässt sich keine Regel benennen, man muss sich die Schreibweise daher einprägen.

BEISPIELE Verwandte, vielleicht, Rhythmus

6. Die Bedeutung beachten

BEISPIELE Seite – Saite, Antrag-steller nicht Antrags-teller

7. Der wichtigste Tipp: Das Wörterbuch benutzen

Problembereiche der Rechtschreibung

s-Laute

Die Schreibung des scharfen s-Lautes richtet sich wie die Schreibung anderer Konsonanten nach dem vorangehenden Vokal:

- Schreibung nach kurz ausgesprochenem Vokal: analog zu Kan**n**e, Som**m**er, Schnal**l**e, Kam**m** auch die s-Laut-Schreibung Tasse, Nuss
- Schreibung nach langem Vokal oder Doppellaut (nie Konsonantenverdopplung): analog zu er ka**m**, Sah**n**e, Saa**l** auch die s-Laut-Schreibung: Spie**ß**, er sa**ß**

Grundregeln
Das *weich ausgesprochene* (stimmhafte) s wird immer mit s geschrieben (lesen, Häuser, Reise). Die Schreibung des Wortstammes wird nach dem Stammprinzip beibehalten, auch wenn das s in Ableitungen scharf (stimmlos) ausgesprochen wird (er liest – lesen, das Häuschen – Häuser, sie reist – reisen).

Das *scharf ausgesprochene* (stimmlose) s wird mit **ss** oder **ß** geschrieben, und zwar
- nach kurzem Vokal mit ss (Sessel, nass, Fluss),
- nach langem Vokal mit ß (fließen, er saß, reißen).

Das *scharf ausgesprochene* s wird in seltenen Fällen mit s geschrieben (z. B. Partikeln: bis, es, morgens, als; Fremdwörter: Bus, Iltis; Wörter mit der Endung -nis: Verhängnis, Erlebnis, Verhältnis, Missverständnis).

Die Schreibung der Konjunktion *dass* folgt der Grundregel (oben: ss); die Pronomen *das* und der Artikel *das* werden jedoch mit s geschrieben.
Faustregel: Wenn man *ein, dieses, jenes, welches* einsetzen kann (Ersatzprobe) wird *das* geschrieben.

BEISPIELE
Sie hofft, *dass* morgen schönes Wetter wird. (dass = Konjunktion)
Er liest *das* spannende Buch. (ein spannendes Buch = Artikel)
Sie weiß *das* nicht. (dieses/jenes = Demonstrativpronomen)
Das Buch, *das* sie gelesen hat, ist spannend. (welches = Relativpronomen)

Groß- und Kleinschreibung

Nomen/Substantive werden immer großgeschrieben, andere Wortarten nur in Ausnahmefällen.

Großschreibung

- Nomen/Substantive: der Fuß, das Center, eine Million
- Nomen als Bestandteile in festen Gefügen: mit Bezug auf, im Grunde, in Kauf nehmen, Gefahr laufen, Not leiden
- Bezeichnung von Tageszeiten nach Adverbien wie *heute, morgen*, …: heute Morgen, gestern Abend
- Farb- und Sprachbezeichnungen nach Präpositionen: bei Grün, in Englisch
- Eigennamen: Katharina die Große, der Heilige Abend
- Ableitungen von geografischen Eigennamen auf -er: Stuttgarter Nachrichten, Frankfurter Würstchen
- Auch andere Wortarten außer dem Nomen/Substantiv können zu Nomen werden:

Verb: das Laufen, beim Gehen, langes Schreiben, sein Lesen
Adjektiv und Partizip: das Beste, wenig Neues, der Nächste, alles Übrige, im Wesentlichen, im Allgemeinen, Arm und Reich, das Folgende
Pronomen als (höfliche) Anredeform: Sie, Ihnen
Andere Wortarten: das Wenn und Aber, das Hier und Heute

Kleinschreibung

- alle Wortarten außer dem Nomen/Substantiv
- Zahladjektive: sehr viel, ganz wenige, der eine, der andere, ein anderer
- Pronomen: mancher, ein jeder, alle, beide, die beiden, beides
- feste Verbindungen: schwarz auf weiß, durch dick und dünn, von nah und fern, von klein auf
- Superlative von Adjektiven: am besten, am schnellsten
- Wörter wie *schuld, leid, recht, klasse, spitze, pleite* in Verbindung mit den Verben *bleiben, sein, werden:* schuld sein
- unbestimmte Zahlwörter: ein bisschen, ein paar

- bestimmte Adverbien, Konjunktionen, Präpositionen, die ihre Aufgabe als Nomen verloren haben: morgens, anfangs, dank seiner Hilfe, kraft Gesetzes, seitens meiner Verwandtschaft, mittels Gewalt, zeit meines Lebens

Groß- oder Kleinschreibung möglich

- auf die Frage *wie:* aufs Schönste – aufs schönste
- als Nomen oder Pronomen: die Deinen – die deinen
- als Nomen oder Adjektiv: von Neuem – von neuem
- Zusammensetzung oder Wortgruppe: auf Seiten – aufseiten
- Anredepronomen im Brief: D/du – I/ihr

Getrennt- und Zusammenschreibung

Getrenntschreibung

- Wortgruppe aus Nomen/Substantiv und Verb: Rad fahren, Ski laufen, Recht haben, Schlange stehen, Klavier spielen, Kuchen backen
- Wortgruppe aus zwei Verben (Infinitiv/Partizip): baden gehen, sprechen lernen, gefangennehmen, gestört werden, getrennt schreiben
- das Verb *sein* in Verbindung mit anderen Wörtern: fertig sein, fort sein, da sein
- folgende Wortgruppen: ohne dass, statt dass, gar nicht, gar nichts, gar kein, zu viel, wie viel, zu wenig

Zusammenschreibung

- untrennbare Verben: wetteifern, vollenden (Sie wetteiferten miteinander.)
- Zusammensetzungen mit verblassten Nomen: preisgeben, standhalten, heimkommen, eislaufen, kopfstehen, leidtun
- der adjektivische Bestandteil bildet zusammen mit dem verbalen Bestandteil eine neue übertragene Gesamtbedeutung: freisprechen (vor Gericht), sich kranklachen (heftig lachen), kaltstellen (pol. mundtot machen), kürzertreten (sich einschränken), richtigstellen (berichtigen).

◆ Zusammensetzungen, in denen der erste Bestandteil für eine Wortgruppe steht: freudestrahlend (vor Freude strahlend), schreibgewandt, lebensfremd, werbewirksam

◆ Zusammensetzungen, in denen (wenigstens) ein Bestandteil nicht selbstständig vorkommt: **red**selig, viel**deutig**, ein**malig**

◆ Zusammensetzungen mit einem bedeutungsverstärkenden Bestandteil: **tod**ernst, **super**schlau

◆ Verbzusammensetzungen mit fest-, voll-, tot-: festbinden, totschlagen

Getrennt- oder Zusammenschreibung möglich

BEISPIELE

◆ aufgrund – auf Grund

◆ sodass – so dass

◆ haltmachen – Halt machen

◆ maßhalten – Maß halten

◆ kennenlernen – kennen lernen

◆ Verbindungen mit bleiben und lassen als zweitem Bestandteil: stehen bleiben – stehenbleiben, bleiben lassen – bleibenlassen

5.7 Regeln zur Kommasetzung: Auf einen Blick

◆ Komma bei Aufzählungen (außer vor *und* und *oder*)
Auf der Jahrgangsstufen-Fete trifft Jonas seine früheren Klassenkameraden *Tim, Jan* und *Faysal.*

◆ Komma zwischen Hauptsätzen (Satzreihe)
Sie ging schon früh weg, daraufhin ging er auch.
Marisa liebt Katzen, Ben mag Hunde lieber.

◆ Komma vor entgegensetzenden Konjunktionen
Tom tanzt gerne lateinamerikanisch, *aber* auf keinen Fall Walzer.
Julius hat den Satz lange geübt, *doch* im entscheidenden Moment fiel er ihm nicht ein.

◆ Komma zwischen Hauptsatz und *Nebensatz* (einfaches Satzgefüge)
Obwohl nicht alle kommen konnten, ist die Stimmung spitze.
Das Sortiment an Getränken, *das Lara und Tim zusammengestellt hatten*, kam bei allen gut an.

◆ Komma zwischen Hauptsätzen und *Nebensätzen* (komplexes Satzgefüge)
Weil plötzlich alle verschwunden waren, räumte Alina nach der Fete allein auf, *obwohl Emily und Jakob, die als Erste die Fete verlassen hatten, sich gestern, als die Aufgaben verteilt wurden, zum Aufräumen bereit erklärt hatten.*

◆ Das Komma kann gesetzt werden bei verkürzten Nebensätzen.
Ich komme(,) *wenn nötig*(,) zu dir.

◆ Komma bei Infinitivgruppen und Partizipgruppen
a) Die Infinitivgruppe ist mit *um, ohne, anstatt, statt, außer, als* eingeleitet.
Er kam, *um* mich *zu* besuchen.
b) Die Infinitivgruppe oder Partizipgruppe hängt von einem Nomen/Substantiv oder Pronomen ab.
Sie übernimmt die Aufgabe, für die Klasse zu sprechen. Sie, tödlich beleidigt, verließ den Raum.
c) Die Infinitivgruppe oder Partizipgruppe hängt von einem Verweiswort ab.
Darauf, sie ins Kino einzuladen, kam er nicht. Er kam nicht darauf, sie ins Kino einzuladen.
Aus vollem Halse lachend, so kam er auf sie zu.
In den Fällen b) und c) kann das Komma bei einem einfachen Infinitiv entfallen.
Er hatte die Aufgabe(,) *zu kochen*. Sie dachte nicht daran(,) *zu gehen*.

Das Komma kann bei Infinitivgruppen oder Partizipgruppen gesetzt werden, um die Gliederung des Satzes deutlich zu machen oder um Missverständnisse zu vermeiden.
Sie riet(,) ihm schnell zu helfen. Sie riet ihm(,) schnell zu helfen. Das ist (,) grob gerechnet (,) ein Viertel. Er stand (,) sein Buch in der Hand haltend (,) vor der Klasse. Sie versuchten mit vereinten Kräften (,) den Hund an der Leine zu halten.

◆ Komma bei Zusätzen und Nachträgen
Nur eine war nach der Fete noch dageblieben, *nämlich Alina.*

◆ Komma bei Anreden und Ausrufen
Gehst du morgen mit ins Kino, *Johanna*?
Hallo, hörst du mich nicht?
Seyran, komm doch auch mit!

Besondere Probleme

◆ Das Komma zwischen Hauptsätzen, die durch *und* und *oder* aufgezählt oder verbunden sind (vgl. Aufzählung)
Es muss kein Komma gesetzt werden.
Er will heute ins Kino *und* sie möchte lieber ins Theater.
Hamed will Fußball sehen *oder* er möchte ein Buch lesen.

◆ Es kann ein Komma gesetzt werden, wenn der Satz dadurch übersichtlicher gegliedert wird oder Missverständnisse vermieden werden.
Sie wartet vor dem Kino noch auf Jan (,) *und* Paul holt schon mal die Karten.
Hier kann man ein Komma setzen, weil man zunächst lesen könnte: sie wartet noch auf Jan und Paul.

◆ Es muss ein Komma gesetzt werden, wenn ein eingeschobener Nebensatz oder ein anderer Einschub durch Komma eingeschlossen wird.

Er bestätigt die allgemeine Meinung, dies sei langweilig, *und* sieht aus dem Fenster.
Sie spielt Tennis mit Majid, ihrem Freund, *und* noch zwei Mädchen aus ihrer Kursgruppe Sport.

6 Die Abiturprüfung

6.1 Die mündliche Prüfung

Die mündliche Abiturprüfung ist ein Beispiel praktischer Rhetorik (▶ S. 171). Die Situation ist bestimmt durch ihren Prüfungscharakter, es handelt sich um eine formalisierte Situation. Dies heißt, dass die formelle und kompetenzbedingte Dominanz des Prüfers während der Prüfung nicht zur Diskussion steht.

Leistungserwartungen und Anforderungen

Mit der mündlichen Prüfung soll der Prüfling vor allem beweisen, dass er

- mit der Arbeitsweise des Faches vertraut ist,
- einen Text unter bestimmten Fragestellungen verstehen und beurteilen kann,
- Thema und Aufgabenstellung(en) (z. B. Arbeiten Sie heraus .../ Klären sie .../Erläutern Sie .../Bestimmen Sie ...) erfassen,
- den Inhalt des Prüfungsstoffes deutlich gliedern und anschaulich darstellen kann,
- schlüssig argumentieren kann,
- Texte und Sachzusammenhänge sinnvoll und sachkompetent zu beurteilen vermag,
  - fachspezifische Begriffe und Methoden zum Verstehen und zur Darstellung nutzen kann.

Für die Prüfung (Vorbereitungszeit in der Regel 30 Min.) erhält der Prüfling einen kürzeren Text oder Textausschnitt (etwa 1–1 1/2 DIN-A4- Seiten) mit einer (möglicherweise) gegliederten Aufgabenstellung zu einem begrenzten Arbeitsschwerpunkt. Es werden folgende Aufgabenarten unterschieden:

- Bearbeitung eines Sachtextes (▶ S. 83 ff.),
- Bearbeitung eines literarischen Textes (▶ S. 73 ff.),
- Argumentation im Zusammenhang mit einer Text- bzw. Medienvorlage, z. B. auch Bild oder Foto (▶ S. 86 ff.).

Bestandteile der Prüfung

Die mündliche Prüfung im engeren Sinne besteht aus zwei Teilen mit insgesamt (maximal) 30 Min.:

- Zusammenhängende Darstellung der Aufgabenlösungen („Referat“, s. o.: ca. 10 Min.),
- Prüfungsgespräch („Kolloquium“, 10–20 Min.).

Vorbereitung des Referats (30 Min. Arbeitszeit)

Wichtig für die Vorbereitungsphase ist die Beachtung des Zeitfaktors. Man sollte darauf achten, dass man sich nicht in ein Teilproblem „verbeißt“, sondern die zur Verfügung stehende Zeit auf die Teilaufgaben verteilt. Es ist besonders wichtig, sich genau auf Einzelheiten des Arbeitstextes einzulassen.

TIPPS zur Vorbereitung

- Aufgabenstellung klarmachen
- Text konzentriert lesen
- auf Übersichtlichkeit der Notizen achten (z. B. nicht die Rückseite des Konzeptpapiers beschreiben, Konzeptpapier nummerieren, groß schreiben, übersichtlich anordnen, Randspalte mit persönlichem Kommentar wie „Blickkontakt“, „Sprechtempo“)
- Definitionen ggfs. wörtlich notieren, Kernstellen im Text markieren
- Gliederung übersichtlich aufschreiben (nicht „übergliedern“)
- Redezeit für jede einzelne Arbeitsaufgabe festlegen (fakultative Punkte kennzeichnen, die man bei Zeitnot auch weglassen kann)
- positive Selbstkonditionierung und Autosuggestion: „Ich kann das! Ich bin gut vorbereitet! Ich schaffe es!“

Referat

Die Lösung zu den Aufgabenstellungen werden in einem zusammenhängenden freien Vortrag (mithilfe eines Stichwortzettels) mit Bezug auf den Text/das Medium vorgetragen.

Ein gewisses Maß an Aufregung und Spannung ist beim Vortrag normal; sie zeigt auch, dass man die Prüfung ernst nimmt. Auch während des Referats sollte die Zeit beachtet werden: Alle Aufgabenpunkte sollten angesprochen werden. Je nachdem, ob genügend Zeit vorhanden ist oder die Zeit drängt, kann man entweder langsamer sprechen, Zwischenzusammenfassungen geben bzw. zügiger sprechen und (zusätzlich) Einzelaspekte zusammenfassen.

Für den Schülervortrag gelten folgende Anforderungen: Thema und Aufgabenstellung erfassen; präzises Eingehen auf die Aufgabenstellungen; selbstständig und sachgerecht gliedern im Sinne der Aufgabe (z. B. gliedern nach den Aufgabenschwerpunkten); fachspezifische Methoden und Fachvokabular nutzen.

TIPPS für das Referat

- weitgehend frei sprechen (dabei Notizen nutzen, nicht „vorlesen")
- ruhig und deutlich sprechen; stimmlich variieren
- Blickkontakt halten
- zu Beginn Thema/Gliederung/Vorgehensweise nennen
- Zeit beachten
- entspannt sitzen

Prüfungsgespräch (Kolloquium)

Das Prüfungsgespräch ist zwar wie ein normales Gespräch durch Frage und Antwort bestimmt, lässt aber keine symmetrische Kommunikation zu, weil das Fragerecht beim Prüfer liegt. Hier ergibt sich vieles (insbesondere die Beziehung zwischen Prüfer und Prüfling) aus der Situation und dem Verhalten der beiden Gesprächspartner. Mit dem Prüfungsgespräch werden größere fachliche Zusammenhänge überprüft.

Der Prüfling sollte auf Fragen ausführlich und in komplexer Weise eingehen (z. B. „Insgesamt lassen sich von diesem Text aus Bezüge zu unterschiedlichen Epochen herstellen: 1. Zum Sturm und Drang, weil ...“). Ist eine Frage des Prüfers nicht verstanden, so ist eine Rückfrage notwendig (nach Möglichkeit nur einmal!). Ist eine Frage uneindeutig/offen formuliert, sollte der Prüfling mehrere Möglichkeiten anbieten und dabei „laut denken“ (dies ist besser, als längere Zeit überhaupt nichts zu sagen).
Ein gutes Prüfungsgespräch zeichnet sich dadurch aus, dass Prüfer und Prüfling sich gegenseitig „Bälle zuwerfen“ (z. B. nennt der Prüfling im Rahmen seiner Darstellung Begriffe/Zusammenhänge, um deren Klärung daraufhin der Prüfer bittet. Verhaltensregel für den Prüfling: Keinen Ball zuwerfen, den man nicht wieder aufzufangen vermag.
Insbesondere in diesem Teil sind neben fachlichem Wissen auch argumentative Fähigkeiten und die Anwendung von Fertigkeiten (Gesprächsrhetorik ▶ S. 172 ff.) einzubringen, z. B. Fachfragen erfassen, auf Fragen des Prüfers eingehen, zielbewusst argumentieren, Thesen begründen, Argumente belegen, klare Begrifflichkeit (Fachvokabular) benutzen, die Situation richtig einschätzen (z. B. Reaktionen des Prüfers, auch seine Körpersprache).

TIPPS für das Prüfungsgespräch

- Blickkontakt halten
- entspannte Haltung einnehmen
- auf Fragen ausführlich und strukturiert eingehen
- auf offene Fragen mehrere Aspekte anbieten
- bei unverstandenen Aufgabenstellungen zurückfragen
- Zeit zum Überlegen nehmen
- Gesprächstaktik beachten

Prüfer

Diese können sich recht unterschiedlich verhalten, z. B.:

- Der Prüfer lenkt das Gespräch sehr stark, indem er in systematischer Abfolge knappe Fragen stellt.

- Der Prüfer lässt das Gespräch offen, gibt einen Rahmen vor und überlässt Richtung und Ausführung dem Prüfling; er greift nur ein, wenn sich der Prüfling in Details verliert.
- Der Prüfer will möglichst viel Prüfungsstoff einbeziehen, seine Fragen wirken eher sprunghaft, weil er schnell von einem Sachgebiet zum andern wechselt.
- Der Prüfer unterbricht sofort, wenn eine Antwort nicht korrekt ist.
- Der Prüfer lässt den Prüfling weitersprechen, um ihn nicht zu verunsichern, auch wenn seine Antworten nicht richtig sind. Er kommt in diesem Fall erst später auf die unrichtigen Zusammenhänge zu sprechen, indem er dem Prüfling eine neue Frage stellt.
- Der Prüfer bevorzugt übergreifende Aspekte.

Bewertung von Prüfungsleistungen

Die Bewertung der Leistungen orientiert sich an drei Anforderungsbereichen.

Anforderungsniveau 1

- Verwendung eingeübter Arbeitsweisen, einfache Wiedergabe von Sachverhalten

Anforderungsniveau 2

- selbstständiges Auswählen, Anordnen, Darstellen bekannter Sachverhalte und selbstständiges Übertragen des Gelernten auf neue Aspekte

Anforderungsniveau 3

- selbstständige Lösungen, Gestaltungen, Deutungen, Folgerungen, Begründungen, Wertungen

Für die Beurteilung werden dazu die *Verstehensleistung* und die *Darstellungsleistung* herangezogen. Es geht dabei um die Beherrschung und den Nachweis von Referatstechniken (Prüfungsteil 1) und den Nachweis von Gesprächsfähigkeit (Prüfungsteil 2). Bewertet wird z. B. nach folgenden Kriterien (s. auch oben ▸ S. 242 f.):

Fachliche Kompetenz
- Erfassung des Themas/Eingehen auf Aufgabenstellungen
- Kenntnis fachlicher Zusammenhänge
- Korrekter Gebrauch der Fachterminologie
- Kenntnis und Anwendung fachbezogener Methoden
- Kritische Beurteilung von Problemen

Gesprächsfähigkeit
- weitgehend freie Darstellung (mit Bezug auf Stichworte)
- Ausdruck (flüssiger Vortrag, angemessener Stil, Wortschatz)
- sachlich sinnvolle, logische Strukturierung
- differenzierte Argumentation
- Eingehen auf Fragen, Einwände des Prüfers

Langfristige Vorbereitung

Grundlage für die Prüfung ist der vorausgegangene Unterricht in den Jahrgangsstufen 11 und 12 (Qualifikationsphase). Dieser sollte im Hinblick auf die Prüfung sorgfältig wiederholt werden, z. B. durch

- Festigung des Wissens mithilfe des Lehrbuches,
- Nachlesen der eigenen Mitschriften und der Protokolle der Lerngruppe,
- Einordnung des Wissens in Zusammenhänge (z. B. Literaturepochen),
- Gliederung des Wissens nach Schwerpunkten (z. B. poetische Texte ▸ S. 53 ff., Sachtexte ▸ S. 65 ff., Sprachvarietäten ▸ S.25),
- individuelles Üben und Nachlesen fachlicher Methoden z. B.:
  - einen Text analysieren (▸ S. 72 ff.),
  - argumentieren im Anschluss an einen Text (▸ S. 86 ff.),
- Gespräche und Gesprächskreise unter Mitschülern,
- Simulieren der Prüfungssituation; mentales Durchspielen des „schlimmstmöglichen Falls“ (z. B.: Wie verhalte ich mich, wenn ich den Faden verloren habe? Wie verhalte ich mich, wenn mir Fachbegriffe nicht einfallen und ich drum herumreden muss? Wie verhalte ich mich bei einem Blackout?).

6.2 Die schriftliche Prüfung

Im Sinne des *Zentralabiturs* erhält Ihr Deutschlehrer ihm selbst unbekannte Themen und Aufgabenstellungen, die sich allerdings auf die zentral vorgegebenen Unterrichtsschwerpunkte der Qualifikationsphase (11/12 bzw. 12/13) beziehen. Zugleich erhält der Lehrer für die Abiturarbeiten ein Bewertungsschema (Punktesystem).
Sie selbst erhalten mehrere Vorschläge, aus denen Sie eine Aufgabe auswählen können. Wichtig ist, dass Sie sich für eine Aufgabe entscheiden, bei der Ihnen Text und Aufgabenstellungen vertraut sind.

Aufgabentypen

Alle Aufgabenstellungen beim schriftlichen Zentralabitur sind (im Sinne der „Einheitlichen Prüfungsanforderungen in der Abiturprüfung", EPA) an Texte bzw. Unterrichtszusammenhänge gebunden. Zu unterscheiden sind folgende Aufgabentypen, die in den einzelnen Bundesländern geringfügig variieren:

1. Analyse eines literarischen (poetischen) Textes (mit Varianten) (▶ S. 73 ff.)
   (a) Analyse eines literarischen Textes mit weiterführendem Arbeitsauftrag
   (b) Analyse eines literarischen Textes mit produktionsorientiertem Schreibauftrag (▶ S. 82)
   (c) Vergleichende Analyse literarischer Texte
2. Analyse eines Sachtextes (mit Varianten) (▶ S. 84 ff.; S. 186 ff.)
   (a) Analyse eines Sachtextes mit weiterführendem (ggf. auch produktionsorientiertem) Schreibauftrag
   (b) Vergleichende Analyse von Sachtexten bzw. eines Sachtextes mit einem literarischen Text
3. Verfassen einer Erörterung (▶ S. 86 ff.)
   (a) Verfassen einer Erörterung im Zusammenhang mit einem Sachtext oder mehreren Sachtexten/Materialien

(b) Verfassen einer Erörterung im Zusammenhang mit einem literarischen Text oder mehreren literarischen Texten (▶ S. 219)

Anforderungs- bzw. Niveaubereiche

Für mündliche und schriftliche Leistungen in der Oberstufe und im Abitur werden drei Anforderungsbereiche (▶ S. 246) unterschieden. Bei der Aufgabenstellung weisen bestimmte Verben („Operatoren") auf das jeweilige Anforderungsniveau hin.

Anforderungsbereich I: Wissen, Reproduktion
Inhalt erfassen und wiedergeben, zentrale literarische Werke sowie historische Zusammenhänge, Fachbegriffe, Arbeitstechniken kennen und wiedergeben bzw. anwenden.
Operatoren: darstellen, nennen, zusammenfassen, beschreiben
BEISPIEL Beschreiben Sie den Aufbau des Gedichts.

Anforderungsbereich II: Anwendung und Übertragung von Kenntnissen
In diesem Anforderungsbereich geht es vor allem um eigenständige Anwendung von Gelerntem; Teilergebnisse müssen sprachlich und inhaltlich aufeinander bezogen werden.
Operatoren: anwenden, erklären, erläutern, gliedern, charakterisieren, analysieren, erschließen, vergleichen, einordnen
BEISPIEL Setzen Sie Nathans Einstellung in Beziehung zur Philosophie der Aufklärung. (Bezug: G. E. Lessing: *Nathan der Weise*)

Anforderungsbereich III: Deutung, Wertung/Beurteilung, Übertragung
In diesem Anforderungsbereich geht es vor allem um die selbstständige Urteilsbildung.
Operatoren: interpretieren, bewerten, beurteilen, erörtern, begründen, diskutieren, kritisch Stellung nehmen, entwickeln
BEISPIEL Beurteilen Sie vergleichend die beiden Fassungen des Gedichts.

Die Aufgabenarten umfassen oft zwei Teilaufgaben: Hauptaufgabe und weiterführenden Arbeitsauftrag. Diese haben hinsichtlich Umfang und Bewertung etwa folgende Gewichtung:

- Analyse eines Sachtextes (2) mit weiterführendem Schreibauftrag (1)
- Analyse eines literarischen Textes (2) mit weiterführendem Schreibauftrag (1)
- Textanalyse (1) und Erörterung dieses Textes (2)

Bei einem Vergleich von Texten ist die Gewichtung zwischen den beiden Teilaufgaben gleich.

Beispiele für Aufgabenstellungen im Abitur

Aufgabentyp 1, Variante c (▸ S. 248)

1. Erschließen und deuten Sie die Szene 10 aus B. Brechts Drama „Der gute Mensch von Sezuan“. Beschreiben Sie den Zusammenhang im gesamten Drama.
2. Vergleichen Sie die Figur Shen Te mit Iphigenie, der Hauptfigur in J. W. Goethes Drama „Iphigenie auf Tauris“.

Aufgabentyp 2, Variante a (▸ S. 248)

1. Analysieren Sie den Text „Die Sprache dem Markt überlassen“ von V. Raupach nach inhaltlichen und sprachlichen Gesichtspunkten.
2. Verfassen Sie einen Leserbrief und beurteilen Sie darin die Argumentation der Autorin.

Aufgabentyp 3, Variante a (▸ S. 248)

Nehmen Sie erörternd Stellung zu der Frage, welche Möglichkeiten Schriftstellern gegeben und welche Grenzen ihnen gesetzt sind, um mit ihren Worten die Wirklichkeit zu verändern. Beziehen Sie sich auf die beigefügten Textmaterialien. Fertigen Sie auch eine Gliederung an.

Vorbereitung

Zur langfristigen Vorbereitung auf die schriftliche Abiturprüfung sollte man wichtige Grundlagen und Basiswissen (vgl. auch S. 191 ff.) wiederholen.

TIPPS für die schriftliche Prüfung

- Auf die Art der Aufgabenstellungen einstellen; dabei den weiterführenden Arbeitsauftrag berücksichtigen; die möglichen Aufgabenarten (mithilfe des Lehrbuches) üben:
  - Analyse/Interpretation/Erschließung literarischer Texte (▸ S. 73–83),
  - Analyse von Sachtexten (▸ S. 84–85),
  - Argumentieren/Erörtern im Anschluss an Texte (▸ S. 86–90).
- Arbeitsweisen, Techniken und Textarten wiederholen, z. B.
  - sinnvoll und richtig zitieren (▸ S. 204),
  - den Text beschreiben (▸ S. 196),
  - den Text inhaltlich zusammenfassen (▸ S. 194),
  - wesentliche Kennzeichen epischer, lyrischer und dramatischer Dichtung kennen (▸ S. 53–64),
  - wichtige sprachlich-rhetorische Wirkungsmittel und ihre Funktion im Text kennen (▸ S. 188–190).
- Sich auf die vorgesehenen Aufgabenarten einstellen, z. B.
  - wichtige Wissenszusammenhänge wiederholen, z. B. Fachbegriffe, zentrale literarische Werke, wichtige Epochenumbrüche, Arbeitstechniken,
  - Arbeitsanweisungen in den Klausuren sowie Arbeitsaufträge im Lehrbuch darauf hin untersuchen, welche Anforderungsbereiche jeweils angesprochen sind,
  - auch bei Hausarbeiten auf den besonders wichtigen Anforderungsbereich III achten,
  - bei schriftlichen Aufgaben (Klausuren, Hausarbeiten) die Darstellungsleistung berücksichtigen: schlüssige Strukturierung, gedanklich klare Darstellung, präziser, differenzierter Ausdruck, sprachliche Richtigkeit und korrektes Zitieren.

Stichwortverzeichnis

Kommunikationsmodelle im Vergleich: P. Watzlawick und F. Schulz von Thun

Paul Watzlawick

Grundlegende Annahme: Man kann sich *nicht nicht* verhalten. Man kann *nicht nicht* kommunizieren.

Kernaussagen:

- Bei jeder Kommunikation gibt es einen Inhaltsaspekt (Information, Fakten) und einen Beziehungsaspekt (zwischenmenschliche Beziehung).
- Informationen werden vor allem durch digitale Kommunikation (gesprochene Sprache) vermittelt. Durch die analoge K. (Tonfall, Körpersprache) wird vor allem vermittelt, wie der Inhalt aufzufassen ist.
- Missverständnisse/Störungen bei der K.: Inhalts- und Beziehungsaspekt bzw. digital kommunizierte Information und analog kommunizierte Empfindung stimmen nicht überein.

Friedemann Schulz von Thun

Grundlegende Annahme: Ein und dieselbe Nachricht kann stets viele Botschaften enthalten.

Kernaussagen:

Die vier wichtigsten Botschaften einer Nachricht sind: **a)** Selbstoffenbarung/Selbstkundgabe (was der Sender/Sprecher über sich selbst mitteilt), **b)** Sachinhalt (Informationen, Fakten), **c)** Beziehung (Du- und Wir-Botschaften), **d)** Appell (Einflussnahme auf den Empfänger/Hörer)

- Missverständnisse bei der K. entstehen, wenn nicht alle vier Seiten der Nachricht (bei Sender und Empfänger) übereinstimmen.

(▸ vgl. S. 20 ff.: Platz für eigene Notizen auf der Rückseite dieser Karte)

Platz für eigene Notizen

Wichtige abiturrelevante *Sachtextarten* im Überblick

Abhandlung: Auseinandersetzung mit sprachlichen, literarischen, soziologischen oder historischen Themen auf populärwissenschaftlicher oder wissenschaftlicher Ebene.
Essay: Allgemeingesellschaftliches Thema wird auf geistreiche und stilistisch anspruchsvolle Weise dargestellt; freie, assoziative Form des Erörterns; Bekanntes in neuer Sicht; geschliffene Sprache.
Glosse: Kurze, kommentierende Textart mit witzig-satirischem Schwerpunkt; Ziel: satirische Auseinandersetzung mit einem aktuellen gesellschaftspolitischen Thema.
Kommentar: Knappe, meinungsbildende, oft analytisch angelegte Auseinandersetzung mit dem Ziel, **a)** Sachverhalte/Fakten darzustellen oder zu erklären, **b)** Argumente und Beurteilungen zu formulieren.
Leserbrief: Möglichkeit der Beteiligung an der öffentlichen Meinungsbildung.
Redetext: In Schriftsprache transkribierter, ursprünglich mündlicher Text, in dem es darum gehen kann,

- den Zuhörer zu informieren,
- ihn zum Nachdenken anzuregen,
- ihn zu etwas aufzufordern.

Im Mittelpunkt stehen die Formen politischer Rede (Parlaments- oder Parteienrede, Fernsehansprache, Massenrede).
Werbetext: Sprache wird eingesetzt zur Steuerung unseres Verhaltens.

(▸ vgl. S. 65 ff.; S. 211 ff.: Platz für eigene Notizen auf der Rückseite dieser Karte)

Platz für eigene Notizen

Sachtexte analysieren und erörtern

Unterschiedliche Arten von Sachtexten

a) *Informationstext:* vorwiegend informierend/faktenorientiert,
b) *Meinungstext:* vorwiegend argumentierend/kommentierend; gibt subjektive Meinung und Beurteilung eines Autors wieder,
c) *Appellierender Text:* Adressaten werden zu einer bestimmten Gesinnung oder Haltung aufgefordert.

Fünf wichtige Hinweise für die Analyse von Sachtexten

1. Aufgabenstellung verstehen.
2. Text sorgfältig lesen, Markierungen und Randnotizen vornehmen.
3. Je nach Aufgabenstellung Inhalt, Aufbau, Absicht, sprachliche Form beachten, selbst Stellung nehmen.
4. Bei der Ausformulierung zitieren, um Textnähe herzustellen.
5. Sachlich beschreiben in der Zeitstufe *Präsens.*

Erörtern im Zusammenhang mit einem meinungsbildenden Sachtext

Möglichkeiten:

- begründete Zustimmung,
- begründete Kritik,
- Kompromiss: sowohl Zustimmung als auch Kritik.

(▸ vgl. S. 84 ff., S. 213 ff.: Platz für eigene Notizen auf der Rückseite dieser Karte)

Platz für eigene Notizen

Fünf Arbeitsschritte für die schriftliche *Analyse literarischer Texte*

Schritt 1: Was haben mir Text und Aufgabenstellung zu sagen?
Text überfliegend lesen, erste Eindrücke festhalten, vorläufige Deutungshypothese formulieren.

Schritt 2: Was steht im Text?
Text genau lesen und markieren, Notizen machen, Randzeichen verwenden, fiktionale Textart berücksichtigen: epischer Text?, dramatischer Text?, lyrischer Text?

Schritt 3: Welche Aussage macht der Text? Welchen Sinn hat er? Welche Deutung lässt er zu?
Mögliche Deutung(en) erschließen im Zusammenhang von Inhalt, Sprache, Biografie des Autors, Literaturgeschichte; Rückbezug auf die Deutungshypothese (Schritt 1): Bestätigung oder Modifizierung.

Schritt 4: Schreibplan und Gliederung entwerfen (Einleitung, Hauptteil, Schlussteil)

Schritt 5: Ausformulierung und Überarbeitung
Inhaltliche und logische Schlüssigkeit, Textnähe mithilfe von Zitaten belegen, sprachliche Konnektoren nutzen (zur Reihung, Hervorhebung, Erläuterung …, ▸ vgl. Karteikarte 7), Leserhilfen einbauen, auf korrekten sprachlichen Ausdruck, Rechtschreibung, Zeichensetzung achten.

(▸ vgl. S. 74 ff.: Platz für eigene Notizen auf der Rückseite dieser Karte)

Platz für eigene Notizen

Fünf Arbeitsschritte für die *Analyse von Sachtexten*

Schritt 1: Was sagt mir der Text?
Aufgabenstellung klären; erstes überfliegendes Lesen des Textes.

Schritt 2: Was steht im Text?
Text genau lesen, möglicherweise wiederholt, zentrale Aussagen markieren, Randnotizen machen, konzentrieren auf folgende Aspekte: Autor, Sachverhalt/Problem, angesprochene Leser, Abschnitte/Gliederung, Wortschatz/Satzbau, stilistische und rhetorische Mittel.

Schritt 3: Welche Absicht/Wirkung verfolgt der Text? Wie beurteile ich selbst den Text?

Schritt 4: Wie gliedere ich meine Arbeitsergebnisse? Wie stelle ich sie dar?
Schreibplan entwerfen, Gliederung erstellen.

Schritt 5: Wie formuliere und überarbeite ich meinen Text?
Inhaltliche und logische Schlüssigkeit, Textnähe mithilfe von Zitaten, sprachliche Konnektoren (▸ vgl. Karteikarte 7) nutzen (zur Reihung, z. B.: außerdem, zusätzlich), Hervorhebung (z. B.: besonders), Erläuterung (z. B.: das heißt), Leserhilfen einbauen (z. B.: Ich komme jetzt zu … / Ich beginne jetzt mit dem Hauptteil …), auf korrekten sprachlichen Ausdruck, Rechtschreibung und Zeichensetzung achten.

(▸ vgl. S. 84 f.: Platz für eigene Notizen auf der Rückseite dieser Karte)

Platz für eigene Notizen

Fünf Arbeitsschritte für die *schriftliche Erörterung* im Zusammenhang mit einem Sachtext oder mit mehreren Sachtexten

Schritt 1: Was sagt mir der Text?
Text überfliegend lesen, ersten Überblick verschaffen im Sinne der Aufgabenstellung, erste Markierungen.

Schritt 2: Was steht im Text?
Text genau lesen, Markierungen und Notizen ergänzen zu folgenden Gesichtspunkten: Thema/Problematik, Argumentationsansatz und -absicht des Verfassers, Argumentationsstruktur, rhetorische Wirkungsmittel.

Schritt 3: Welche Einstellung vertrete ich selbst gegenüber der Argumentation des Verfassers?
- Dem Verfasser zustimmen?
- Dem Verfasser widersprechen?
- Dem Verfasser teilweise zustimmen und teilweise widersprechen?

Schritt 4: Wie kann ich meine Darstellung gliedern? Wie stelle ich sie dar?

Schritt 5: Wie formuliere ich und wie überarbeite ich meinen Text?
Inhaltliche und logische Schlüssigkeit, Textnähe mithilfe von Zitaten belegen, sprachliche Konnektoren nutzen (zur Reihung, Hervorhebung, Erläuterung …, ▸ vgl. Karteikarten 5 und 7), Leserhilfen einbauen, auf korrekten sprachlichen Ausdruck, Rechtschreibung, Zeichensetzung achten.

(▸ vgl. S. 86 ff.: Platz für eigene Notizen auf der Rückseite dieser Karte)

Platz für eigene Notizen

Hinweise zur *sprachlichen Formulierung und Überarbeitung* von Textanalysen und Texterörterungen

Textnähe herstellen mithilfe von Zitaten

Sprachliche Konnektoren nutzen, z. B.:

- Ergänzung/Anknüpfung/Reihung: außerdem, im Folgenden, zusätzlich, genauso, darüber hinaus, …
- Zusammenfassung: insgesamt, zusammenfassend, alles in allem, daraus ergibt sich, …
- Erläuterung: und zwar, nämlich, das heißt, im Einzelnen geht es darum, …
- Begründung: nämlich, daher, deshalb, aus diesem Grund, infolgedessen, denn, weil, …
- Einschränkung: allerdings, stattdessen, dagegen, auf der anderen Seite, das heißt jedoch nicht, …
- Gegenüberstellung: einerseits – andererseits, sowohl – als auch, zunächst – schließlich aber, …
- Hervorhebung: ganz besonders, hervorzuheben ist, Kernaussage ist, betont werden sollte, vor allem, …

Leserhilfen einbauen und damit die Darstellung gliedern

Ich komme jetzt zu …, Ich fasse zusammen…, Als Nächstes möchte ich …, Ich beziehe mich jetzt auf …

Verschiedene Deutungsmöglichkeiten hervorheben (vor allem bei literarischen Texten)

Hier sind mehrere Deutungen möglich …, Dies könnte man allerdings auch so sehen …, Eine weitere Deutungsebene …, Nicht auszuschließen ist auch …

(▸ vgl. S. 72 ff., S. 77: Platz für eigene Notizen auf der Rückseite dieser Karte)

Platz für eigene Notizen

Literatur der *Aufklärung* (um 1700–1800)

Historischer Hintergrund: Amerikanische Unabhängigkeitserklärung (1776) / Französische Revolution (Beginn: 1789) / Philosophen und Anreger, z. B.: J. Locke (England); Voltaire (Frankreich); I. Kant (Deutschland).

Kennzeichnung der Epoche: Gesamteuropäische Bewegung / Unbedingter Glaube an die Macht der Vernunft: „Cogito, ergo sum." (Ich denke [und zweifle], also bin ich.) / Autonomie des Menschen: Überzeugung, dass es eine allen Menschen angeborene Humanität gibt / Diesseitsbejahung / Denken unabhängig von der Lehre der Kirche.

Bevorzugte literarische Formen: Aphorismus / Lehrgedicht (vor allem Fabel) / Drama (bürgerliches Trauerspiel) / Essay (vor allem als belehrende Abhandlung).

Sprache: Klare und einfache Sprache / Überladener rhetorischer Sprachgestus des Barock wird abgelehnt.

Wichtigster Autor in Deutschland: G. E. Lessing: *Emilia Galotti* (bürgerliches Trauerspiel), *Nathan der Weise* (Drama), *Hamburgische Dramaturgie* (Schriften zum Theater).

(▶ vgl. S. 108 ff.: Platz für eigene Notizen auf der Rückseite dieser Karte)

Platz für eigene Notizen

Literaturbewegungen *Sturm und Drang* (um 1770–1785) und *Empfindsamkeit* (um 1740–1780)

Sturm und Drang

Kennzeichnung der Bewegung: Bewegung junger Literaten in D., Streben nach Freiheit und Selbstverwirklichung, daher Kritik an feudaler Gesellschaftsordnung / Herz und Gefühl als Gegenbegriffe zur Vernunft der Aufklärung / „Geniezeit“: Betonung der Genialität des künstlerischen Individuums / Infragestellung traditioneller Dichtungsformen / Kunst als „Offenbarung“ / Natur als Inbegriff des Schöpferischen.
Theoretiker und Anreger: z. B. J. J. Rousseau (Frankreich) / J. G. Herder (Deutschland) / W. Shakespeare (England) / Homer / Bibel.
Literarische Formen: Erlebnislyrik (z. B. J. W. Goethe) / Drama (z. B. F. Schiller) / Briefroman (z. B. J. W. Goethe) / Tagebuch / Autobiografie.

Empfindsamkeit

Kennzeichnung: Europäische Bewegung mit Einfluss auf *Sturm und Drang* / neue Gefühlskultur mit Modewörtern wie *empfindsam* und *Herz.*
Auswahl wichtiger Autoren und Werke: F. G. Klopstock: Gedichte / J. W. Goethe: *Götz von Berlichingen* (Drama); *Urfaust* (Dramenfragment); *Die Leiden des jungen Werther* (Briefroman); *Sesenheimer Lieder* (Erlebnislyrik) / F. Schiller: *Die Räuber* (Drama); *Kabale und Liebe* (Drama).

(▸ vgl. S. 114 ff.: Platz für eigene Notizen auf der Rückseite dieser Karte)

Platz für eigene Notizen

Literatur der *Weimarer Klassik* (um 1786–1805)

Historischer Hintergrund: 1789: Beginn der Französischen Revolution / ab 1799: Herrschaft Napoleons / Gegen Ende des 18. Jh.: Residenzstadt des kleinen Herzogtums Weimar entwickelt sich mit den Schriftstellern Goethe, Schiller, Wieland zum kulturellen Mittelpunkt in Deutschland.
Welt- und Menschenbild: Autonomie des Menschen und seine Bildbarkeit durch die Kunst / Ausbildung des Menschen zur *Humanität* und zu einer harmonischen Persönlichkeit (Gefühl und Verstand) / Bedürfnis nach Ausgleich, Maß und Harmonie: das Wesentliche, Gültige, Gesetzmäßige und Allgemeinmenschliche.
Kunsttheorie: Ideale in der griechischen Kunst: Einfachheit, Schönheit, Harmonie / Autonomie der Kunst, die den Menschen erziehen und veredeln soll.
Sprache: gehoben, durchgeformt in Stil und Sprache; geschlossene Form des Dramas: Blankvers.
Literarische Formen: Gedankenlyrik, Ballade, Drama, Bildungsroman.
Wichtige Autoren und Werke: J. W. Goethe: Gedankenlyrik (z. B. *Grenzen der Menschheit*), Balladen (z. B. *Der Zauberlehrling*), Dramen (z. B.: *Faust I* und *II; Iphigenie auf Tauris*), Romane (z. B. *Die Wahlverwandtschaften*), F. Schiller: Gedankenlyrik (z. B. *Die Worte des Glaubens*), Balladen (z. B. *Der Ring des Polykrates*), Dramen (z. B.: *Wallenstein* [Dramentrilogie], *Maria Stuart, Wilhelm Tell*).

(▸ vgl. S. 119 ff.: Platz für eigene Notizen auf der Rückseite dieser Karte)

Platz für eigene Notizen

Literaturepoche *Romantik* (um 1795–1830)

Historischer Hintergrund: Ab 1789: Französische Revolution / ab 1799: Herrschaft Napoleons / 1815: Wiener Kongress / Kleinstaaterei / Beginn der Industrialisierung.

Theorie: Künstlerische Autonomie / Verbindung von Kunstpoesie und Volkspoesie (Märchen, Sage, Volkslied) / unbeschränkte dichterische Freiheit / Universalpoesie und Poetisierung der Welt / die *blaue Blume* als Symbol der Sehnsucht nach dem Unendlichen / höhere Synthese von *Sturm und Drang* und *Weimarer Klassik*.

Themen und Motive: Sehnsucht nach dem Unerreichbaren, Unendlichen, nach der Ferne, nach „Entgrenzung", Interesse an Irrationalem, Groteskem, Widersinnigem; Einbeziehung der „Nachtseiten" des Menschen (Triebe, Dämonisches, Unbewusstes) / Liebe und unglückliche Liebe / Natur: reisen, wandern.

Literarische Formen: Lyrik als bevorzugte Kunstform / außerdem Erzählung, Kunstmärchen, Bildungs- und Erziehungsroman / Vorliebe für Volkspoesie (Märchen, Sage, Volkslied) / Essay / Verwischung der Gattungen (z. B. Gedichte, Lieder und Märchen in Romanen).

Wichtige Autoren und Werke: C. Brentano; A. von Arnim: *Des Knaben Wunderhorn* / J. von Eichendorff: *Aus dem Leben eines Taugenichts* (Roman) / Brüder Grimm: *Kinder- und Hausmärchen* (Märchensammlung) / H. Heine: *Buch der Lieder.*

Im Umkreis von Weimarer Klassik und Romantik: F. Hölderlin, J. Paul, H. von Kleist.

(▸ vgl. S. 124 ff.: Platz für eigene Notizen auf der Rückseite dieser Karte)

Platz für eigene Notizen

Literaturbewegungen *Junges Deutschland, Vormärz, Biedermeier* (um 1815–1849)

Historischer Zusammenhang: 1815: Wiener Kongress, Gründung des Deutschen Bundes / 1819: Karlsbader Beschlüsse; Bekämpfung liberaler und nationaler Bewegungen / 1830: Julirevolution in Frankreich / 1848: Märzrevolution; Marx und Engels: *Kommunistisches Manifest;* Scheitern der Märzrevolution in D.

Themen, Motive:

Junges Deutschland / Vormärz: Kritische Auseinandersetzung mit der Realität, liberal-demokratisches Engagement.

Biedermeier: Resignierender Rückzug in den Privatbereich, Ehrfurcht vor dem Überlieferten.

Literarische Formen:

Junges Deutschland / Vormärz: Politische Lyrik, Flugschriften, journalistische Formen.

Biedermeier: Naturbeschreibungen, Dorfgeschichten, Märchen.

Wichtige Autoren und Werke:

Junges Deutschland / Vormärz: H. Heine: Gesellschaftskritische Gedichte / G. Büchner: *Woyzeck; Der hessische Landbote.*

Biedermeier: A. von Droste-Hülshoff: Gedichte; *Die Judenbuche* / A. Stifter: *Der Nachsommer.*

(▸ vgl. S. 127 ff.: Platz für eigene Notizen auf der Rückseite dieser Karte)

Platz für eigene Notizen

Literaturepoche *Poetischer Realismus* (um 1848–1890)

Historischer Zusammenhang: 1848/1849: Erstes deutsches Nationalparlament; unterdrückte Revolution / 1866: Preußisch-Österreichischer Krieg / 1870/71: Deutsch-Französischer Krieg / 1871: Gründung des Deutschen Reiches: Preußischer König wird deutscher Kaiser; Bismarck wird Reichskanzler / Industrialisierung, technischer Fortschritt / Verstädterung und Proletarisierung.

Anreger: Philosophen: A. Schopenhauer; F. Nietzsche / Schriftsteller: H. de Balzac, G. Flaubert, É. Zola (Frankreich); L. Tolstoi, F. M. Dostojewski (Russland).

Kunstverständnis, Menschenbild: Hinwendung zur unmittelbar erfahrenen Wirklichkeit / Abwendung von der idealistischen Weltsicht in Klassik und Romantik / Realismus als „Widerspiegelung allen wirklichen Lebens im Element der Kunst“ (T. Fontane) / Zentrales Thema der Literatur: Mensch und seine Beziehung zu Umwelt und Wirklichkeit / Hervorgehoben wird das Typische, Wesentliche, Gültige / Humor ermöglicht Distanz.

Sprache: Poetisierung der Realität durch sprachliche Bilder und Symbole; Ironie.

Literarische Formen: Novelle, Dorfgeschichte, Gesellschaftsroman / Lyrik, z. B. Ballade / soziales Drama.

Wichtige Autoren und Werke: T. Fontane: *Effi Briest* (Roman) / T. Storm: *Der Schimmelreiter* (Novelle) / F. Hebbel: *Maria Magdalena* (soziales Drama) / C. F. Meyer: *Gustav Adolfs Page* (Novelle).

(▸ vgl. S. 131 ff.: Platz für eigene Notizen auf der Rückseite dieser Karte)

Platz für eigene Notizen

Literatur des *Naturalismus* (um 1890–1900)

Historischer Hintergrund: Ab 1888: Kaiser Wilhelm II.; konservative und nationalistische Ära / Aufkommende industrielle Massengesellschaft / Zuspitzung der sozialen Probleme mit Arbeiterelend, Wohnungsnot, Frauen- und Kinderarbeit.

Theorie, Kunstverständnis, Menschenbild: Konsequenter Realismus, Abbildung der Natur und des realen Lebens im Sinne der Formel „Kunst = Natur – x" (A. Holz) / Selbstverständnis als „Moderne" / Determiniertheit des menschlichen Handelns.

Themen und Motive: Soziale Themen (z. B. Proletarisierung, Not) / Alltägliche, auch tabuisierte Themen wie Geisteskrankheit, Alkoholismus.

Anreger: C. Darwin (England), S. Freud (Österreich), É. Zola (Frankreich), H. Ibsen (Norwegen) und A. Strindberg (Schweden), L. Tolstoi und F. M. Dostojewski (Russland).

Sprache: „Sekundenstil" (Übereinstimmung von erzählter Zeit und Erzählzeit), Personen im Drama sprechen nicht selten im Dialekt oder stottern (vgl. das Drama *Die Weber*) / sozialkritische Darstellung des Milieus.

Literarische Formen: Milieudrama, sozialkritische Lyrik, Novelle, psychologischer Roman.

Gegenbewegungen: Impressionismus / Neuromantik / Décadence / Fin de Siècle.

Wichtige Autoren und Werke: G. Hauptmann: *Die Weber* (Drama); *Die Ratten* (Drama); *Bahnwärter Thiel* (Novelle) / A. Holz: Gedichte / F. Wedekind: *Frühlings Erwachen* (Drama).

(▸ vgl. S. 134 ff.: Platz für eigene Notizen auf der Rückseite dieser Karte)

Platz für eigene Notizen

Literatur des *Expressionismus* (um 1910–1920)

Historischer Hintergrund: Zunehmende Militarisierung des Lebens unter Kaiser Wilhelm II. (seit 1888 deutscher Kaiser) / 1. Weltkrieg: 1914–1918 / Nach dem Krieg: Übergang vom Kaiserreich zur Republik / Werterelativismus und Orientierungslosigkeit / Wirtschaftskrise.

Kunsttheorie und Menschenbild: Ausdruckskunst / gesamteuropäische Kunstbewegung; geht von der Malerei aus / Bruch mit Tradition / Kritik an erstarrten Konventionen, verlogenen Moralvorstellungen, Untertanengeist, Militärgewalt / Forderung nach einer neuen Humanität; Sympathie mit den Außenseitern der Gesellschaft / messianisches Bewusstsein / pazifistisches Denken / Nihilismus, Sinnverlust, Bewusstsein der Entfremdung und Verlorenheit.

Darstellungsmittel, Sprache: Suche nach neuen Ausdrucksformen (Dadaismus, Surrealismus, Groteske, Karikatur) / Auflösung herkömmlicher Wort- und Satzstrukturen / Erschaffung neuer Wortbedeutungen (Neologismen) und Sprachbilder (Metaphern, Chiffren).

Literarische Formen: Lyrik, Drama, Roman.

Wichtige Autoren und Werke: E. Barlach: *Sündflut* (Drama) / F. Kafka: *Das Urteil; Der Prozess* (Romane) / G. Benn: Gedichte / G. Trakl: Gedichte / G. Heym: Gedichte.

(▸ vgl. S. 140 ff.: Platz für eigene Notizen auf der Rückseite dieser Karte)

Platz für eigene Notizen

Literatur: *Weimarer Republik* und *Exil* während des *Nationalsozialismus* (1919–1945)

Historischer Zusammenhang: Krisenjahre nach dem 1. Weltkrieg (1919–1924) / Phase relativer Stabilität (1924–1929) / Zusammenbruch der Börse in den USA (1929) / Machtergreifung Hitlers (1933).

Literaturstil *Neue Sachlichkeit* (um 1925–1933): Wirklichkeitsnahe Darstellungen, Beeinflussung durch sachlichen Architekturstil des „Bauhauses" / Neue Medien: Rundfunk und Film / Unsentimentale Darstellung menschlicher Beziehungen / Literarische Formen: Reportage, Bericht, Satire, Roman / Wichtige Autoren und Werke: E. Kästner: Gedichte / H. Hesse: *Der Steppenwolf* / C. Zuckmayer: *Der Hauptmann von Köpenick* / E. M. Remarque: *Im Westen nichts Neues* / B. Brecht: *Der Jasager und der Neinsager.*

Literatur zur *Zeit des Nationalsozialismus* (1933–1945): Orientierung der Literatur an ideologischen Grundsätzen von Rasse, Führertum, Kampf und Gewalt, Volksgemeinschaft / sprachlicher Schwulst.

Literatur der *Inneren Emigration* (1933–1945): Geistige Opposition gegen Ungeist des NS / gehobener, traditioneller Sprachstil; Beispiele: E. Kästner, E. Wiechert, W. Bergengruen, M.-L. Kaschnitz.

Literatur im *Exil* (1933–1945): Kein gemeinsamer Stil der Exilliteratur / Bevorzugte Themen: Situation in Deutschland, deutsche Geschichte, Exil / Bevorzugte Literaturform: Roman / Wichtige Autoren und Werke: T. Mann: *Doktor Faustus* / S. Zweig: *Schachnovelle* / L. Feuchtwanger: *Die Geschwister Oppermann* / B. Brecht: *Mutter Courage und ihre Kinder; Der gute Mensch von Sezuan* / A. Seghers: *Das siebte Kreuz.*

(▸ vgl. S. 143 ff.: Platz für eigene Notizen auf der Rückseite dieser Karte)

Platz für eigene Notizen

Literatur der *Nachkriegszeit* (1945–1949)

Historischer Zusammenhang: Wirtschaftliche und politische Situation des Neuanfangs („Stunde Null“) nach der Katastrophe des 2. Weltkriegs: Hunger, Wohnungsnot, Mangelwirtschaft / Bekanntwerden der schrecklichen Geschehnisse während der Herrschaft der NS: Völkermord, KZ, NS-Terror, Bilanzen des Elends (Tote, Kriegsversehrte, Vertriebene, Evakuierte).

Tendenzen, Themen, Menschenbild: Radikaler Neubeginn: „Trümmerliteratur“ (H. Böll); „Literatur des Kahlschlags“ (W. Weyrauch) / Themen: Erfahrungen des Krieges, Not der Nachkriegszeit, Antifaschismus, Forderung nach Wahrheit und Mitmenschlichkeit / Gruppe 47: Zusammenschluss von Schriftstellern (1947–1977).

Sprache: Schmucklos und einfach, Vermeidung von Pathos, Suche nach neuer, unbelasteter Sprache und neuen Ausdrucksformen.

Literarische Formen: Kurzgeschichte (nach dem Muster der amerikanischen Shortstory) bevorzugte Literaturform, außerdem: Hörspiel, Gedicht, Roman, Rundfunkdialog (oft umgeschriebene klassische Dramen), Zeitungen, Zeitschriften.

Wichtige Autoren und Werke: Kurzgeschichten von W. Borchert, H. Böll, I. Aichinger, H. Bender, W. Schnurre / W. Borchert: *Draußen vor der Tür* (Hörspiel, Drama) / P. Celan: Gedichte / G. Eich: Gedichte, z. B. *Inventur*.

(▸ vgl. S. 150 ff.: Platz für eigene Notizen auf der Rückseite dieser Karte)

Platz für eigene Notizen

Literatur der *Bundesrepublik Deutschland,* der *Schweiz* und *Österreichs* bis zur Wende (1949–1990)

Von der Gründung der BRD bis zur Mitte der 60er-Jahre: Schriftsteller als kritische Beobachter und unbequeme Mahner: gegen Anpassung, Mitläufertum, Konsummentalität in der Ära Adenauer (Beispiele: I. Bachmann; H.M. Enzensberger) / Existenzialismus gewinnt Einfluss auf literarische Strömungen / Absurdes Theater und Tragikomödie (Beispiel: F. Dürrenmatt) / Wichtiger Einschnitt um 1960: Romane von G. Grass *(Die Blechtrommel)*, H. Böll *(Ansichten eines Clowns)*, M. Frisch *(Homo faber)*, S. Lenz *(Die Deutschstunde)*, U. Johnson *(Mutmaßungen über Jakob)*.

Politisierung der Literatur, 1960er- und 1970er-Jahre: Bildung der außerparlamentarischen Opposition (APO) / Dokumentarliteratur mit gesellschaftskritischer Intention; Beispiele: R. Hochhuth: *Der Stellvertreter* (1963), P. Weiss: *Die Ermittlung* (1965), G. Wallraff: *Der Aufmacher* (1977) / Politisches Engagement auch in der Lyrik; Beispiel: E. Fried (Gedichtband *und VIETNAM und*).

Neue Subjektivität oder Neue Innerlichkeit, 1970er-Jahre: Verarbeitung individueller Erfahrungen / Deutlich bestimmt von schreibenden Frauen; Beispiele: G. Wohmann, E. Jelinek, U. Krechel.

Postmoderne – Literatur der 1980er-Jahre: Distanzierung von experimentellen Ansätzen der Moderne (Expressionismus, Dadaismus, Surrealismus) / Vertreter verstehen sich im gewissen Sinne als Antimoderne / einerseits Orientierung an traditionellen Darstellungsweisen, andererseits ironisches Spiel mit traditionellen Formen / Wichtiger Vertreter: P. Süskind: *Das Parfüm. Roman eines Mörders* (1985).

(▸ vgl. S. 154 ff.: Platz für eigene Notizen auf der Rückseite dieser Karte)

Platz für eigene Notizen

Literatur der *Deutschen Demokratischen Republik* (1949–1990)

Historischer Zusammenhang: 1945–1949: Aufteilung Deutschlands in vier Besatzungszonen mit Sonderstatus Berlin / 1949: Währungsreform / ab 1948: beginnend mit der Blockade Berlins (1948/49) zunehmend Politik des Kalten Krieges / 1949: Gründung der BRD und der DDR / 1953: Tod Stalins, Volksaufstand in der DDR / 1961: Bau der Berliner Mauer / 1971: Machtwechsel von Ulbricht zu Honecker / 1976: Aufstände in Polen und Ungarn / 3. Okt. 1990: Ende der DDR.

Entwicklung der Literatur in der SBZ und in der Anfangsphase der DDR: Kulturelle Einheit der im antifaschistischen Geist arbeitenden Schriftsteller (Beispiele: A. Döblin; H. Mann; L. Feuchtwanger).

Entwicklung ab 1950 bis 1990: Orientierung am „Sozialistischen Realismus" / Kontrollorgane überwachen künstlerische Produktion / Literatur als Instrument beim Aufbau des Sozialismus / Schriftsteller als „Kampfgenossen der Regierung" (Grotewohl) / Schreibverbot für kritische Autoren, Überwachung durch Staatssicherheitsdienst / Schwankungen zwischen „Tauwetterphase" und „Eiszeit" / Bevorzugtes Thema: Auseinandersetzung mit dem Faschismus (Beispiel: B. Apitz: *Nackt unter Wölfen*) / Anfangs auch schönfärberische Preislyrik auf Lenin und Stalin / Mit B. Brecht verfügt die DDR über einen Schriftsteller von internationalem Ansehen („Berliner Ensemble") / 1976: Ausbürgerung des Liedermachers W. Biermann / Protest von zwölf namhaften Schriftstellern / Bis zum Ende der DDR Übersiedlung von über 100 Schriftstellern in die BRD / Wichtige Autoren und Werke: B. Brecht: Gedichte; C. Wolf: *Kassandra;* R. Kunze: *Die wunderbaren Jahre;* U. Plenzdorf: *Die neuen Leiden des jungen W.*

(▸ vgl. S. 162 ff.: Platz für eigene Notizen auf der Rückseite dieser Karte)

Platz für eigene Notizen

Literatur von der *„Wende“* (1990) bis zur *Gegenwart*

Historischer Zusammenhang: 1990: Ende der DDR / 1991: Auflösung der Sowjetunion und Ende des Kalten Krieges / Seit der Wende (1990) rasante Beschleunigung von Veränderungen; Problemfelder z. B.: Internationaler Terrorismus (Beispiel: Anschlag in New York 2001); Globalisierung der Wirtschaft; Massenarbeitslosigkeit und Staatsverschuldung; Flüchtlingskrise; Aufkommen rechtspopulistischer, nationalistischer Bewegungen in Europa / Krise der EU.

Besondere Kennzeichen: Vielfalt der Schreibstile, Formen, Literaturarten; sprachlicher Facettenreichtum.

Bevorzugte Themen: „Wendeliteratur“, vor allem von Autoren der ehem. DDR: Umwälzungen in der Gesellschaft, Veränderungen des Alltags und Wirken der „Stasi“ (Beispiele: T. Brussig: *Am kürzeren Ende der Sonnenallee* [1999]; U. Tellkamp: *Der Turm* [2008]) / Weitere Themen: Naturzerstörung, Migration, Lebensprobleme des modernen Menschen, Terrorismus, Nationalsozialismus und 2. Weltkrieg (Beispiele: G. Grass: *Im Krebsgang* [2002]; Julia Franck: *Die Mittagsfrau,* [2007]).

Literarische Formen: Dominanz der erzählenden Literatur (Roman, Novelle, Erzählung) / auch Lyrik (Beispiel: D. Grünbein: *Koloß im Nebel* [Gedichtband, 2012]).

Wichtige Autoren und Werke der neuesten Zeit: D. Kehlmann: *Die Vermessung der Welt* (2005) / S. Lenz: *Schweigeminute* (2008) / H. Müller: *Atemschaukel* (2009) / W. Herrndorf: *Tschick* (2010) / J. Erpenbeck: *Gehen, ging, gegangen* (2015) / J. Zeh: *Unterleuten* (2016) / S. Höfler: *Tanz der Tiefseequalle* (2017).

(▸ vgl. S. 166: Platz für eigene Notizen auf der Rückseite dieser Karte)

Platz für eigene Notizen